Albrecht Bemmann/David Butler Manning (Hrsg.)

Energieholzplantagen in der Landwirtschaft

Albrecht Bemmann
David Butler Manning (Hrsg.)

Energieholzplantagen in der Landwirtschaft

Eine Anleitung zur Bewirtschaftung von schnellwachsenden Baumarten im Kurzumtrieb für den Praktiker

Bibliografische Information der Deutschen Nationalbibliothek
Die Deutsche Nationalbibliothek verzeichnet diese Publikation in der Deutschen Nationalbibliografie;
detaillierte bibliografische Daten sind im Internet über
http://dnb.dnb.de abrufbar.

ISBN 978-3-86263-081-3

©2013 Erling Verlag GmbH & Co. KG
mail@agrimedia.com · www.agrimedia.com
Bildquelle Umschlagrückseite: Viessmann (oben), Hüttmann (unten)
Satz/Layout: Anna-Lena Gefke, Nils Helge Putzier
Gedruckt in der Europäischen Union
Der Inhalt dieses Buches ist auf säurefreiem, alterungsbeständigem Papier
gedruckt, hergestellt aus chlorfrei gebleichtem Zellstoff aus FSC-zertifiziertem Holz.

Vorwort

Die gegenwärtigen Formen der Landnutzung in der Bundesrepublik Deutschland sind das Ergebnis eines jahrhundertelangen Entwicklungsprozesses. So überwiegt gegenwärtig auf 52,4 % (18,73 Mio. ha) der gesamten Fläche, eine landwirtschaftliche Bewirtschaftung, gefolgt von der Forstwirtschaft mit 30,1 % der Flächennutzung (10,75 Mio. ha). Während die landwirtschaftliche Fläche in den vergangenen Jahren zugunsten der Siedlungs- und Verkehrsfläche etwas rückläufig ist, nimmt die Waldfläche leicht zu. Nach dieser Funktionengliederung werden traditionell in der Landwirtschaft vorwiegend Nahrungsgüter und in der Forstwirtschaft Holz produziert sowie Dienstleistungen für den Umweltschutz und die Erholung erbracht.

Durch die weltweite Verknappung fossiler Energieträger und einem damit einhergehenden Preisanstieg sowie einer steigenden Nutzung regenerativer Energieträger wird auch das traditionell vorwiegend aus der Forstwirtschaft stammende Holz zunehmend energetisch für die Produktion von Wärme, Strom und Kraftstoffen genutzt. Diese Entwicklung wird politisch gefördert, um mit der energetischen Nutzung von Biomasse einen Beitrag zur Emissionsminderung von Kohlendioxid zu leisten. Das führt aktuell schon zu einer angespannten Situation auf dem Holzmarkt und zukünftig wird – bei einer Fortführung des heutigen Holzverbrauchs – ein Holzdefizit erwartet.

Diese erhöhte Holznachfrage, das begrenzte Holzangebot aus dem Wald, Veränderungen der agrarpolitischen Rahmenbedingungen sowie Diskussionen zum umweltgerechten Anbau traditioneller annueller Kulturen und deren energetische Nutzung haben ein zunehmendes Interesse bei landwirtschaftlichen, Dienstleistungs- und Industrieunternehmen sowie in der Politik an den – im Vergleich zu Ackerkulturen – umweltfreundlichen Kurzumtriebsplantagen hervorgerufen.

So werden seit etwa zwei Jahrzehnten zunehmend wissenschaftliche Untersuchungen mit naturwissenschaftlichen, ökologischen, technischen und sozio-ökonomischen Fragestellungen zur Anlage und Nutzung von Kurzumtriebsplantagen (KUP) und Agroforstsystemen auf landwirtschaftlichen Flächen durchgeführt, um Holz zusätzlich und vorrangig für eine energetische Nutzung zu produzieren (u. a. die BMBF Verbünde AGROWOOD, AGROFORNET, Agroforst und Dendrom).

Zu diesen relativ neuen Produktionssystemen bestehen bei Landwirten, aber auch in landwirtschaftlichen Bundes- und Landesbehörden, Naturschutzbehörden, Umweltverbänden, Planungsunternehmen sowie bei potenziellen Nutzern dieses Holzes noch Wissensdefizite, Vorbehalte und Unklarheiten. Das betrifft die naturalen Rahmenbedingungen (Baumarten, Ertrag, Schutz vor Schäden), die Etablierung und Ernte von KUP, die Trocknung des KUP-Holzes und die Rückwandlung der KUP-Flächen in Ackerland, die Vermarktung des KUP-Holzes sowie die ökonomischen und juristischen Rahmenbedingungen für eine Kurzumtriebswirtschaft.

Obwohl in den vergangenen Jahren eine Vielzahl von Einzelveröffentlichungen und zusammenfassenden wissenschaftlichen Publikationen zu diesen Fragen erschienen ist, gibt es sehr wenige, für den Praktiker brauchbare Anleitungen für die Bewirtschaftung von schnellwachsenden Baumarten im Kurzumtrieb. Mit dem vorliegenden Buch sollen diese Defizite abgebaut und Interessenten dieser neuen Form der Landbewirtschaftung an diese herangeführt werden.

Tharandt im Mai 2013

Albrecht Bemmann & David Butler Manning
Herausgeber

Inhalt

6 Besonderheiten bei der Anlage von Kurzumtriebsplantagen   139

1 Einführung

Albrecht Bemmann, David Butler Manning, Wolfram Kudlich

1.1 Energetische Nutzung von Biomasse

Die Welt ist im Wandel. Erneuerbare Energieträger (Biomasse, Wind, Sonne, Wasser, Erdwärme) werden aus Gründen des Klimaschutzes gebraucht (Reduzierung klimaschädlicher Gase) und aus Gründen der Ökonomie benötigt (Reduzierung der Nutzung fossiler Energieträger, Wertschöpfung). Die energetische Nutzung von Biomasse im zukünftigen Energiemix ist heute schon fester Bestandteil der Energiepolitik in Deutschland und der Europäischen Union. So sollen bis zum Jahr 2020 in Deutschland 18 % des Endenergieverbrauchs aus erneuerbaren Energieträgern gedeckt und bis zum Jahr 2050 sollen 60 % erreicht werden (BMWi & BMU, 2010). Im Jahr 2010 betrug ihr Anteil erst 11 % des Endenergieverbrauches, wobei die Biomasse mit 71 % den größten Beitrag zu diesem Ergebnis geleistet hatte (Abb. 1-1).

Damit sind Land- und Forstwirte schon gegenwärtig wichtige Akteure auf den nationalen Energiemärkten. Die größten Biomasse-Anteile für eine energetische Nutzung entfallen dabei auf Holz für die Wärme-Produktion und auf landwirtschaftliche Kulturen vor allem für die Produktion von Kraftstoffen (Bioethanol) und Strom aus Biogas (BMU, 2011).

Gegenwärtig wird diese energetische Nutzung von Biomasse intensiv und kontrovers (u. a. Nationale Akademie der Wissenschaften Leopoldina, 2012) diskutiert. Danach sollte sich die energetische Biomasse-Nutzung auf Formen beschränken, die weder zu einer Verknappung von Nahrungsgütern führt, noch deren Preise erhöht und in die Bewertung dieser Biomasse-Nutzung sollten alle klimaschädlichen Emissionen einbezogen werden.

Obwohl für die Produktion der Biomasse »Holz« (»Dendromasse«) im Wald keine Konkurrenz zur Nahrungsgüterproduktion besteht, konkurriert die energetische Nutzung von Holz mit der stofflichen Produktion (Holzwerkstoffe, Zellstoff, Papier, Schnittholz).

1.2 Holz: Kein unerschöpflicher Rohstoff

Wald erfüllt neben der Produktion von Holz weitere Aufgaben: Er erbringt Schutz- und Erholungsleistungen und »nebenbei« nimmt er über die Pho-

EEV gesamt: 8984 PJ[1]

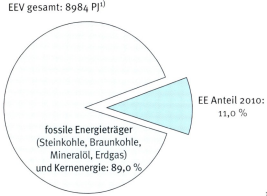

EE Anteil 2010: 11,0 %

fossile Energieträger (Steinkohle, Braunkohle, Mineralöl, Erdgas) und Kernenergie: 89,0 %

EE: Erneuerbare Energien; 1 PJ = 10[15] Joule;
Abweichungen in den Summen durch Rundungen;
Stand März 2011, Angaben vorläufig

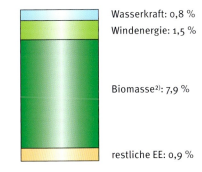

Wasserkraft: 0,8 %
Windenergie: 1,5 %

Biomasse[2]: 7,9 %

restliche EE: 0,9 %

[1] Quelle: Energy Environment Forecast Analysis GmbH & Co KG (EEFA)

[2] Feste und flüssige Biomasse, Biogas, Deponie- und Klärgas, biogener Anteil des Abfalls, Biokraftstoffe

Abb. 1-1: Anteil erneuerbarer Energien am Endenergieverbrauch in Deutschland im Jahr 2010. *Quelle: BMU, 2011*

tosynthese Kohlendioxid auf und speichert daraus den Kohlenstoff langfristig im Boden und der oberirdischen Biomasse. Holz ist bei einer nachhaltigen Bewirtschaftung des Waldes, verbunden mit den positiven ökologischen Wirkungen nach der Zeit unbegrenzt, nach dem Umfang aber für eine wirtschaftliche Nutzung begrenzt verfügbar. Das unterscheidet die Holzbereitstellung von unserem Umgang mit den mineralischen Rohstoffen, die ohne Rücksicht auf den zukünftigen Bedarf ausgebeutet werden. Deutschland verfügt in Europa – außer Russland – über die höchsten Holzvorräte. Seit etwa zwei Jahrzehnten werden diese Ressourcen zunehmend stofflich und energetisch genutzt (Abb. 1-2).

Schon heute ist Holz damit in Deutschland der bedeutendste nachwachsende Rohstoff. Zukünftig kann Holz im Rahmen einer »Rohstoffersatzwirtschaft« zusätzlich für die Produktion von chemischen Grundstoffen bedeutsam werden (Mantau & Saal, 2011).

Bei einer linearen Fortführung dieser aus ökologischen Gründen (Klimaschutz) und ökonomischen Gesichtspunkten (Wertschöpfung) sinnvollen Holznutzung nur aus dem Wald sowie durch zunehmende Wald-Nutzungsrestriktionen (u. a. Naturschutz, Biodiversität) ist in Deutschland

ab 2020 ein Holzdefizit von mehr als 20 Mio. m³ pro Jahr zu erwarten (Thrän et al., 2011; Wendisch, 2010).

Ein wesentlicher Grund hierfür ist eine deutliche Steigerung der Holznutzung für energetische Zwecke in den vergangenen Jahren (Scheitholz, Hackschnitzel und Pellets in Haushalten, Holz in Heizwerken und Heiz-Kraft-Werken) bei einer relativ konstant gebliebenen Rohstoffquelle.

In der Folge der wachsenden Holz-Nachfrage steigen auch die Holzpreise. Diese Entwicklung betrifft nicht nur Sortimente für eine stoffliche Nutzung sondern auch Brennholz und Holzhackschnitzel, wie z. B. die Preis-Indizes des Centralen Agrar-Rohstoff-Marketing- und Entwicklungs-Netzwerkes (C.A.R.M.E.N.) zeigen (Abb. 1-3).

1.3 Kurzumtriebswirtschaft – eine neue Strategie für die Produktion und Bereitstellung von Holz für die Energie- und Rohstoffersatzwirtschaft

Aktuell werden unterschiedliche Überlegungen angestellt, wie zusätzliche Mengen an Waldholz für eine stoffliche und energetische Nutzung bereitgestellt werden können. So ließen sich über eine kurzfristige Erhöhung des Holzeinschlages, verbunden mit einer längerfristig wirkenden Veränderung der Waldbaustrategie oder über eine Steigerung von

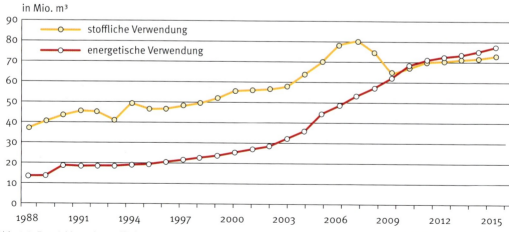

Abb. 1-2: Entwicklung der stofflichen und energetischen Holzverwendung am Gesamtholzverbrauch in Deutschland.

Quelle: Mantau, 2012

Abb. 1-3: Preisentwicklung bei Holzhackschnitzeln (Wassergehalt 35 %), Holzpellets, Scheitholz, Heizöl und Erdgas 2003 bis 2012.

Quelle: C.A.R.M.E.N., 2012

Holzimporten zusätzliche Potenziale erschließen. Allerdings ist allein über diese Wege das prognostizierte Holzdefizit nicht zu schließen. Zudem werden diese Möglichkeiten aus ökologischen Gesichtspunkten sehr kritisch diskutiert.

Eine weitere Möglichkeit, Holz vor allem für eine energetische Nutzung mittelfristig zu produzieren und damit den Holzmarkt zu entlasten, besteht in der Anlage und Nutzung von Kurzumtriebsplantagen (KUP) auf landwirtschaftlichen Flächen (Nitsch et al., 2010; Thrän et al., 2011). Natürlich sind KUP dafür kein Allheilmittel. KUP können aber in Zukunft einen wichtigen Beitrag zur Holzversorgung in Deutschland leisten und parallel dazu hohe ökologische Leistungen erbringen. Gleichzeitig bieten KUP insbesondere Landwirten die Chance, an dieser Entwicklung zu partizipieren und von steigenden Energie- und Rohstoffpreisen zu profitieren.

Alleinstellungsmerkmal von KUP: Die Anlage und Nutzung von KUP ist sowohl in kleinem als auch in großem Umfang gewinnbringend und ökologisch sinnvoll.

So kann eine KUP nicht nur in kurzen Umtriebszeiten (Erntezyklen) von 3–4 Jahren bewirtschaftet werden und auf großen Flächen große Holzmengen kostengünstig und energieeffizient produzieren. Auch auf relativ kleinen oder schwer zu bewirtschaftenden Flächen ist der KUP-Anbau wirtschaftlich interessant. So können darauf KUP mit mittleren Umtriebszeiten von 6–10 Jahren angelegt, damit höherwertige Holzsortimente produziert und diese KUP mit Forsttechnik geerntet werden (Abb. 1-4). Die produzierten Hackschnitzel können in der eigenen Heizung oder in einer kommunalen bzw. regionalen Anlage genutzt werden und damit teures Heizöl ersetzen. Aus der Sicht eines Landwirtes können damit für seine konventionellen Kulturen »wertlose« Flächen genutzt werden, die für den modernen, hochmechanisierten Ackerbau nicht in Frage kommen.

Abb. 1-4: 5-jährige Kurzumtriebsplantage, Aschaffenburg (mittlerer Umtrieb). *Foto: Wolfram Kudlich*

Kurzumtriebsplantagen weisen eine Reihe von ökologischen und ökonomischen Stärken auf:

Kurzumtriebswirtschaft im Vergleich zum Ackerbau
- extensive Bewirtschaftung (Befahren der Fläche nur während der Anlage und Rückwandlung der KUP sowie während der Ernten, d. h. einmal aller 3–10 Jahre)
- geringer bis kein Bedarf an Dünger und Herbiziden
- höhere Biodiversität
- geringere Wasser- und Winderosion
- besseres Mikroklima
- Verbesserung bodenphysikalischer Parameter
- höhere Speicherung von Kohlenstoff (Boden, Biomasse)

Energetische Nutzung von Hackschnitzeln aus KUP im Vergleich zu anderen Bio-Energieträgern
- höhere CO_2-Vermeidungsleistung (t CO_2 ha^{-1} a^{-1})
- niedrigere CO_2-Vermeidungskosten (€ ha^{-1} a^{-1})

Die Produktion von Hackschnitzeln aus KUP weist im Vergleich zu anderen Kulturen eine sehr hohe energetische Effizienz auf (Output : Input)
- Pappelholz   etwa 60:1 bis 64:1 (bei 10 t$_{atro}$ ha^{-1} a^{-1})
- Raps   etwa 2:1 bis 7:1 (bei 2–3 t Korn ha^{-1} a^{-1})
- Silomais   etwa 3:1 bis 15:1 (bei 16–25 t ha^{-1} a^{-1})

Anlage von KUP auf Grünlandstandorten mit geringem Naturschutzwert
- kein Umbruch notwendig, Erhalt des Status »Dauerkultur«
- Erhaltung eines hohen Kohlenstoff-Vorrates
- Erhaltung einer hohen Biodiversität
- extensive Bewirtschaftung (Befahren der Fläche nur während der Anlage und Rück-

wandlung der KUP sowie während der Ernten, d. h. aller 5–15 Jahre; Bodenruhe) (s. Kapitel 6.2)

Ausgeräumte Landschaften können ökologisch und ästhetisch aufgewertet werden
- Verbesserung Landschaftsbild
- Verbindung von Landschaftselementen als Biotopverbund nutzbar
- Verbesserung Wasserhaushalt
- Verbesserung Erholungseignung
- Verbesserung Biotop- und Artenschutz

Betriebswirtschaftliche Bewertung
- gutes betriebswirtschaftliches Ergebnis von – je nach Region und Standort – 100–550 € ha^{-1} a^{-1} (bei Holzpreisen von 2012)
- das Ergebnis hängt vor allem ab von einem hohen Holz-Zuwachs (> 10 t$_{atro}$ ha^{-1} a^{-1}) und der zukünftigen Entwicklung des Hackschnitzel-Preises (> 100 € t$_{atro}$$^{-1}$)

Vorteile für landwirtschaftliche Unternehmen
- Beitrag zur Diversifizierung des landwirtschaftlichen Unternehmens
- Versorgung des eigenen Landwirtschaftsbetriebes sowie kommunaler, lokaler Einrichtungen und überregionaler Unternehmen mit Hackschnitzeln aus KUP für die Wärme- und Stromproduktion
- Aufbau regionaler Energiekreisläufe
- bei Kooperationen mit großen Partnern ist eine langfristige Finanzstabilisierung möglich

Volkswirtschaftliche Bewertung: Verringerung des prognostizierten Holzdefizits in Deutschland
- Bei einem durchschnittlichen Holz-Zuwachs von 8 t$_{atro}$ ha^{-1} a^{-1} ist bei einer potenziellen Anbaufläche von KUP auf 400 000 ha ein jährlicher Ertrag von 3,2–4,0 Mio. t$_{atro}$ zu erwarten. Das entspräche etwa 7–9 Mio. m^3 Holz pro Jahr (d. h. etwa 13–17 % des Holzeinschlages von 54,4 Mio. m^3 im Jahre 2011).

- Zum Vergleich: 2011 wurde in Deutschland auf einer Fläche von 800 000 ha Mais für die Nutzung in Biogasanlagen angebaut, während sich die KUP-Fläche auf etwa 6000 ha belief.

Woran liegt es nun, dass trotz der offensichtlichen Chancen für den Anbau von KUP deren Flächen-Ausweitung in Deutschland nur langsam voran geht? Die Hemmnisse für die Anlage von KUP sind vielfältig (Bemmann et al., 2010):

- Der starke Anstieg der durchschnittlichen Betriebsgröße und der damit einhergehende Zwang zu mehr Effizienz in der Maschinenauslastung stößt an Grenzen; erheblicher Anstieg von Pachtpreisen und Flächennachfrage weit über dem Angebot.
- Bedenken der Landwirte hinsichtlich einer langfristigen Flächenbindung (Pachtzeiten, Pachtpreise) und eines langfristig sicheren Absatzes von KUP-Hackschnitzeln sowie des politischen Willens auf Bundes- und teilweise Landesebene, eine Kurzumtriebswirtschaft in die Praxis umzusetzen.
- Die ökologischen und naturschutzfachlichen Leistungen sowie die Energieeffizienz von KUP werden in den Bundesländern sehr unterschiedlich eingeschätzt und damit Landwirten kaum zu dieser Bewirtschaftung geraten; die ökologischen Leistungen von

KUP werden im Fördersystem der Landwirtschaft bisher nicht honoriert.
- Bei Landwirten bestehen »psychologische Barrieren« gegenüber Bäumen auf Ackerflächen.
- Es existiert eine Vielzahl rechtlicher Vorgaben für die Anlage von KUP, die der Landwirt bei deren Anlage beachten muss, die es in diesem Umfang für den Anbau konventioneller landwirtschaftlicher Kulturen nicht gibt.

Um zukünftig die aufgezeigten Chancen für eine Anlage von KUP besser nutzen und die genannten Hemmnisse dafür verringern zu können, sollten:

- Forschungsarbeiten zu einer Kurzumtriebswirtschaft intensiviert;
- wirkungsvolle finanzielle Anreize zur Anlage von KUP forciert sowie
- der Wissenstransfer in die Praxis vertieft werden.

Das vorliegende Buch soll diesen Wissenstransfer in die Praxis verbessern. Dem Landwirt und allen, die sich mit der energetischen Nutzung von Holz befassen, soll ein Hilfsmittel an die Hand gegeben werden, sich über die gesamte Breite von Fragen zur Anlage und Nutzung von KUP informieren und sich gegebenenfalls für eine Anlage einer KUP entscheiden zu können.

Kurzumtriebsplantagen im Überblick

Kurzumtriebsplantagen sind Anbauten schnellwachsender Baumarten (u. a. Pappel und Weide) auf landwirtschaftlichen Flächen, die nach Umtriebszeiten (Rotationen) von zwei bis zwanzig Jahren geerntet werden, wobei die Wurzelstöcke im Boden verbleiben und in der darauffolgenden Vegetationsperiode erneut austreiben. Pappel und Weide werden vorrangig für KUP deshalb eingesetzt, weil sie schnell wachsen und eine hohe Stockausschlagfähigkeit besitzen. Bei der Ernte der KUP (Abb. 1-5) werden die Bäume bis zu etwa 20 cm über dem Boden zurückgeschnitten, ohne dass der Stock aus dem Boden genommen wird (Abb. 1-6). Im Frühjahr nach der Ernte schlagen mehrere neue Triebe wieder aus, sodass dadurch und durch die Kräftigung des Wurzelstockes die Produktivität der einzelnen Pflanzen mit zunehmenden Rotationen steigt (Abb. 1-7). Eine derartige Plantage kann 30 Jahre oder noch länger hohe Erträge produzieren, bevor die Vitalität der Wurzelstöcke nachlässt.

Mit geringsten Kosten können KUP in größeren Schlägen von über 3 ha angelegt werden. Bei der Anlage von KUP auf Marginal-, Splitter- und schwer zu bewirtschaftenden Flächen sollten »billige« Flächen genutzt werden. Dies erhöht die Flächenproduktivität des Betriebes insgesamt während streifenförmige Anbauten neben der Holzproduktion auch zusätzliche Leistungen in Hinblick u. a. auf Wasser- und Winderosionsschutz bieten.

Abb. 1-5: Pappelernte bei Krummenhennersdorf, Mittelsachsen, im Winter 2010.
Foto: Christine Knust

Abb. 1-6: Stubben 3-jährige Pappel nach der ersten Ernte im Winter 2012 (Köllitsch, Sachsen).
Foto: David Butler Manning

Abb. 1-7: Kurzumtriebsplantage mit Pappeln. Stockausschlag nach der ersten Ernte (Köllitsch, Sachsen).
Foto: David Butler Manning

Viessmann Werke GmbH & Co KG: Strategisches Nachhaltigkeitsprojekt »Effizienz Plus«

Als Familienunternehmen in dritter Generation bekennt sich Viessmann nicht nur zur gesellschaftlichen Verantwortung, sondern auch zu der Verantwortung für die Zukunftssicherheit kommender Generationen. Die kontinuierliche Verbesserung der ressourcen- und umweltschonenden Maßnahmen im Sinne nachhaltigen Handelns ist daher ein wesentlicher Bestandteil der Unternehmensphilosophie.

Im Mittelpunkt des Nachhaltigkeitsengagements steht aktuell das ganzheitliche Projekt für Klimaschutz, Ressourceneffizienz und Standortsicherung »Effizienz Plus«. Damit wird der Beweis angetreten, dass die energie- und klimapolitischen Ziele der Bundesregierung für 2050 (Reduzierung des Primärenergieverbrauchs gegenüber 2008 um 50 %, Erhöhung des Anteils erneuerbarer Energien auf 60 % sowie Verringerung des CO_2-Ausstoßes um 80 %, jeweils bezogen auf den Wert von 1990) kurzfristig mit marktverfügbarer Technik erreichbar sind.

Bei den erneuerbaren Energien spielt Biomasse die größte Rolle, denn sie ist – im Gegensatz zu Sonne und Wind – ganzjährlich verfügbar, speicherbar und muss nicht importiert werden. Dazu wurden auf einer Fläche von 170 ha Pappeln und Weiden angebaut, die alle drei Jahre geerntet werden. Zur Ernte der rund 6 m hohen Kurzumtriebsgehölze kommen verschiedene Erntetechniken zum Einsatz. Neben zahlreichen Mäh-Hack-Aggregaten, wird auch ein sogenannter »Rutensammler« eingesetzt. Bei diesem Verfahren werden die Stämme wenige Zentimeter oberhalb des Bodens abgeschnitten, gebündelt und am Feldrand aufgeschichtet. Nach einer Trocknungszeit von drei bis vier Monaten sinkt der Wassergehalt der Energiepflanzen von 50 auf 30 %. Mithilfe eines mobilen Häckslers werden die Ruten dann zu Hackschnitzeln verarbeitet. Gegenüber der Verarbeitung erntefrischen Holzes hat dieses Verfahren den Vorteil, dass der Energieverbrauch einer Warmlufttrocknung eingespart wird.

Die bei der Ernte gewonnenen Erkenntnisse sollen der Weiterentwicklung der Ernteverfahren zugute kommen. Weitere Entwicklungsziele sind innovative Lösungen für die Zerkleinerung und Lagerung der Biomasse, die Steigerung der Flächenerträge und die Verbesserung der Verbrennungseigenschaften.

Selbst erzeugte Bioenergie deckt schon heute die Hälfte des Wärmebedarfs im Werk Allendorf. Langfristiges Ziel ist die vollständige Wärmeversorgung des Standorts mit diesem klimaschonenden Energieträger. Dabei gilt das Prinzip der Nachhaltigkeit, das heißt: Es soll immer nur so viel Biomasse genutzt werden, wie im selben Zeitraum nachwächst.

Für das Projekt »Effizienz Plus« ist Viessmann mit dem Deutschen Nachhaltigkeitspreis 2009 in der Kategorie »Deutschlands nachhaltigste Produktion« sowie mit dem Energy Efficiency Award 2010 ausgezeichnet worden. Darüber hinaus erhielt Viessmann 2011 den Deutschen Nachhaltigkeitspreis in der Kategorie »Deutschlands nachhaltigste Marke«.

Kurzumtriebsplantagen der Firma Viessmann bei Allendorf.

Foto: Viessmann Werke GmbH & Co KG

2 Natürliche Rahmenbedingungen

2.1 Schnellwachsende Baumarten, Klone und deren Standortansprüche

Christine Knust, Karoline Schua, Heino Wolf, Karl-Heinz Feger

2.1.1 Baumarten

Kurzumtriebsplantagen sollen in kurzen, aufeinander folgenden Produktionszeiträumen nachhaltig möglichst hohe Biomasseerträge je Flächeneinheit liefern. Diese Zielstellung unterscheidet sich grundsätzlich von den Produktionszielen, die in der Hauptsache in Wäldern für die Erzeugung von Industrie- und Stammholz zur Anwendung kommen. Die unterschiedliche Zielsetzung hat Konsequenzen für die Anforderungen, die an die Eigenschaften der verwendeten Baumarten gestellt werden. Die für die Erzeugung von Industrie- und Stammholz wichtigen Eigenschaften, wie zum Beispiel Geradschaftigkeit, Abwesenheit von Zwieseln oder Feinastigkeit, spielen für die Produktion von Energieholz keine Rolle. Andere Eigenschaften treten in den Vordergrund. Eine einfache Vermehrbarkeit ist Voraussetzung dafür, dass geeignetes Pflanzmaterial schnell und in ausreichendem Umfang zur Verfügung gestellt werden kann. Eine hohe Anwuchssicherheit des verwendeten Pflanzmaterials stellt sicher, dass Ausfälle auf ein Mindestmaß reduziert bleiben. Dadurch wird erreicht, dass die Biomasseleistung der KUP steigt und Nachbesserungskosten die Wirtschaftlichkeit der Plantage nicht gefährden. Weiterhin ist ein rasches Jugendwachstum in den ersten drei bis 10 Jahren in Verbindung mit einer hohen Biomasseleistung eine Voraussetzung für eine hochproduktive Plantage. Da die Biomasseleistung auch direkt von der Stammzahl je Flächeneinheit abhängt, müssen die verwendeten Baumarten eine hohe Dichtstandsverträglichkeit aufweisen. Ausfälle aufgrund von Licht- und Wurzelkonkurrenz reduzieren die Biomasseleistung und sind in keiner Produktionsphase erwünscht. Damit

der Wiederaustrieb aus den Wurzelstöcken auch nach mehreren Ernten noch vital und reichlich ist, spielt ein gutes Stockausschlagvermögen ebenfalls eine wichtige Rolle. Eine geringe Anfälligkeit für Schäden im gesamten Produktionszeitraum über viele Rotationen ist entscheidende Voraussetzung für die Betriebssicherheit der Plantage. Dies betrifft verschiedene Krankheiten (Rostpilze), aber auch Schäden durch Frost, Sturm sowie Wildverbiss (s. Kapitel 2.4). Je nach Zielstellung und Standort können noch weitere Eigenschaften wie Trockenresistenz oder Staunässetoleranz erwünscht sein (Schildbach et al., 2009).

Aufgrund der geforderten Merkmale kommen in unseren Breiten vor allem die Baumarten der Gattungen Pappel (*Populus*), Weide (*Salix*) und Robinie (*Robinia*) in Betracht. Möglich sind aber auch Baumarten der Gattungen Erle (*Alnus*) und Birke (*Betula*) (Schildbach et al., 2009). Zu den historischen Niederwaldbaumarten und somit zu den potenziell für KUP geeigneten gehören neben den bereits genannten Arten auch die Esche (*Fraxinus excelsior*) sowie die Stiel-, Trauben- und Roteiche (*Quercus robur, Q. petraea, Q. rubra*) (Burschel & Huss, 2007). Diese sieben Gattungen bzw. Arten stehen auf der Liste der in Deutschland für den Kurzumtrieb geeigneten Arten (s. Kapitel 5.2).

Bei der Gattung Pappel gibt es derzeit in Deutschland 26 Klone aus der Sektion *Aigeiros*, 10 Klone/Klonmischungen aus der Sektion *Tacamahaca*, 36 Klone/Klonmischungen/Familieneltern aus der Sektion *Populus* (*ex Leuce*) sowie 4 Klone aus intersektionellen Hybriden, die als Ausgangsmaterial für die Erzeugung von Forstvermehrungsgut der Kategorie »Geprüft« nach Forstvermehrungsgutgesetz (FoVG) zugelassen sind (Stand: 20. März 2012) (Anonymus, 2012a). Weiterhin gibt es eine Vielzahl von Klonen, die in anderen europäischen Staaten als Ausgangsmaterial für die Erzeugung von Forstvermehrungsgut der Kategorie »Geprüft« nach

EU-Richtlinie zugelassen sind (Stand: 31. März 2009). Es ist jedoch anzufügen, dass für die überwiegende Mehrzahl der in anderen europäischen Staaten zugelassenen Klone bisher in Deutschland keine systematischen Anbauprüfungen unter standardisierten Versuchsbedingungen stattgefunden haben (Wolf et al., 2010). Der aktuelle Stand des zugelassenen Ausgangsmaterials (Klone, Klonmischungen, Familieneltern) in der Gattung *Populus* kann im Pappelregister der Bundesanstalt für Landwirtschaft und Ernährung (BLE) unter der Internet-Adresse www.ble.de abgerufen werden.

Bei der Gattung Weide, die nicht dem FoVG unterliegt, gibt es in Europa insgesamt 49 Klone, für die Sortenschutz durch das Gemeinschaftliche Sortenamt der EU erteilt ist oder beantragt wurde. In Hinsicht auf eine systematische Prüfung der Anbaueignung für Standortverhältnisse in Deutschland gilt das schon bei der Pappel angeführte (Wolf et al., 2010). Weiterführende Informationen, zum Beispiel über in Schweden gezüchtete Weidenklone, können unter der Internet-Adresse der Firma SalixEnergi Europa AB www.salixenergi.se gefunden werden.

2.1.2 Vermehrungsgut

Die Wahl des Pflanzmaterials für die Anlage einer KUP hängt im konkreten Einzelfall von mehreren Faktoren ab. Weiden, Balsam- und Schwarzpappelhybriden lassen sich sehr kostengünstig und einfach über Steckhölzer vermehren (Abb. 2-1) (s. Kapitel 2.2). Aus diesem Grund wird von Baumschulen

hauptsächlich solches Pflanzmaterial angeboten. Die Anwuchsrate ist bei Weiden sehr hoch, bei Pappeln etwas geringer. Bei Schwarz- und Balsampappelhybriden kann mit bewurzelten Steckhölzern ein höherer Anwuchserfolg als mit Stecklingen erreicht werden (Abb. 2-2). Steckruten und Setzstangen sind im Vergleich zu den Steckhölzern teurer und aufwendiger zu pflanzen (Abb. 2-3 bis 2-5). Deswegen eignen sie sich aus wirtschaftlichen Gründen weniger für KUP, könnten aber auf Flächen mit starker Begleitvegetation oder kritischer Wasserversorgung einen Vorteil gegenüber der Verwendung von Steckhölzern aufweisen (Schildbach et al., 2010). Mit Legeruten gibt es bisher nur wenige Erfahrungen (Murach, 2008). Ein möglicher Vorteil ist, dass sich hierfür auch krumme Triebe verwenden lassen.

Klonmaterial von Aspe, Robinie, Erle und Birke kann nur relativ aufwendig durch die Vermehrung von Wurzelstecklingen oder Grünstecklingen erzeugt werden (Schildbach et al., 2010). Für Aspe und die Birkenarten stehen auch Pflanzgut aus *In-vitro*-Vermehrung (Gewebekultur), und für Aspe und Robinie in der Hauptsache, für die Esche und die Eichenarten nur aus Saatgut angezogene Pflanzen zur Verfügung (Abb. 2-6 und 2-7).

Für eine erfolgreiche Anlage von Energieholzplantagen sind hohe Anforderungen an die Qualität des Vermehrungsgutes zu stellen. Bei Steckhölzern ist vor allem darauf zu achten, dass sie frisch, gut verholzt, gerade, unverletzt und gesund sind sowie

Abb. 2-1: Steckhölzer.

Foto: Marek Schildbach, Staatsbetrieb Sachsenforst

Abb. 2-2: Bewurzelter Pappelsteckling. *Foto: Christine Knust*

Abb. 2-3: Steckruten.

Foto: Holger Hartmann, HNEE

Abb. 2-4: Pappel-Steckruten.

Foto: Holger Hartmann, HNEE

Abb. 2-5: Weiden- und Pappel-Steckruten.

Foto: Holger Hartmann, HNEE

aus einjährigen Trieben stammen. Die Knospen müssen bei der Pflanzung noch geschlossen sein. Für anderes Vermehrungsgut gilt sinngemäß das Gleiche (Schildbach et al., 2010).

2.1.3 Standortsansprüche

Der Begriff »Standort« umfasst die Gesamtheit der Umwelteinflüsse, die an einem bestimmten Wuchsort für das Gedeihen von Pflanzen bedeutsam sind (AK Standortskartierung 2003). Dazu zählen vor allem das Klima und die Bodeneigenschaften, die über die Wasser- und Nährstoffversorgung der Bäume entscheiden. Auch besondere standörtliche Aspekte wie Gefährdungen durch Spätfrost, frühsommerliche Trockenheit oder Windexposition sollten bei der Bewertung der Standortseignung für

den Anbau von KUP mit berücksichtigt werden. Bei der Betrachtung von Standortsansprüchen von KUP sollte der Begriff noch weiter gefasst werden als nur im Bezug auf das Pflanzenwachstum. Auch die mechanische Bearbeitbarkeit eines Bodens, die Tragfähigkeit zum Zeitpunkt der Ernte sowie die Hangneigung spielen für die Bewirtschaftung eine wichtige Rolle. Diese Aspekte werden in den Kapiteln 3.1 bis 3.3 näher betrachtet.

Unter den in Deutschland vorherrschenden standörtlichen Bedingungen ist fast überall ein Wachstum von Bäumen möglich, insbesondere dort, wo zuvor Ackerbau oder Grünlandnutzung betrieben wurde. KUP werden häufig und sicherlich zu Recht als wirtschaftliche Alternative für Grenzertragsstandorte angepriesen. Die höchsten Erträge bei der Biomasse-

Abb. 2-6: Pflanzen im Einschlag.

Foto: Marek Schildbach, Staatsbetrieb Sachsenforst

Abb. 2-7: Einjährige, bewurzelte Robiniensämlinge.

Foto: Christine Knust

produktion im Kurzumtrieb können jedoch nur unter günstigen Wachstumsbedingungen erreicht werden. Die zugelassenen und empfehlenswerten Baumarten unterscheiden sich hinsichtlich ihrer Mindestanforderungen an den Standort erheblich. Jeder künftige Betreiber von Energieholzplantagen sollte die Wahl der Baumarten und Sorten daher in Abhängigkeit der jeweiligen standörtlichen Voraussetzungen treffen. Selbstverständlich haben alle Baumarten unter idealen Bedingungen ihr Leistungsoptimum.

Klima

Das Klima in Deutschland zeichnet sich durch einen kontinuierlichen Gradienten von atlantisch-maritimen Bedingungen im Nordwesten bis zu kontinentaleren Bedingungen im Osten und Südosten aus. Die Gefahr der Frühsommertrockenheit hat in den vergangenen Jahren insbesondere in den kontinental geprägten Gebieten stark zugenommen, was in der Etablierungsphase der KUP eine Gefahr für den Anwuchserfolg darstellen kann. Mit Ausnahme der höheren Lagen ist das Klima auf den meisten Standorten in Deutschland für den Anbau von Pappeln und Weiden geeignet. Ein Ausweichen auf die anderen geeigneten KUP-Baumarten kann durch das Zusammenspiel ungünstiger Klima- und Bodenfaktoren dennoch auf einer Reihe von Standorten erforderlich sein. Als Beispiel seien hier trockenheitsanfällige Sandstandorte mit geringer Wasserspeicherfähigkeit besonders im Osten Deutschlands genannt, wo der künftige Betreiber von KUP in der Robinie mitunter die bessere Alternative findet.

In den mittleren und höheren Lagen der Mittelgebirge wird auch das Klima zunehmend ungünstiger und eventuell zu rau für die wärmeliebenden Schwarz- und Balsampappelhybriden. Hier können einige frosttolerante Weidensorten oder aber die Grauerle sowie die Birken eine Alternative sein. Die Biomasseerträge sind unter ungünstigen Standortverhältnissen jedoch auch bei der Wahl angepasster Baumarten und Sorten wahrscheinlich geringer als auf den produktiven und für Pappel geeigneten Standorten.

Alle KUP-Baumarten gehören zu den Pionierbaumarten und sind daher sehr lichtliebend. Den zur Erzielung hoher Biomasseerträge nötigen Dichtstand in einer mit hoher Pflanzdichte angelegten KUP können sie dennoch meist gut ertragen. Auf eine Beschattung durch angrenzende Wald- oder Heckenstrukturen reagieren KUP-Bäume mit geringerer Wuchsleistung.

Boden
Kurzumtriebsplantagen auf Ackerflächen

Die Bodenverhältnisse stellen neben dem Klima sicherlich den wichtigsten Faktor für den Erfolg und die Ertragsleistung von Kurzumtriebsplantagen dar. Die jeweiligen Bodenverhältnisse entscheiden über die Wasser- und Nährstoffversorgung der KUP-Bäume. Zudem ist die Kenntnis über die im Folgenden erläuterten Bodeneigenschaften entscheidend für die Wahl der richtigen Anlagemaßnahmen (Standortauswahl, Bodenbearbeitung, Baumartenwahl, usw.).

Um eine ausreichende Wasserversorgung besonders für Pappeln und Weiden sicherzustellen, muss der Boden in der Lage sein, entsprechend viel Wasser zu speichern. Alternativ kann eine mangelhafte Wasserspeicherfähigkeit jedoch auch durch einen Grundwasseranschluss der Wurzeln kompensiert werden. Die Wasserspeicherfähigkeit des Bodens, auch »nutzbare Feldkapazität« genannt, wird maßgeblich von der Körnung des Bodens bestimmt. Ein hoher Humusgehalt wirkt sich zusätzlich positiv aus, während hohe Steingehalte oder eine hohe Lagerungsdichte die Wasserspeicherfähigkeit negativ beeinflussen. Reine Sandböden weisen die geringste Wasserspeicherfähigkeit auf. Ideal sind lehmige Böden, die auch eine gute Belüftung des Wurzelraumes sicherstellen. Sehr tonige Böden, die vorwiegend Feinporen aufweisen, können die Durchwurzelbarkeit und Durchlüftung beeinträchtigen.

Starke Verdichtungen unterhalb der Pflugsohle wirken sich generell negativ auf das Wachstum der

KUP-Bäume aus. Sie sollten gegebenenfalls durch eine tiefe Bodenbearbeitung vor der KUP-Anlage gelockert werden. Die Bäume können sonst ihren großen Vorteil gegenüber annuellen (einjährigen) Ackerkulturen, nämlich die Durchwurzelung tieferer Bodenschichten und damit das Erschließen von Wasser- und Nährstoffreservoirs, die für annuelle Kulturen unerreichbar sind, nicht ausspielen. Außerdem kann die Bodenverdichtung die Standfähigkeit der Bäume beeinträchtigen. Besonderes Augenmerk ist deshalb auch auf das Vermeiden von Bodenverdichtungen nach der Flächenetablierung zu legen. Solche Verdichtungen entstehen etwa durch das Befahren zur Ernte bei nicht tragfähigen Bodenbedingungen.

Auch für die Nährstoffversorgung der KUP-Bäume spielt der Boden, aber auch die Nutzungsgeschichte der jeweiligen Fläche eine große Rolle. Zwar stellen Bäume, vor allem aufgrund geringerer Nährstoffentzüge, geringere Ansprüche an die Nährstoffausstattung als annuelle landwirtschaftliche Kulturen. Besonders Schwarz- und Balsampappelhybriden, aber auch die Weiden und die Erlen sind im Vergleich mit anderen Baumarten allerdings eher anspruchsvoll. Auf ehemals landwirtschaftlich genutzten Flächen ist die Nährstoffausstattung aufgrund der bei konventioneller Nutzung angewendeten Düngungen und Kalkungen jedoch fast immer ausreichend für die Versorgung der Bäume. Ein großer Teil der Nährstoffe wird zudem in der Blattmasse gespeichert und steht dem Bestand nach dem herbstlichen Laubfall und der meist sehr zügigen Zersetzung der Blätter (innerhalb weniger Monate) wieder zur Verfügung. Bei lang andauernder KUP-Nutzung, also nach mehreren Umtrieben, sowie auf Flächen mit von vornherein ungünstiger Nährstoffausstattung (z. B. Rekultivierungsflächen, Grenzertragsstandorte) sind jedoch Düngergaben in Betracht zu ziehen. Um die benötigte Düngermenge abzuschätzen, sollten Boden- und Blattanalysen durchgeführt werden. Für den Anbau der stickstoffliebenden Weide wird häufig eine Stickstoffdüngung empfohlen, da die Weide darauf mit Ertragszuwachs reagiert.

In Tabelle 2-1 sind die möglichen Positiv- und Negativ-Wirkungen von KUP aus Sicht der Landschaftsökologie dargestellt.

Tab. 2-1: Mögliche, durch den Anbau von Kurzumtriebsplantagen hervorgerufene Positiv- und Negativ-Wirkungen aus landschaftsökologischer Sicht (s. auch Tab. 2-8).

Positiv-Wirkungen	Negativ-Wirkungen
• Mögliche Humusanreicherung im Boden	• Erhöhte Freisetzung von CO_2 bei Rückwandlung in Ackerland
• Intensivierung des Bodenlebens	• Partielle Bodenverdichtung (Fahrspuren)
• Verbesserung der Bodenstruktur für die Dauer der Bestockung	• Erhöhter Stoffaustrag nach Bodenvorbereitung
• Schließen von Nährstoffkreisläufen	• Einwachsen der Wurzeln in Drainagen
• Reduktion der Spurengasemissionen	• Reduktion der Grundwasserneubildung
• Erhöhung des Wind- und Erosionsschutzes (Verhinderung des Nährstofftransports durch Bodenerosion, bei Schadstoffausträgen auch Gewässerschutz, Schutz landwirtschaftlicher Flächen vor Austrocknung)	• Erhöhte Transpiration und Interzeption
	• Erhöhter Stoffeintrag durch Interzeption
• Verbesserung der Sickerwasserqualität	
• Beitrag zur Luftfilterung, Luftreinigung in immissionsbelasteten Gebieten	
• Sanierung belasteter Böden	
• Düngung oder chemische Behandlung meist nicht notwendig	

Standortsansprüche der KUP-Baumarten
Pappeln

Pappeln (*Populus* spec.) gehören zu den in Deutschland am häufigsten eingesetzten Baumarten für Kurzumtriebsplantagen, daher liegen über sie bereits umfangreiche Kenntnisse vor. Schwarzpappeln sind in Mitteleuropa typische Baumarten der Flussauen, während Balsampappeln in ihrem ursprünglichen Verbreitungsgebiet in Nordamerika zwar bevorzugt in Flussniederungen und entlang von Seeufern und Sümpfen, darüber hinaus aber auch in Wäldern anzutreffen sind. Davon lassen sich auch die Standortsansprüche der daraus gezüchteten Klone und Sorten für den Kurzumtrieb ableiten. Schwarzpappeln und ihre Hybriden sind sehr wärmebedürftig; für ihren Anbau ist eine Jahresdurchschnittstemperatur von mindestens 8 °C erforderlich. Balsampappeln können auch in klimatisch weniger begünstigten Lagen mit einer Jahresdurchschnittstemperatur von mindestens 6,5 °C erfolgreich angebaut werden (Petzold et al., 2010). Die Ansprüche der Schwarzpappeln an die Nährstoffversorgung sind sehr hoch, die der Balsampappeln etwas geringer, wobei die Boden-pH-Werte bei idealerweise 5,5 bis 7 liegen sollten. Auf ehemals ackerbaulich genutzten und regulär gedüngten Flächen ist die Nährstoffversorgung für Pappeln meist ohne weitere Düngung ausreichend. Nach einigen Jahren Standdauer oder auf Standorten mit geringen Ausgangsnährstoffgehalten kann eine Düngung jedoch erforderlich werden. Zur Einschätzung der Ernährungssituation sollte eine Orientierung an den optimalen Blattspiegelwerten, also dem Gehalt bestimmter Nährstoffe in den Blättern (Tab. 2-2), erfolgen.

Eine gute Wasserversorgung ist für die Ertragsleistung der KUP von zentraler Bedeutung. Auf Grundwasser fernen Standorten sollten die durchschnittlichen Niederschläge in der Vegetationsperiode mindestens 300 mm betragen und der Boden eine hohe nutzbare Feldkapazität von mindestens 150 mm aufweisen (Petzold et al., 2010). Auf Grundwasser nahen Standorten ist die Wasserversorgung, nachdem die Wurzeln bis in den Bereich des kapillar aufsteigenden Grundwassers vorgedrungen sind, ideal. Allerdings vertragen sie keine dauerhafte Staunässe, weshalb das Grundwasser nicht höher als 40 cm unter Flur anstehen sollte. Für einen zufriedenstellenden Anwuchserfolg kann es sinnvoll sein, im Anlagejahr eine Bewässerung durchzuführen. Auf Standorten, die die genannten Anforderungen erfüllen, können Schwarz- und Balsampappelhybriden im Vergleich mit den anderen möglichen KUP-Baumarten die höchsten Biomasseerträge liefern. Die für den Kurzumtrieb gezüchteten und am Markt verfügbaren Sorten (s. Kapitel 2.2) sind zudem tolerant gegenüber dem im Kurzumtrieb notwendigen Dichtstand.

Aspen (»Zitterpappeln«) sind typische Pioniergehölze, die äußerst lichtbedürftig sind, aber ansonsten geringere Ansprüche an den Standort stellen als die Schwarz- und Balsampappeln. Aspen können auch auf frostgefährdeten, ärmeren, mäßig trockenen bis wechselfeuchten Standorten angebaut werden. Es kommt ihnen entgegen, wenn von vornherein mit längeren Umtrieben ab 10 Jahren geplant wird und die Bestände folglich mit einer geringeren Pflanzdichte begründet werden.

Nach Nack (2011) lässt ab einer Höhe von etwa 300–500 m NN die Wuchsleistung der Pappel nach. Ab einer Geländehöhe von deutlich über 600 m NN ist ein rein ertragsorientierter Anbau daher nicht mehr zu empfehlen. Dies ist vor allem auf die kürzere Vegetationszeit zurück zu führen.

Tab. 2-2: Blattspiegelwerte (mg g⁻¹ TM) für die optimale Ernährung von Pappel im Kurzumtrieb.

	Nährstoff				
	N	P	K	Ca	Mg
Blattspiegelwert	17–25	1,6–5,9	›8	6–15,1	1,5–3

TM = Trockenmasse

Quelle: Jug et al., 1999

Weiden

Die Weiden (*Salix* spec.) haben ihren Verbreitungsschwerpunkt im kühl-gemäßigten Klimaraum und sind ebenfalls als Auwaldgehölze sowie Pioniergehölze verbreitet. Die für den Kurzumtrieb verwendeten und züchterisch bearbeiteten Sorten zeichnen sich durch einen strauchförmigen Wuchs sowie – unter geeigneten Standortsbedingungen – hohe Anwuchsraten und ein sehr gutes Wiederaustriebsvermögen aus. Sie benötigen eine Jahresdurchschnittstemperatur von mindestens 6,5 °C. Viele gängige Sorten weisen eine gute Frosthärte auf (Petzold et al., 2010). Ihre Ansprüche an die Wasserversorgung sind ebenso hoch und zum Teil noch höher als die der Schwarz- und Balsampappeln. Auch für die Weiden gilt, dass eine dauerhafte Bodenvernässung sehr ungünstig ist. Weiden haben einen recht hohen Stickstoffbedarf, weshalb auf ehemals landwirtschaftlich genutzten Flächen eine Stickstoffdüngung zu deutlichen Zuwachssteigerung führen kann. Als besonders günstig haben sich organische Dünger erwiesen. Auch eine gekoppelte Düngung und Bewässerung mit vorgeklärtem Abwasser kann insbesondere bei Weiden zu deutlichen Zuwachssteigerungen führen. Dieses System wird in einigen europäischen Nachbarländern (z. B. Schweden) bereits kommerziell eingesetzt und bietet dem Landwirt die Möglichkeit, neben der Biomasseproduktion noch einen zusätzlichen ökonomischen Nutzen, durch die »Entsorgung« der Abwässer zu generieren. In Deutschland ist diese Möglichkeit aufgrund rechtlicher Hindernisse derzeit noch nicht praxisrelevant. Auch bei Weiden-KUP sollte die Entscheidung über eine Düngung in Abhängigkeit der Blattspiegel-Werte erfolgen (Tab. 2-3).

Robinie

Die aus Nordamerika stammende und in Mitteleuropa eingeführte Robinie (*Robinia pseudoacacia*) ist in Deutschland vor allem als Pionier- und Ruderalflächenbaumart verbreitet. Sie ist sehr wärmeliebend und relativ trockenheitstolerant. Außerdem gehört sie zu den Leguminosen und kann daher ihren Stickstoffbedarf durch die Fixierung von Luftstickstoff in den Wurzelknollen decken. Sie ist deshalb besonders auf armen, sandigen und zur Trockenheit neigenden Standorten, wie sie häufig im Osten Deutschlands anzutreffen sind, eine Alternative zur Pappel. Jedoch können auch von der Robinie unter sehr ungünstigen Bedingungen keine Spitzenerträge erwartet werden. Dennoch sind auf ertragsschwachen Standorten Erträge von 3–$10\,t_{atro}\,ha^{-1}\,a^{-1}$ bekannt (Landgraf et al., 2005; Ertle et al., 2008). Die Robinie ist züchterisch noch wenig bearbeitet, zudem können Robinien-KUP nur mit einjährigen, bewurzelten Sämlingen, also nicht vegetativ über Stecklinge wie etwa Weide und Pappel, begründet werden (s. Kapitel 2.2). Die bisherigen Anbauerfahrungen zeigen keine übermäßige Neigung zur Ausbildung von Wurzelbrut in Kurzumtriebsbeständen.

Erlen

Bei den Erlen kommen vor allem die Schwarzerle (*Alnus glutinosa*) und die Grauerle (*Alnus incana*) für den Kurzumtrieb in Frage. Die Schwarzerle ist im gemäßigten Klimaraum auf Auen- und Bruchwaldstandorten häufig vertreten. Sie wächst am besten auf basenreichen, sehr gut wasserversorgten lehmigen Böden, wo sie je nach Pflanzdichte und Umtriebszeit Erträge zwischen $4,5$ und $10\,t_{atro}\,ha^{-1}\,a^{-1}$ erbringen kann (Gillespie & Pope, 1994). Die Schwarzerle

Tab. 2-3: Blattspiegelwerte (mg g^{-1} TM) für die optimale Ernährung von Weide im Kurzumtrieb.

	Nährstoff				
	N	P	K	Ca	Mg
Blattspiegelwert	›30	›2,11	15–21	5–15	2–3

TM = Trockenmasse

Quelle: Jug et al., 1999

erträgt auch zeitweise Staunässe und sogar Überflutungen, die dann aber das Wachstum hemmen. Fällt die temporäre Vernässung in den Zeitraum der KUP-Ernte, ergeben sich zudem Nachteile bei der Bewirtschaftung. Wie die Robinie sind auch die Erlen Leguminosen und haben daher keine Probleme mit der Stickstoffversorgung. Eine gute Basenversorgung bei nicht zu sauren pH-Werten ist aber dennoch sehr wichtig für das Gedeihen der Erlen.

Die Grauerle hat ihren Verbreitungsschwerpunkt in montanen Lagen sowie im kühl-gemäßigten und borealen Bereich. Besonders in den skandinavischen und baltischen Ländern wird sie häufig und erfolgreich für Kurzumtriebsplantagen verwendet. In Schweden, Finnland und Estland wurden in Grauerlen-KUP je nach Bewirtschaftungsintensität (Düngung, Unkrautbekämpfung) Erträge zwischen 4,5 und 13,3 t$_\text{atro}$ ha^{-1} a^{-1} realisiert (Telenius, 1999; Granhall & Verwijst, 1994; Uri et al., 2009). Die Grauerle ist ebenso anspruchsvoll im Bezug auf die Wasserversorgung wie die Schwarzerle und stellt daher eine Alternative für die Anlage von KUP auf feuchten und klimatisch wenig begünstigten Flächen dar.

Beide Erlen-Arten können von *Phytophthora*-Pilzen befallen werden. Sollte diese Krankheit in dem Gebiet, in dem die KUP angelegt werden soll, auftreten, ist von der Verwendung der Erlen abzuraten.

Birken

Die Birken gehören zu den robustesten und anspruchslosesten KUP-Baumarten, die allerdings in ihrer Ertragserwartung deutlich hinter den anderen Baumarten zurückbleiben (Telenius, 1999; Hytönen & Saarsalmi, 2009). Die Hängebirke (*Betula pendula*) ist in Deutschland eine Pionierbaumart, die fast alle Standorte, insbesondere auch eher trockene, besiedeln kann. Auch bei der Birke gibt es Bestrebungen, durch züchterische Bearbeitung die gewünschten Merkmale zu verbessern. Ein Produkt daraus ist die Hybridbirke (*Betula platyphylla* var. *japonica* x *Betula pendula*), mit z. B. den Sorten Granat, Opal oder Rubin. Sie hat ähnliche Standortansprüche wie die Sandbirke.

Das vorrangige Zuchtziel war die Verbesserung der Schaftqualität, doch auch in der Biomasseleistung ist die Hybridbirke der Hängebirke überlegen.

Die Moorbirke (*B. pubescens*) ist, wie ihr Name schon sagt, eine typische Art der sehr feuchten Standorte, die auch einen sehr niedrigen pH-Wert aufweisen können. Sie kann auf ähnlich feuchten Standorten vorkommen wie die Schwarzerle und erträgt anders als diese auch pH-Werte von unter 4.

Versuche aus Skandinavien und dem Baltikum, wo auch die Birken häufiger im Kurzumtrieb eingesetzt werden, zeigen, dass ihr Stockausschlagvermögen nicht so hoch ist wie das der anderen Baumarten. Daher werden Rotationslängen von mehr als acht Jahren empfohlen.

Andere mögliche KUP-Baumarten
Esche und Eichen

Zu den Baumarten der historischen Niederwaldnutzung und somit zu den potenziell für KUP geeigneten und auch für die Beihilfe zugelassenen Baumarten (s. Kapitel 5.2) gehören neben den bereits genannten Arten auch die Esche (*Fraxinus excelsior*) sowie die Stiel-, Trauben- und Roteiche (*Quercus robur, Q. petraea, Q. rubra*). Ihre Bedeutung für den Anbau in KUP ist jedoch gering, da sie gegenüber den anderen bereits vorgestellten Arten keine Vorteile hinsichtlich der Wuchsleistung, der möglichen Standortsamplitude, der Bewirtschaftung sowie den Etablierungskosten aufweisen. Die Esche leidet zudem seit einigen Jahren unter dem Eschentriebsterben, das durch einen Pilz (*Hymenoscyphus albidus*) verursacht und übertragen wird. Daher ist die Esche für den großflächigen Anbau in KUP nicht zu empfehlen. Sowohl die Esche als auch die Eichen haben aber durchaus ihre Berechtigung als Baumarten zur ökologischen KUP-Randgestaltung. Auch wenn der Fokus der KUP mehr auf landschaftsökologischen Gesichtspunkten (z. B. Etablierung der KUP als Erosionsschutz oder Gewässerrandbepflanzung) als auf dem Erreichen möglichst hoher Biomasseerträge liegt, können diese Baumarten eine Bereicherung der KUP darstellen.

Tab. 2-4: Baumarten und Klone für Kurzumtriebsplantagen und ihre Standortansprüche.

Gattung	Art/Sektion	Botanischer Name	Klon (Beispiele)	Temperatur-ansprüche	Wasserversorgung	Nährstoffversorgung	Sonstiges
Pappel							
	Schwarz-pappeln	Aigeiros (z. B. Populus deltoides, Populus x euramericana)	Robusta, Drömling, Rintheim	wärmeliebend, mind. 8 °C Jahresmittel-temperatur	hohe Ansprüche an die Wasserversorgung, gut wasserspeichernde Böden, ideal ein Grundwasseranschluss im Unterboden, auch wechselfeuchte Standorte	gute bis sehr gute Nährstoffversorgung	
	Balsam-pappeln	Tacamahaca (z. B. Populus maximowiczii x Populus trichocarpa, Populus trichocarpa)	Androscoggin, Hybride 275 syn H 275 syn. NE 42, Matrix 11, Matrix 24, Matrix 49; Muhle Larsen	mind. 6 °C Jahres-mitteltemperatur	etwas geringere Ansprüche als die Schwarzpappel	gute Nährstoffversorgung	
	Aspen	Populus (Populus tremula, Populus tremuloides, Hybride)	Astria; Münden 2, Münden 6, Münden 7, Münden 11, Münden 13, Münden 16, Münden 20	im gemäßigten Klimabereich geeignet, frosthart und spätfrosttolerant	gute bis mittlere Wasserversorgung, keine Staunässe, keine länger anhaltende Trockenheit	mittlere bis gute Nährstoffversorgung	
	Inter-sektionelle Hybriden	Populus maximowiczii x Populus nigra; Populus nigra x Populus maximowiczii	Rochester, Max 1, Max 3, Max 4	mind. 6 °C Jahres-mitteltemperatur	geringere Ansprüche als die Schwarzpappel	gute Nährstoffversorgung	

Fortsetzung auf der nächsten Seite

Gattung	Art/Sektion	Botanischer Name	Klon (Beispiele)	Temperatur-ansprüche	Wasserversorgung	Nährstoffversorgung	Sonstiges
Weide							
	Korbweide	*Salix viminalis*	Jorr	mind. 6,5 °C Jahres-mitteltemperatur, etwas frostempfindlich	sehr gute Wasserversorgung, keine lang anhaltende Staunässe	gute Nährstoffversorgung, insbesondere hohe Ansprüche an das Stickstoffange-bot (evtl. N-Düngung notwendig)	
	Filzast-Weide	*Salix dasyclados*	Gudrun	mind. 6,5 °C Jahres-mitteltemperatur, hohe Frosttoleranz	sehr gute Wasserversorgung, keine lang anhaltende Staunässe	wie Korbweide	
		Salix schwerinii x Salix viminalis	Tora	wie Klon Gudrun	sehr gute Wasserversorgung	wie Korbweide	
		Salix (schwerinii x Salix viminalis) x Salix viminalis	Tordis, Sven	wie Klon Gudrun	gute Wasserversorgung, jedoch auch auf etwas trockeneren Standorten ertragsstark	wie Korbweide	
	Mandel-weide x Korbweide	*Salix triandra x Salix viminalis*	Inger	wie Klon Gudrun	wie Tordis	wie Korbweide	
Robinie							
		Robinia pseudoacacia		wärmeliebend, kontinental getönt	recht trockenheitstolerant, erträgt jedoch keine extreme Trockenheit, keine Staunässe	geringe Ansprüche, Leguminose	typische Pio-nierbaumart auf Ruderalflächen, auch Schutthalden
Erle							
	Schwarz-erle	*Alnus glutinosa*		im gesamten gemä-ßigten Klimabereich geeignet, frosthart und relativ resistent gegenüber Spätfrost	hohe Ansprüche an die Wasserversorgung, nicht trockenheitstolerant, erträgt auch Staunässe und perio-dische Überflutungen, dann ist jedoch mit Zuwachs-einbußen zu rechnen	gute Basen-versorgung, pH-Wert höher als 4, auch kalkreiche Substrate geeignet, Leguminose	obwohl im Bruch-wald dominieren-de Baumart, stellt lang anhaltende Überflutung den physiologischen Grenzbereich der Schwarzerle dar

Fortsetzung auf der nächsten Seite

Gattung	Art/Sektion	Botanischer Name	Klon (Beispiele)	Temperaturansprüche	Wasserversorgung	Nährstoffversorgung	Sonstiges
	Grauerle	*Alnus incana*		angepasst an montane und boreal-kontinentale Bedingungen, in Deutschland überall dort, wo die Jahresdurchschnittstemperatur etwa 3°C geringer als im Tiefland ist, sehr frost- und spätfrosttolerant	hohe Ansprüche an die Wasserversorgung, nicht trockenheitstolerant, wichtig ist eine gute Wasserversorgung, auch im Hochsommer, erträgt keine andauernde Überflutung	sehr gute Basenversorgung, mittlerer bis hoher pH-Wert, sehr gut auf kalkreichen Substraten, Leguminose	vor allem in den höheren Lagen ab 500 m NN (Norden) bzw. 900 m NN (Süden) verbreitet
Birke	Hängebirke	*Betula pendula*		sehr breite Amplitude, auch in wärmebegünstigten Lagen, geringe Empfindlichkeit gegenüber Spätfrost	breite Amplitude, sowohl auf mäßig trockenen als auch feuchten Standorten, erträgt jedoch keine länger anhaltende Trockenheit oder Überflutung	wächst auch auf sauren (pH mind. 3,4), schlecht Nährstoff- und basenversorgten Standorten	Ertragserwartung und Stockausschlagvermögen geringer als bei den anderen KUP-Baumarten. Rotationen von mind. 8 Jahren empfohlen
	Moorbirke	*Betula pubescens*		angepasst an kühlfeuchte Bedingungen, Verbreitungsschwerpunkt im boreal-kontinentalen Bereich, frosthart	mittlere bis sehr gute Wasserversorgung, verträgt auch zeitlich begrenzte Staunässe, ähnlich wie *Alnus glutinosa*	wie *B. pendula*	
	Hybridbirke	*Betula platyphylla var. japonica x Betula pendula*	Granat, Opal, Rubin	wie *B. pendula*	wie *B. pendula*	wie *B. pendula*	bislang kaum Erfahrungen bei der Verwendung im Kurzumtrieb

2.2 Mutterquartiere

Dirk Landgraf

Mit Ausnahme der Weide unterliegen in Deutschland alle schnellwachsenden Baumarten bezüglich ihrer Vermehrung und Vertrieb dem Forstvermehrungsgutgesetz (FoVG).

Die Baumarten Weide und Pappel können vegetativ vermehrt (geklont) werden. Nur auf diesem Wege lassen sich die herausgezüchteten Merkmale der Hochleistungshybriden (z. B. schnelles Jugendwachstum, Geradschaftigkeit, Resistenzen, usw.) eins zu eins weitergeben. Auf diese Art und Weise können in sehr kurzen Zeitabständen sehr hohe Reproduktionszahlen erreicht werden. Zu diesem Zweck werden sogenannte Mutterquartiere angelegt. Dies kann sowohl in einer Baumschule, aber auch auf jeder anderen Fläche geschehen. Für die Etablierung darf nur zertifiziertes Vermehrungsgut unter Aufsicht des für das Forstvermehrungsgutgesetz verantwortlichen Beamten (oder seines Vertreters) des jeweiligen Bundeslandes in den Boden gebracht werden. Die innerhalb einer Vegetationsperiode aufgewachsenen Ruten werden im Winterhalbjahr geschnitten und anschließend zu Steckhölzern verarbeitet. Vor dem Abschneiden der Ruten muss wiederum der o. g. Beamte über den Termin der geplanten Ernte informiert werden. Dieser vermerkt vor der Ausstellung der Zertifikate sowohl die Anzahl der geernteten Ruten pro Sorte sowie auch die der geschnittenen Steckhölzer. Auf diese Art und Weise wird deutschlandweit die Herkunft jedes einzelnen Steckholzes überprüft und vermerkt.

Mutterquartiere können in unterschiedlichen Systemen mit unterschiedlichen Stückzahlen und Bewirtschaftungsvarianten angelegt werden. Die herkömmliche Art und Weise ist die sogenannte Beetform. Bezogen auf die Pflanzabstände bei diesem Bewirtschaftungssystem, mit 5 Reihen pro Beet, könnten theoretisch 200 000 Pflanzen je Hektar angebaut werden (Abb. 2-8). In der Praxis übersteigen die Pflanzzahlen jedoch selten mehr als

100 000 Pflanzen pro Hektar. Mit dieser Variante kann die größtmögliche Anzahl von Steckhölzern produziert werden. So können pro Hektar und Jahr bis zu 800 000 Steckhölzer (d. h. 8 pro Rute) in 20er Qualität (d. h. Länge 20 cm) (Tab. 2-6) produziert werden. Die Anzahl von Steckhölzern in 30er Qualität (d. h. Länge 30 cm) ist bei diesem Anbauverfahren jedoch so gering, dass die Anzahl der gewonnenen Steckhölzer als vernachlässigbar gelten kann. Steckruten (Länge 150–250 cm) können prinzipiell erzeugt werden, erreichen jedoch selten eine Höhe von 2 m und noch seltener entsprechende Durchmesser. Setzstangen (Länge 200–700 cm) können mit diesem Anbauverfahren nicht erzeugt werden. Die Produktionsbedingungen gestalten sich durch einen Einsatz vorhandener Baumschultechnik als sehr einfach. Durch die

Abb. 2-8: Schematische Darstellung eines Mutterquartiers in Beetform.

Abb. 2-9: Pappelmutterquartier in Reihenform.
Foto: Dirk Landgraf

Abb. 2-10: Pappelmutterquartier in Beetform nach der Ernte der einjährigen Ruten.
Foto: Dirk Landgraf

große Pflanzenzahl pro Fläche muss jedoch auch mit einem erhöhten Pflegeaufwand (Düngung, Bewässerung, Schädlingsbekämpfung) ausgegangen werden (Tab. 2-5).

Mutterquartiere in Reihenform können bei zwei Reihen eine theoretische Zahl von 40 000 Stück Mutterpflanzen pro Hektar erreichen (Abb. 2-11). Praktisch werden jedoch selten mehr als 30 000

Tab. 2-5: Bewirtschaftungsvarianten von verschiedenen Mutterquartier (MQ)-Bewirtschaftungsformen.

	MQ in Beetform mit 5 Reihen	MQ in Reihenform mit 2 Reihen	MQ mit KUP-Option
Pflanzenzahl theoretisch	200 000	40 000	20 000
Pflanzenzahl praktisch	100 000	30 000	10 000–12 000
Ernte im 1. Jahr, Zahl Steckhölzer	500 000	150 000	50 000
Ernte in den Folgejahren, Zahl Steckhölzer	800 000	240 000	100 000
Produktion von 30er Steckhölzern	Nein	Ja	Ja
Produktion von Steckruten	Ja	Ja	Ja
Produktion von Setzstangen	Nein	Ja	Ja
Vorteile	• maximale Steckholzproduktion pro Flächeneinheit • leichter Einsatz vorhandener Baumschultechnik • schnelles Ausdunkeln der Begleitvegetation	• durchschnittliche Steckholzproduktion pro Flächeneinheit • leichter Einsatz vorhandener Baumschultechnik • Produktion von anderen Sortimenten (z. B. Ruten oder Stangen) möglich	• Produktion von allen Sortimenten • Düngung und Bewässerung nicht notwendig • jährliche Unkrautbekämpfung notwendig • geringer Infektionsdruck • bei geringer Marktnachfrage Nutzung als KUP möglich
Nachteile	• jährliche Düngung und Bewässerung nötig • hoher Infektionsdruck	• Düngung und Bewässerung nach Bedarf • jährliche Unkrautbekämpfung notwendig	• geringe Steckholzproduktion • Spezialtechnik notwendig

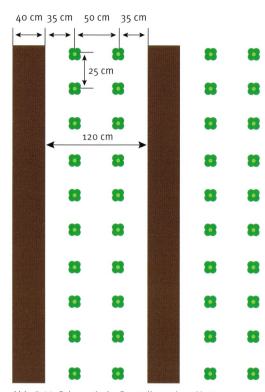

40 cm 35 cm 50 cm 35 cm

25 cm

120 cm

Abb. 2-11: Schematische Darstellung eines Mutterquartiers mit zweifacher Reihenform.

Produktion von Steckhölzern in 30er Qualität kann (sortenabhängig und witterungsbedingt) in unseren Breiten bis zu 10 % der Steckholzernte betragen. Mit diesem Anbauverfahren können sowohl Steckruten als auch Setzstangen produziert werden. Dafür sollten jedoch ab der zweiten Rotation im ersten Drittel der Vegetationsperiode alle schwachen und überzähligen Stockausschläge beseitigt werden. Sortenabhängig ist zudem ein ein- oder mehrmaliges Beseitigen von Seitenästen zwingend erforderlich. Nur durch diese Pflegemaßnahme ist eine maximale Produktion von vegetativem Vermehrungsgut gewährleistet.

Mit dieser Bewirtschaftungsvariante kann eine durchschnittliche Anzahl von Steckhölzern produziert werden. Vorhandene Baumschultechnik kann ebenso leicht und effektiv eingesetzt werden wie im vorab beschriebenen Verfahren. Eine Düngung bzw. Bewässerung ist im Einzelfall abzuwägen, durch eine wesentlich geringere Konkurrenzsituation jedoch nicht so häufig notwendig. Wichtig ist, dass mit diesem Verfahren sämtliche Varianten von vegetativem Vermehrungsgut angeboten werden können. Damit kann auf sämtliche Anforderungen und Nachfragen des Marktes schnell reagiert werden.

Bei der Etablierung von Mutterquartieren mit KUP-Option werden in der Regel einreihige Systeme gewählt. Die Reihenabstände variieren bei diesem Verfahren zwischen 1,60 m und 2,40 m. Die Pflanzabstände innerhalb der Reihe sollten nicht größer sein als 0,4 m. Theoretisch kann die Pflanzzahl bis zu 20 000 Stück pro Hektar erreichen. In der Re-

Pflanzen pro Hektar angelegt. Geht man davon aus, dass im ersten Jahr pro Pflanze 5 Steckhölzer in 20er Qualität produziert werden können, wird mit diesem Anbauverfahren eine Steckholzzahl von 150 000 Stück erreicht. Ab dem zweiten Jahr kann dann mit einer jährlichen Produktion von ca. 240 000 Steckhölzern pro Hektar gerechnet werden. Die

Tab. 2-6: Qualitätskriterien von vegetativem Vermehrungsgut.

	20er Steckholz	30er Steckholz	Steckrute	Setzstange
Alter (Jahre)	1	1	1–2	2–4
Länge (cm)	20	30	100–250	200–700
Durchmesser (cm)	1–2,2	2,4–4,2	1–4	2–6
Qualität	• gerade • gesund • gut verholzt • sichtbare Knospen	• gerade • gesund • gut verholzt • sichtbare Knospen	• gerade • gesund • ohne Verletzungen • ohne Seitenzweige	• gerade • gesund • ohne Verletzungen • ohne Seitenzweige

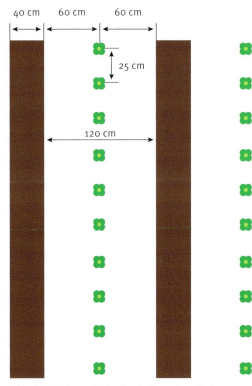

40 cm 60 cm 60 cm

25 cm

120 cm

Abb. 2-12: Schematische Darstellung eines Mutterquartiers mit KUP-Option.

chen Aufwuchses der Bäume die Begleitvegetation mit dem jeweils einjährigen Aufwuchs der Bäume nicht vollständig ausgedunkelt werden kann, sollte jeweils zu Beginn der Vegetation eine Unkrautbekämpfung zwischen den Reihen stattfinden. Dies ist sowohl mit chemischen Mitteln, als auch mit mechanischen Verfahren möglich. Mit dieser Bewirtschaftungsvariante wird die geringste Anzahl an Steckhölzern aller hier vorgestellten Verfahren produziert. Dafür können jedoch alle Sortimente an vegetativem Vermehrungsgut in guter Qualität produziert werden. Bedingt durch die relativ geringe Pflanzenzahl pro Hektar und einer damit einhergehenden geringen intraspezifischen Konkurrenz ist eine Düngung sowie Bewässerung nicht notwendig. Auch der Infektionsdruck von potenziellen Schaderregern ist bei diesem Verfahren am geringsten. Der besondere Charme dieses Verfahrens liegt in einer möglichen Nutzung als KUP: Sollte sich mit der Produktion von Holzhackschnitzeln ein größerer Gewinn für den Flächennutzer abzeichnen, kann er den Aufwuchs durchwachsen lassen und aller z. B. drei Jahre mit herkömmlicher Erntetechnik beernten lassen. Danach kann er wiederum auf die jeweiligen Marktbedingungen reagieren und entscheiden, ob die Produktion von vegetativem Vermehrungsgut oder die Produktion von Holzhackschnitzel lukrativer ist.

Beerntet werden die Ruten in den Mutterquartieren bislang hauptsächlich motormanuell. Dabei werden die Ruten mit Freischneidern (mit Sägeblatt) abgeschnitten. Anschließend werden die Ruten aufgesammelt und in Bündeln (je nach Verfahren zwischen 25 und 50 Stück pro Bündel) in Europaletten mit einsteckbaren Rungen zwischengelagert. Währenddessen findet die erste Phase des Aussortierens statt: Alle zu schwachen und zu kurzen Aufwüchse werden verworfen.

Neuerdings werden jedoch auch mechanische Rutenschneidverfahren genutzt. Dabei können sogenannte Mähbalken oder extra konstruierte Rutenerntemaschinen zum Einsatz kommen. Damit kann die Produktivität auf der Fläche deutlich gesteigert werden.

gel werden jedoch lediglich zwischen 10 000 und 12 000 Pflanzen pro Hektar angebaut (Abb. 2-12). Nach erfolgreicher Etablierung können im ersten Jahr bis zu 50 000 Steckhölzer und ab dem zweiten Standjahr ca. 100 000 Steckhölzer pro Hektar produziert werden. Bedingt durch die relativ geringe Produktionsrate dieses Verfahrens wird es nicht in Baumschulen sondern auf landwirtschaftlichen Flächen angelegt. Die Ausbeute an 30er Steckhölzern ist in unseren Breiten – sortenabhängig und witterungsbedingt – meist niedriger als 20 %. In südlicheren Regionen wie z. B. Ungarn oder Italien können jedoch bis zu 40 % der Gesamtproduktion von Steckhölzern eines Jahres in 30er Qualität erreicht werden. Auch bei diesem Verfahren sollten alle überzähligen und schwachen Aufwüchse und die Seitenäste entfernt werden. Da bei diesem relativ weiten Reihenabstand und der Beseitigung des schwa-

Abb. 2-13: Dimensionsvergleich von 20er und 30er Steckhölzern.
Foto: Dirk Landgraf

Das endgültige Zuschneiden des vegetativen Vermehrungsgutes sollte an einer logistisch gut erschlossenen, zentralen Stelle erfolgen. Dafür bieten sich Hallen an, wie sie in landwirtschaftlichen Betrieben und Forstbaumschulen üblich sind. Neben einem befestigten Vorplatz sind genügend Bewegungs- und Rangierfreiheit sowie ein Stromanschluss wichtig.

Das Zuschneiden wird entweder mit diversen Sägetypen (Kreissägen oder Bandsägen) oder speziell entwickelten Zuschneidemaschinen (z. B. Populus-Cutter) durchgeführt. Mit diesen können wesentlich größere Durchsätze realisiert werden. Mit der beispielhaft erwähnten Maschine können in 12 Stunden (Zweischichtsystem) bis zu 50 000 Steckhölzer produziert werden (Abb. 2-14). Dies ist besonders in Betrieben notwendig, die sich dem Thema der vegetativen Vermehrung von Pappeln und Weiden verschrieben haben, da in diesen Betrieben innerhalb weniger Wochen Millionen von Steckhölzern produziert werden.

Anschließend sollten die Steckhölzer am oberen Ende farbig markiert werden. Das dient auf der einen Seite einem besseren Wundverschluss der Schnittfläche und auf der anderen Seite ist dies für einen störungsfreien Ablauf bei der Flächenetablierung von KUP von großer Bedeutung. Die so präparierten Steckhölzer werden anschließend mit genormten Stückzahlen (z. B. 500 Stück 20er Steckhölzer pro Sack) in luft- und wasserdurchlässige Säcke verpackt. Diese wiederum werden in stapelbare Behälter verbracht (Abb. 2-15), in denen sie ca. 24 h unter Wasser getaucht werden sollten.

Abb. 2-14: Populus-Cutter im Einsatz.
Foto: Dirk Landgraf

Abb. 2-15: Zwischenlager von Steckhölzern in stapelbaren Kisten im Kühlhaus.
Foto: Dirk Landgraf

Abb. 2-16: Einjährige Robinien in der Baumschule.

Foto: Dirk Landgraf

Abb. 2-17: Einjährige, wurzelnackte Robinien im Handel.

Foto: Dirk Landgraf

Danach werden sie sofort bei -2 °C eingelagert. Auf diese Art und Weise können die Steckhölzer ohne nennenswerten Qualitätsverlust bis gegen Ende Mai für die Flächenetablierung vorgehalten werden. Die Baumart Robinie kann nicht vegetativ vermehrt werden. Auch wenn diese Baumart für die Ausbildung von Wurzelbrut bekannt ist, wird diese potenzielle Möglichkeit der Vermehrung in der Praxis nicht angewendet. Robinien werden über Samen (generativ), wie alle anderen Bäume auch, vermehrt (Abb. 2-16). In den Handel kommen sie als sogenannte einjährige, wurzelnackte Sämlinge mit einer Höhe von bis zu 120 cm. Vor Transport und Etablierung einer KUP wird ein Rückschnitt der einjährigen Sämlinge auf ca. 20 cm empfohlen (Abb. 2-17).

Des Weiteren sind noch die Baumarten Birke, Eiche, Esche und Erle zum Stockausschlag befähigt. Zudem sind sie in der Liste der beihilfefähigen Baumarten aufgelistet (s. Abschnitt 5.2.2.1). Das bedeutet, dass mit diesen Baumarten KUP auf landwirtschaftlichen Flächen angelegt werden können, ohne dass daraus per se Wald

wird. Diese Baumarten werden, genau wie die Robinie, aus Samen gezogen. Verkauft werden sie als ein-, zwei- oder dreijährige bewurzelte Sämlinge, gestaffelt nach Alter und Wuchsgröße (7–15, 15–30, 30–50, 50–80, 80–120, 120–150, 150–180 und 180–220 cm). Da mit zunehmender Größe der Einkaufspreis ansteigt, sind für die Etablierung von KUP lediglich die unteren Größen von Bedeutung.

2.3 Wachstum und Ertragsaussichten von Kurzumtriebsplantagen

Heinz Röhle, Katja Skibbe, Hendrik Horn

2.3.1 Einleitung

Im Folgenden werden nach einer kurzen, einleitenden Gegenüberstellung der Leistungsfähigkeit von KUP-Systemen und traditionellen Hochwaldbeständen, Wachstum und Ertragsaussichten von KUP näher beschrieben. Die Ausführungen konzentrieren sich auf Pappel, Weide und Robinie, da die übrigen für KUP geeigneten Baumarten unter den in Mitteleuropa gegebenen standörtlichen Voraussetzungen im Regelfall nicht an die Leistungsfähigkeit der drei genannten Laubholzarten heranreichen (Liebhard, 2010).

Das in KUP produzierte Holz dient vorrangig der energetischen Verwertung. Deshalb ist die Biomasse[1] ein geeigneter Maßstab zur Beurteilung der standörtlichen Leistungsfähigkeit und nicht der Holzvorrat in Festmetern, der üblicherweise in der Forstwirtschaft als Kriterium herangezogen wird. Um Vergleiche zwischen verschiedenen Baumarten und Klonen zu ermöglichen und Verzerrungen durch abweichende Holzfeuchtegehalte zu vermeiden, hat sich die Angabe der Biomasse in Tonnen Trockensubstanz (t_{atro}) bewährt. Als Leistungsgröße finden sowohl der stehende Vorrat als auch der durchschnittliche Gesamtzuwachs an Biomasse in Tonnen Trockensubstanz pro Hektar und Jahr Verwendung (dGZ_B in t_{atro} ha^{-1} a^{-1}).

gen (dGZ_B in t_{atro} ha^{-1} a^{-1}) streuen in einem weiten Bereich, was insbesondere am Beispiel der Pappel deutlich wird, aber auch für Weide, und in leicht abgeschwächter Form ebenfalls für Robinie gilt. So reicht der dGZ_B bei Pappel von etwa 3 bis zu mehr als 20 t_{atro} ha^{-1} a^{-1}, bei Weide von etwa 4 bis zu 18 t_{atro} ha^{-1} a^{-1} und bei Robinie von 2 bis zu knapp 10 t_{atro} ha^{-1} a^{-1}.

Die weite Spannbreite des Leistungsspektrums ist in erster Linie auf standörtliche Faktoren, aber auch auf die Baumarten- und Klonwahl, Begründung, Behandlung sowie Rotationslänge des Bestandes zurückzuführen. Ackerstandorte mit mittlerer bis guter Nährstoffausstattung bei durchschnittlichen Jahresmitteltemperaturen von über 7 °C sind aufgrund ihrer Wuchskraft grundsätzlich für die An-

2.3.2 Leistungsfähigkeit von KUP-Systemen und Hochwaldbeständen

Wesentliches ertragskundliches Charakteristikum von Baumarten, die sich für eine Kurzumtriebswirtschaft eignen, ist das rasante Jugendwachstum. So übertreffen Pappeln in den ersten Wuchsjahren selbst außerordentlich raschwüchsige Nadelbaumarten wie Fichte oder Douglasie in der Zuwachsleistung bei weitem, wie Abbildung 2-18 am Beispiel einer Versuchspflanzung in Südschweden demonstriert. Dieses Verhalten schlägt sich selbstverständlich auch in der Entwicklung des dGZ_B nieder. Nach Angaben von Weih (2004), der die Biomasseleistung dicht bestockter Pappel-Kurzumtriebsflächen mit Fichtenforsten in Schweden vergleicht, kulminiert der dGZ_B bei Pappel im Alter von ca. 14 Jahren mit einem Maximalwert von etwas mehr als 10 t_{atro} ha^{-1} a^{-1}, während die Fichte auf demselben Standort nur etwa 6 t_{atro} ha^{-1} a^{-1} bei einem Alter zwischen 40 und 50 Jahren erreicht.

Die auf Kurzumtriebs-Versuchsfeldern in Deutschland und den Nachbarstaaten gemessenen Leistun-

Abb. 2-18: Gegenüberstellung der Wuchsleistung von Aspe (syn. Zitterpappel) und Douglasie (jeweils 12-jährig) auf einer Versuchspflanzung in Südschweden. *Foto: Heinz Röhle*

---

[1] *Unter Biomasse wird in diesem Kontext die Dendromasse, d. h. die oberirdische Masse von Bäumen/Beständen im unbelaubten Zustand (Stamm- und Astholz mit Rinde) verstanden. Das nach der Entnahme der Bäume im Bestand verbleibende Stockholz, die in den Wurzeln fixierte Holzmasse sowie die Blattmasse sind nicht Gegenstand der Betrachtungen.*

lage von KUP geeignet (Petzold et al., 2009). Von entscheidender Bedeutung vor allem für Pappeln und Weiden ist jedoch die Wasserverfügbarkeit bzw. Wasserhaltefähigkeit des Bodens. Kennzeichen derartiger Standorte sind Niederschläge von mindestens 300 mm während der Vegetationszeit sowie eine hohe nutzbare Feldkapazität im effektiven Wurzelraum. Allerdings können geringere Niederschlagsmengen durch direkten Grundwasseranschluss kompensiert werden, z. B. im Nahbereich von Flüssen oder Vorflutern.

Ähnlich wie bei KUP stellt sich auch im Hochwald je nach Baumart und standörtlichen Eigenschaften ein breites Leistungsspektrum ein: Bei der als besonders raschwüchsig bekannten Fichte (Raumdichte 390 kg m^{-3}) beispielsweise reichen die dGZ$_B$-Werte im eher kontinental beeinflussten Ostdeutschland von 1,8 bis 6,8 t$_{atro}$ ha^{-1} a^{-1}, wobei das Kulminationsalter je nach Bonität zwischen 60 und 140 Jahren liegt (Wenk et al., 1985). Im klimatisch günstigeren Süden Deutschlands ist die Bandbreite bei der Fichte noch weiter gespannt: Nach der Ertragstafel von Assmann & Franz (1963) werden auf mattwüchsigen Standorten lediglich dGZ$_B$-Werte von 1,7 t$_{atro}$ ha^{-1} a^{-1} im Alter 120 erbracht, während die besten Bonitäten Werte von 8,1 t$_{atro}$ ha^{-1} a^{-1} im Alter 80 erbringen. Die übrigen in Deutschland flächenrelevanten Hochwaldbaumarten wie Eiche, Buche und Kiefer können bezüglich ihrer dGZ$_B$-Werte nicht mit der Fichte konkurrieren.

Es bleibt noch anzumerken, dass die Realisierung einer maximalen Bestandesbiomasse (Biomasse pro Flächeneinheit) und die gleichzeitige Förderung des Durchmesserwachstums einzelner Bäume (Erziehung möglichst starker Bäume in kurzer Zeit) konkurrierende Zielstellungen beschreiben, die sich nicht simultan in einer Plantage umsetzen lassen (dies gilt selbstverständlich auch für Hochwaldbestände mit deutlich längeren Umtriebszeiten).

Deswegen ist bereits vor der Anlage einer KUP festzulegen, ob die produzierte Biomasse energetisch genutzt oder stofflich verwertet werden soll. Nur bei klarer Definition des Produktionsziels können alle Maßnahmen (Bestandesbegründung, ggf. Pflege usw.) in optimaler Weise auf die Zielerreichung ausgerichtet werden.

2.3.3 Biomasseproduktion in Kurzumtriebsplantagen

Entscheidenden Einfluss auf die in einer KUP produzierte Biomasse haben neben den Standortfaktoren (Boden und Klima/Witterung) vor allem die Bestandesdichte (Anzahl an Stämmen/Trieben pro Hektar) sowie die Anzahl an Rotationen[2]. Tabelle 2-7 informiert über das Leistungsspektrum von Pappel und Weide auf beprobten KUP-Flächen in Ostdeutschland.

2.3.3.1 Wirkung unterschiedlicher Bestandesdichten

Bei der Erstanlage einer KUP ist eine große Anzahl von Steckhölzern erforderlich, wenn bereits in der 1. Rotation und hier insbesondere nach wenigen Jahren hohe Biomasseerträge erzielt werden sollen, denn nur dann wird der verfügbare Standraum bereits von Beginn an optimal genutzt (Schildbach et al., 2009b) (Abb. 2-19). Alternativ dazu ist im Jahr nach der Steckung auch ein Rückschnitt möglich, z. B. zur Steckholzgewinnung. Durch den darauf folgenden Ausschlag erhöht sich die Triebanzahl bedeutend, was unmittelbaren Einfluss auf die Biomasseleistung hat (vgl. Abschnitt 2.3.3.3). In der Praxis wird hiervon allerdings abgeraten (s. Abschnitt 3.1.6).

Der Einfluss der Bestandesdichte auf den Ertrag tritt am Beispiel des Mutterquartiers eines zum Zeitpunkt der Beprobung neunjährigen Pappel-Versuchsfeldes in Mecklenburg-Vorpommern be-

---

[2] *In Abhängigkeit vom gewählten Messverfahren sind gewisse Abweichungen bei den ermittelten Hektarerträgen nicht auszuschließen. Vergleichende Untersuchungen haben jedoch gezeigt, dass die mit Hilfe der Regressionsmethode hergeleiteten Hektarerträge dem tatsächlich auf einer Fläche stockenden Biomassevorrat sehr nahe kommen (vgl. dazu Röhle et al., 2009). Außerdem bestehen zwischen der aufstockenden Biomasse und der Masse an tatsächlich geerntetem Holz nur geringe Differenzen, da bei Schätzung der Biomasse mit der Regressionsmethode die auf der Plantage nach Ernte verbleibende Stockmasse verfahrensbedingt nicht mit erfasst wird.*

Tab. 2-7: Standortcharakteristika und Ertragsdaten von Versuchsfeldern in KUP in Ostdeutschland. Die Spalten Stammzahl und dGZ$_B$ enthalten die höchsten, auf dem jeweiligen Versuchsfeld gemessenen Werte. Soweit Daten für die 2. Rotation erhoben wurden, sind diese ergänzend aufgeführt.

Versuchsfeld (Ort, Bundesland)	Ackerzahl	Höhen-lage [m NN]	Mittlere Jah-restemperatur [°C]	Jährliche Nie-derschlags-menge [mm]	beprobte Klone	Rotation	Alter zum Zeitpunkt der Aufnahme (Stockalter/ Triebalter)	Stamm-zahl [N ha^{-1}]	dGZ$_B$ [t$_{atro}$ ha^{-1} a^{-1}]
					Pappel				
Arnsfeld (Sachsen)	29	600–650	‹7,0	›850	Androscoggin, Matrix, Max1	1	7/7	1556	4,2
						2	13/2	21278	7,0
Commichau (Sachsen)	55	210	8,5	680	Androscoggin	1	4/4	12083	7,7
						2	6/2	58963	10,4
Großthiemig (Brandenburg)	35 (grundwas-sernah)	113	8,5	575	Androscoggin, Muhle-Larsen	2	4/1	54000	7,0
Großschirma (Sachsen)	60	340	7,2	820	Max2	1	3/3	10317	9,4
Krummenhenners-dorf (Sachsen)	45	350	7,2	820	Hybride 275, Max3	1	3/3	10981	8,4
						2	5/2	67704	15,6
						3	7/2	128148	15,2
Kuhstorf (Mecklenburg-Vorpommern)	15–35	22	8,2	616	Japan 105	1	4/4	25000	7,7
Laage (Mecklenburg-Vorpommern)	38–42	30	8,0	600–660	Beaupre, Max1, Max3, Max4, Muhle-Larsen, Raspalje	2	10/9	22000	23,9
Methau I (Sachsen)	58	180–220	8,1	690	Hybride 275, Matrix, Max3, Max4	1	10/10	3793	12,9
Methau II (Sachsen)	67	180–220	8,1	690	Androscoggin, Beaupre, Matrix, Max1, Max4, Münden	1	7/7	3246	9,2
Nochten (Sachsen)[a]	30 (ehem. Braunkoh-lenkippe)	140	8,5	620–660	Androscoggin, Max4, Münden	1	4/4	2971	0,8
Skäßchen (Sachsen)	38	120	8,5	550–600	Androscoggin, Max1, Max4, Münden	1	7/7	2944	2,9
Thammenhain (Sachsen)	42	130	8,5	550–600	Androscoggin, Max1, Max4, Münden	1	7/7	3075	7,7
						2	13/2	30256	6,5
Vetschau (Brandenburg)	22	70	8,5	550	Max2	1	2/2	27778	1,2
						2	5/1	53889	5,5

Fortsetzung auf der nächste Seite

Versuchsfeld (Ort, Bundesland)	Ackerzahl	Höhen-lage [m NN]	Mittlere Jahresrestemperatur [°C]	Jährliche Niederschlagsmenge [mm]	beprobte Klone	Rotation	Alter zum Zeitpunkt der Aufnahme (Stockalter/Triebalter)	Stammzahl [N ha⁻¹]	dGZ$_B$ [t$_{atro}$ ha⁻¹ a⁻¹]
					Weide				
Cahnsdorf (Brandenburg)	25–27	61	9,6	550	Jorr	1	4/4	41875	6,24
Gersdorf (Sachsen)	40	315	7,8	700	Inger	1	5/5	9300	7,8
Großschirma (Sachsen)	60	340	7,2	820	Inger, Tordis, Sven	1	3/3	28571	14,1
Krummenhennersdorf (Sachsen)	45	340	7,2	820	Jorr, Tora, Tordis	1	3/3	20374	8,4
						2	5/2	87000	18,2
Köllitsch (Sachsen)	60–85	85	9,8	450	Inger	1	4/4	25659	8,8
Kuhstorf (Mecklenburg-Vorpommern)	15–35	22	8,2	616	Jorr, Orm, Ulv	2	4/4	60000	7,6
Methau I (Sachsen)	58	180–220	8,1	690	Jorr, Tora, Ulv	1	10/10	6200	9,9
						2	8/5	133825	9,3
Thammenhain (Sachsen)	42	130	8,5	550–600	Inger, Tordis	2	2/2	12992	3,0
Zschadrass (Sachsen)	55	210	8,5	580	Inger	2	5/2	127555	14,7

$^{a)}$ *Die außerordentlich niedrigen Erträge sind auf die spezifischen Eigenschaften dieses Sonderstandorts (Erstaufforstung einer ehemaligen Braunkohlenkippe) zurückzuführen.*

sonders deutlich hervor (Abb. 2-20): Hier bewirkt eine Verdoppelung der Stammzahl von 8000 auf 16000 Stück ha⁻¹ in der ersten Rotation eine Zu-nahme des dGZ$_B$ von 13,5 t$_{atro}$ ha⁻¹ a⁻¹ auf knapp 24 t$_{atro}$ ha⁻¹ a⁻¹, was einer Ertragssteigerung von 78 % bzw. von 10,5 t$_{atro}$ ha⁻¹ a⁻¹ entspricht.

Abb. 2-19: Stammzahlreicher, dreiähriger Weiden-Stockausschlag in Folgerotation, im Doppelreihen-Verband begründet. *Foto: Heinz Röhle*

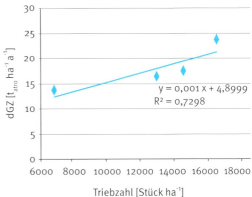

y = 0,001 X + 4,8999
R² = 0,7298

Abb. 2-20: Beziehung zwischen Bestandesdichte und durchschnittlichem Gesamtzuwachs an Biomasse (dGZ$_B$ t$_{atro}$ ha⁻¹ a⁻¹) auf dem Pappel-Versuchsfeld Laage (Mecklenburg-Vorpommern).

Pappel: Auf den in Ostdeutschland beprobten Standorten meist mittlerer Güte wurden in der 1. Rotation dGZ_B-Werte zwischen 6 und 14 t_{atro} ha^{-1} a^{-1} gemessen[3]. Lediglich bei sehr hohen Dichten (Stammzahlen höher als 15 000 Stück ha^{-1}) lag der Ertrag 9-jähriger Pappelklone bei mehr als 20 t_{atro} ha^{-1} a^{-1} (Röhle et al., 2006). Auf schwächeren Standorten und bei gleichzeitig geringen Bestandesdichten sinken die dGZ_B-Werte in der 1. Rotation auch unter 3 t_{atro} ha^{-1} a^{-1} ab.

Weide: Bei sehr hohen Stammzahlen auf gut wasserversorgten Standorten in Nordwestdeutschland und in Polen wurden dGZ_B-Leistungen von maximal 15 t_{atro} ha^{-1} a^{-1} ermittelt (Walotek & Murach, 2006). Versuchsfelder in Sachsen dagegen erbrachten in der 1. Rotation auch bei sehr hohen Bestandesdichten nur Erträge von maximal 10 t_{atro} ha^{-1} a^{-1} (Röhle et al., 2005). Bei geringeren Stammzahlen und insbesondere auf schlecht wasserversorgten Standorten brechen die Leistungen ein und fallen auf Werte unter 4 t_{atro} ha^{-1} a^{-1} ab.

Robinie: Nach Untersuchungen an Robinie in der Niederlausitz variieren die dGZ_B-Werte in einem Bereich von 2 bis zu maximal 6 t_{atro} ha^{-1} a^{-1} (Zeckel, 2007; Böhm et al., 2009). Damit reichen die Maximalerträge der Robinie auf den beprobten Standorten in Ostdeutschland nicht an die in Pappel- und Weidenplantagen gemessenen Höchstwerte heran[4]. Wegen ihrer ausgeprägten Trockentoleranz hat der Anbau dieser Baumart im Kurzumtrieb auf Standorten mit knappem Wasserangebot trotzdem seine Berechtigung. Aus Ungarn dagegen, wo Robinie mittlerweile auf einer Fläche von 415 000 ha (Bezugsjahr 2009) kultiviert wird, erreichen die ertragsstärksten Klone Wuchsleistungen bis zu 10 t_{atro} ha^{-1} a^{-1} (Rédei, 2011).

2.3.3.2 Standort-Leistungsmodell für Pappel

Mit Hilfe eines Standort-Leistungsmodells[5] wurde das Ertragspotenzial von Pappel-KUP bei unterschiedlichen Bestandesdichten für die gesamte sächsische Ackerfläche auf Gemeindebasis kalkuliert (Ali, 2009). Die Simulationsrechnungen für die Klongruppe Max bei einer Rotationslänge von neun Jahren unterstreichen einerseits den Einfluss der Bestandesdichte auf den durchschnittlichen Gesamtzuwachs an Biomasse (dGZ_B) und belegen darüber hinaus die durch die Standortverhältnisse bedingte Variation der Wuchsleistung in Sachsen (Abb. 2-21): Bei Stammzahlen von 1667 Stück ha^{-1} würden nur in einigen Gemeinden Mittelsachsens dGZ_B-Werte von 8,01 bis 10 t_{atro} ha^{-1} a^{-1} realisiert werden. Auf der restlichen Landesfläche wären je hälftig dGZ_B-Werte von 6,01 bis 8 t_{atro} ha^{-1} a^{-1} bzw. von 4,01 bis 6 t_{atro} ha^{-1} a^{-1} zu erwarten, in einer Gemeinde an der Grenze zu Brandenburg würden die Zuwächse noch niedriger liegen. Bei Stammzahlen von 10 000 Stück ha^{-1} dagegen lägen die dGZ_B-Werte in allen Gemeinden über 8,01 t_{atro} ha^{-1} a^{-1}. In Mittelsachsen, aber auch in den bergnahen Lagen Ostsachsens, dürften sich die Erträge zwischen 12,01 und 16 t_{atro} ha^{-1} a^{-1} bewegen.

2.3.3.3 Ertrag in Folgerotationen

Nach der ersten Ernte, d. h. ab der zweiten Rotation, stellt sich im Regelfalle eine deutliche Leistungssteigerung ein. Ursächlich für den Anstieg der Wuchsleistungen in Folgerotationen dürften sowohl das überproportional entwickelte Wurzelsystem der

---

[3] Dabei muss berücksichtigt werden, dass auf einem Großteil dieser Versuchsanlagen die Etablierung mit relativ geringen Stammzahlen zwischen 1000 und etwas über 3000 Stück ha^{-1} vorgenommen wurde. Wäre die Plantage mit höheren Stammzahlen begründet worden, hätte sich auch in der 1. Rotation ein höherer Ertrag eingestellt.

[4] Die geringeren Wuchsleistungen der Robinie sind aber auch den für den Anbau gewählten Regionen geschuldet: Während auf Standorten mittlerer Güte vorwiegend Pappel- und teilweise auch Weiden-KUP etabliert wurden, kam die Robinie meist auf den trockeneren Standorten und auf Kippenböden in Bergbaufolgelandschaften zum Einsatz.

[5] Die Wuchsleistungen wurden dabei in Abhängigkeit vom Bestandesalter und den Standortfaktoren Mitteltemperatur Monate April bis Juli, Niederschlagssumme Monate Mai bis Juni, Ackerzahl und nutzbare Feldkapazität (nFK) im effektiven Wurzelraum modelliert. Auf der Basis dieser Standortfaktoren wurden in einem ersten Schritt die Oberhöhe geschätzt und in einem zweiten Schritt der dGZ_B bei unterschiedlichen Bestandsdichten abgeleitet.

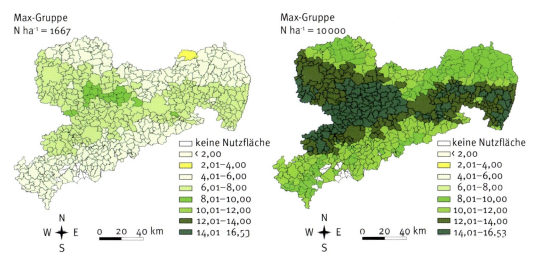

Abb. 2-21: Durchschnittlicher Gesamtzuwachs an Biomasse (dGZ$_B$) auf landwirtschaftlichen Nutzflächen (Ackerfläche) für die Klongruppe Max bei 9-jähriger Rotation und einer Bestandesdichte von 1667 Stück ha^{-1} (linke Grafik) bzw. von 10 000 Stück ha^{-1} (rechte Grafik).

Quelle: Röhle et al., 2010

Unterlage als auch die höhere Triebanzahl nach der Ernte bzw. dem Rückschnitt sein[6].

Auf Basis der in Sachsen und Brandenburg in den letzten Jahren beprobten Versuchsfelder Arnsfeld, Commichau, Krummenhennersdorf[7], Thammenhain und Vetschau lassen sich sowohl für Pappel als auch für Weide von der ersten auf die zweite Rotation in jedem Einzelfall Ertragssteigerungen nachweisen.

Pappel: Abbildung 2-22 informiert über die Erträge (dGZ$_B$) in der ersten und zweiten Rotation am Beispiel von fünf Versuchsfeldern. Die Zunahme des dGZ$_B$ geht dabei stets mit einer Erhöhung der Triebzahl einher: So vervielfachte sich exemplarisch auf der Fläche Arnsfeld bei Klon Max 1 die Triebzahl von 1425 in der ersten Rotation auf 21 278 Stück ha^{-1} in der zweiten Rotation, es lässt sich also ein direkter Zusammenhang zwischen Triebzahl und der Steigerung des dGZ$_B$ ableiten. Des Weiteren ist festzuhalten, dass die Zunahme

des dGZ$_B$ umso deutlicher ausfällt, je schlechter der Standort ist und je geringer die Wuchsleistungen in der ersten Rotation waren.

Weide: Die für Pappel getroffenen Feststellungen gelten für Weide tendenziell in analoger Weise, wenngleich die relativen Ertragssteigerungen hier nicht so stark ausfallen und nur die Ergebnisse weniger Versuchsfelder vorliegen. Im Gegensatz zu der ersten Rotation, bei der auf keinem Versuchsfeld dGZ$_B$-Werte über 10 t$_{atro}$ ha^{-1} a^{-1} gemessen wurden, stellen sich in der zweiten Rotation auf besseren Standorten je nach Klon Erträge zwischen 10 und 18 t$_{atro}$ ha^{-1} a^{-1} ein. Dabei kann die Anzahl der Triebe durchaus Größenordnungen von über 100 000 Stück ha^{-1} erreichen.

2.3.4 Fazit

Für den Praktiker ist die Beurteilung der Rentabilität einer KUP auf gegebenem Standort von hoher

---

[6] *Dieses Phänomen wird in der Literatur sowohl bei Pappel als auch für Weide häufig beschrieben (vgl. u. a. Scholz et al., 2004; Hofmann, 2005). Boelcke (2006) weist auf einer Versuchsanlage der Landesanstalt für Landwirtschaft und Fischerei in Mecklenburg-Vorpommern sowohl bei Pappel als auch bei Weide einen Leistungssprung nach: So liegt bei 3-jähriger Rotation der dGZ$_B$ von Pappel in der 1. Rotation bei 6,3 t$_{atro}$ ha^{-1} a^{-1}, verdoppelt sich in der 2. Rotation auf 15,3 t$_{atro}$ ha^{-1} a^{-1} und erreicht in der 3. Rotation einen Wert von 21,3 t$_{atro}$ ha^{-1} a^{-1}. Bei Weide fällt die Zunahme im 3-jährigen Umtrieb mit 7,7 t$_{atro}$ ha^{-1} a^{-1} über 9,4 t$_{atro}$ ha^{-1} a^{-1} auf 10 t$_{atro}$ ha^{-1} a^{-1} von der 1. bis zur 3. Rotation allerdings nicht so deutlich aus.*

[7] *Auf dem Versuchsfeld Krummenhennersdorf bei Freiberg wurden die Daten im Rahmen eines Kooperationsabkommens mit dem Sächsischen Landesamt für Umwelt, Landwirtschaft und Geologie (LfULG) erhoben.*

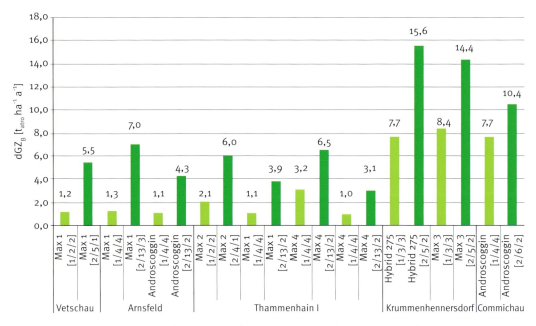

Abb. 2-22: dGZ$_B$ für die erste Rotation (Balken hellgrün) und zweite Rotation (Balken dunkelgrün). Die Versuchsfelder und die beprobten Klone sind namentlich aufgeführt, die in eckige Klammern gesetzten Zahlen informieren über [Rotation/Stockalter/Triebalter].

Relevanz. In diesem Zusammenhang gewinnen Instrumente zur Ertragsmodellierung und -schätzung seit geraumer Zeit an Bedeutung. Wie die Untersuchungen von Ali (2009) an Pappel zeigen, lässt sich das Ertragspotenzial einer KUP in Abhängigkeit von Standortparametern zuverlässig modellieren. Darüber hinaus verlangt die Praxis nach Schätzhilfen, mit denen die aktuell auf einer KUP akkumulierte Biomasse ohne großen Messaufwand zerstörungsfrei ermittelt werden kann. Für Pappel wurde ein erster derartiger Ansatz im Jahr 2010 von Hartmann vorgestellt.

Sowohl das Standort-Leistungsmodell von Ali (2009) als auch der leicht modifizierte »Ertragsschätzer«[8] für Pappel von Hartmann (2010) wurden mittlerweile in anwenderfreundliche Computerprogramme überführt und stehen dem Nutzer kostenlos auf der Homepage des Instituts für Waldwachstum und Forstliche Informatik der Technischen Universität Dresden zur Verfügung (www.forst.tu-dresden.de).

Ein entsprechender Ertragsschätzer für Weide befindet sich derzeit in Entwicklung. Nach Abschluss der Arbeiten Ende des Jahres 2013 wird auch diese Schätzhilfe auf der Homepage verfügbar sein.

2.4 Biotische und abiotische Schäden in Kurzumtriebsplantagen

Richard Georgi, Christiane Helbig, Michael Müller

2.4.1 Einleitung

Durch den Anbau weniger Klonsorten und die dadurch eingeschränkte genetische Diversität weisen die Pflanzen in KUP grundsätzlich eine hohe Anfälligkeit für biotische und abiotische Risikofaktoren auf. Die Flächen bieten optimale Lebensbedingungen für biotische Schaderreger, was zu massenhaften Vermehrungen und in der Folge zu wirtschaftlich bedeutsamen Schäden führen kann.

Kenntnisse zu potenziellen biotischen Schaderregern sowie zur Entstehung von abiotischen Schäden

[8] Die Überarbeitung des Ertragsschätzers wurde in einem dankenswerterweise von der Fachagentur Nachwachsende Rohstoffe e.V. (FNR) finanzierten Forschungsprojekt durchgeführt.

können daher bei der Anlage und beim Betrieb einer KUP entscheidend für die Rentabilität der Investition sein.

Dieses Kapitel stellt die wichtigsten biotischen Schaderreger vor und gibt Hinweise zur Minimierung des Schadrisikos. Daneben wird auf die wichtigsten abiotischen Einflussfaktoren eingegangen.

In Deutschland werden in KUP hauptsächlich Pappeln, Weiden und Robinie angebaut. Die Abschnitte 2.4.2 bis 2.4.4 beschäftigen sich daher ausschließlich mit diesen Baumarten. Für die anderen beihilfefähigen Baumarten (Birken, Erlen, Eschen und Eichen) existieren bisher für Deutschland keine Erfahrungen, welche biotischen Schadfaktoren bei der Bewirtschaftung im Kurzumtrieb eine besondere Rolle spielen. Daher werden diese Baumarten gesondert in Abschnitt 2.4.5 behandelt. Die Ausführungen dort beziehen sich hauptsächlich auf den Wissensstand bei der Bewirtschaftung dieser Baumarten in der Forstwirtschaft.

2.4.2 Pilzliche Schaderreger

Die mit Abstand bedeutendsten pilzlichen Schaderreger an Pappeln und Weiden sind verschiedene Arten von Rostpilzen (Abb. 2-23). Ein Befall führt zu vorzeitigem Laubfall und somit zu Zuwachsverlusten und einer erhöhten Frostempfindlichkeit der nicht vollständig verholzten Triebe. Bei sehr starkem Befall über mehrere Jahre hinweg kann es auch zum Ausfall kompletter Bestände kommen (Landgraf & Helbig, 2010). Je früher die Pilze im Jahresverlauf auftreten, desto höher sind die zu erwartenden Ausfälle. Ihr Vorkommen wird durch eine feuchtwarme Witterung gefördert. Für die häufig an Pappeln vorkommende Rostpilzart (*Melampsora larici-populina*) ist auch die Anwesenheit von Lärchen (*Larix* spec.) in der Nähe der Plantage ein entscheidender Faktor, da diese als Zwischenwirt für den Pilz notwendig sind. Es wird daher ein Mindestabstand von 500 m (idealer Abstand 2 km) zum nächsten Lärchenbestand empfohlen (Tubby, 2005). Die wichtigste Maßnahme zur Vorbeugung von Infektionen ist jedoch die Verwendung von Klonsorten, die gegen Blattrost unempfindlich sind. Da sich Blattrostpilze durch die Bildung neuer Pathotypen langfristig anpassen und auch ehemals nicht betroffene Klonsorten befallen können, ist der Anbau einer größtmöglichen Anzahl dieser zu empfehlen.

In jüngster Vergangenheit hat auch der Dothichiza-Rindenbrand (*Cryptodiaporthe populea*) wieder stark an Bedeutung gewonnen. Dieser Pilz kann das flächige Absterben von Pappeln in KUP verursachen. In den 1950er Jahren führte dieser Pilz zu massiven Verlusten der Sorte »Robusta«, welche zu diesem Zeitpunkt einen Flächenanteil von ca. 50 % besaß (Hofmann, 2004). Auch hier ist daher eine größtmögliche Sortenvielfalt als wichtigste Maßnahme zu sehen, da sonstige Gegenmaßnahmen zumeist

Abb. 2-23: Von Rostpilzen (*Melampsora* spec.) befallenes Blatt einer Pappel.   *Foto: Christiane Helbig*

nicht möglich sind. Besonders anfällig gegenüber dem Rindenbrand sind im Allgemeinen Schwarzpappel-Klonsorten. Mittlere Anfälligkeiten sind bei den intersektionellen Hybriden aus Schwarz- und Balsampappel zu erwarten. Sehr geringe Schäden treten bisher bei den Balsampappel-Klonsorten auf. Eine Ausnahme bildet hierbei jedoch die Klonsorte Androscoggin, welche eine vergleichsweise hohe Anfälligkeit aufweist (Albrecht & Böden, 1988).

Weitere wichtige pilzliche Schaderreger in KUP mit Pappeln und Weiden sind die Brennflecken-Krankheit (*Marssonia* spec.) sowie die Triebspitzenkrankheit (*Pollaccia* spec.).

An Robinie im Kurzumtrieb traten in den Jahren 2010 und 2011 vermehrt Pilzschäden auf, die durch Rindenverfärbungen und Zurücktrocknen der befallenen Triebe während der Wintermonate gekennzeichnet waren. Zum Teil kam es zu flächigen Ausfällen der Kulturen. Als Schaderreger werden Arten der Gattung *Fusarium* vermutet.

2.4.3 Säugetiere

Für Wild stellen KUP vor allem in strukturarmen Agrarlandschaften einen ausgezeichneten Einstand dar (Christian, 1997). Des Weiteren sind die Pflanzen auch Nahrungsquelle für das Wild. Vor allem in Zeiten der Nahrungsknappheit (Winter) können hohe Wilddichten zu erheblichen Schäden durch Verbiss und das Abbrechen von Trieben führen. Dabei sind vorrangig Weiden-Sorten und die Robinie betroffen, aber auch bei KUP mit Pappeln konnten bereits starke Schäden festgestellt werden (Brunner & Landgraf, 2011). Daneben können lokal Fegeschäden auftreten. Diese konzentrieren sich jedoch zumeist auf den Rand einer Plantage (Abb. 2-24).

Von den Schädigungen durch Wild sind die Pflanzen hauptsächlich in den ersten zwei Jahren nach der Begründung der Fläche bedroht. Eine gezielte Bejagung in diesem Zeitraum ist anzuraten. Auch eine Zäunung ist prinzipiell möglich, sollte aber aufgrund der hohen Kosten die Ausnahme sein (s. Kapitel 5.1). Mit Zunahme der Flächengröße

verringert sich der Wildeinfluss in der Regel, da der Wilddruck auf die Einzelpflanze abnimmt.

Besonders in den ersten Jahren nach der Anlage können Kurzschwanzmäuse (Arvicolidae) zu hohen Ausfällen bei den Pflanzen führen. Hier spielt vor allem die Schermaus (*Arvicola amphibius*) eine große Rolle. Sie lebt in unterirdischen Gängen und ernährt sich von den Wurzeln der Pflanzen. Diese Schäden führen häufig zu einem Schrägstand der Pflanzen, die dann leicht aus dem Boden herausgezogen werden können und nur noch rübenartige Wurzelreste aufweisen (Abb. 2-25).

Oberirdische Schäden an den Pflanzen durch das Benagen der Rinde können durch Erd-, Feld- und Rötelmaus (*Microtus agrestis, Microtus arvalis, Myodes glareolus*) verursacht werden. Als vorbeugende Maßnahme sollte das Aufkommen flächiger Bodenvegetation durch Bodenbearbeitung oder durch Einsatz von Herbiziden unterbunden werden, da insbesondere Gräser das Vorkommen der Mäuse fördern. Bei hohen Mäusepopulationen kann der Einsatz von zugelassenen Rodentiziden notwendig sein.

Auch für Biber stellen Bäume in KUP eine attraktive Nahrungsquelle dar. Bei der Anwesenheit von Bibern im Anbaugebiet sollte ein Mindestabstand von 30 m zum nächsten ganzjährig wasserführenden Gewässer beachtet werden, da sich Biber selten weiter als 20 m vom Gewässer entfernen (Schwab, 2009). Wenn die Verfügbarkeit von Weichlaubbaumarten in Gewässernähe sehr gering ist, muss der Mindestabstand ggf. erhöht werden. Als die von einem Biber zur Nahrungssuche maximal zurückgelegte Entfernung über Land werden 200 m angegeben (Zahner et al., 2009).

2.4.4 Insekten

Durch die genetisch sehr einschränkte Variabilität der Pflanzen innerhalb einer KUP kann auch die Widerstandfähigkeit gegenüber Insekten sehr gering sein. An die jeweilige Klonsorte angepasste Organismen können sich deshalb schnell vermehren. Bisher haben in Kurzumtriebsplantagen vor allem Blattschädlinge und Holzzerstörer Schäden verur-

Abb. 2-24: Durch Wild verursachte Fegeschäden an Weidentrieben. *Foto: Christiane Helbig*

Abb. 2-25: Schräg stehende Pflanzen sind häufig ein Symptom für Wurzelschäden durch Schermäuse. *Foto: Christiane Helbig*

sacht, aber auch Drahtwürmer als Wurzelschädlinge traten in den letzten Jahren zunehmend auf.

Blattschädlinge

Die derzeit bedeutendsten Blattschädlinge in KUP mit Pappeln sind der Große und der Kleine Rote Pappelblattkäfer (*Chrysomela populi, C. tremulae*). Sowohl die Käfer als auch die Larven schädigen Blätter durch ihren Fraß in der Zeit von Ende April bis Ende August. Dabei werden junge Blätter bevorzugt. Während dies bei mehrjährigen Trieben nur zu Zu-

wachsverlusten führt, können Stecklinge und Stöcke auf frisch geernteten Flächen im Frühjahr bei starkem Befall absterben (Abb. 2-26) (Georgi et al., 2012). Das Ausmaß der Schäden hängt darüber hinaus wesentlich von der verwendeten Klonsorte ab. Nach derzeitigem Wissensstand weist der Rote Pappelblattkäfer eine starke Präferenz für Klonsorten der Sektion Aigeiros (Schwarzpappeln) sowie intersektionellen Hybriden aus Schwarz- und Balsampappel auf, während an Balsampappel-Klonsorten (Sektion Tacamahaca) nur Schäden in geringem Maße aufgetreten sind.

Abb. 2-26: Besonders an Stecklingen und frisch austreibenden Stöcken kann der Rote Pappelblattkäfer relevante Schäden verursachen. *Foto: Richard Georgi*

Abb. 2-27: Blattkäfer der Gattung *Phratora* können vor allem bei Weiden zu erheblichen Schäden führen. *Foto: Richard Georgi*

Sowohl bei Pappeln als auch bei Weiden treten außerdem Schäden durch Blattkäfer der Gattung *Phratora* (Weidenblattkäfer) auf (Abb. 2-27). An Weiden sind sie die bedeutendsten Schadinsekten. Sowohl Larven als auch Käfer schädigen durch Blattfraß. Im Gegensatz zum Pappelblattkäfer sind diese Arten in der Lage, die Pflanzen vollständig zu entlauben. Daher sind auch mehrjährige Aufwüchse bei einer Massenvermehrung gefährdet. An Pappeln hingegen führte der Weidenblattkäfer bisher nur zur geringen Schäden.

Zunehmend kommen auch Blattwespen der Gattung *Nematus* in hohen Dichten vor. Bei Weiden wurde schon von Kahlfraß durch Blattwespen berichtet (Perny & Steyrer, 2009), aber auch an Pappeln konnten Massenvermehrungen beobachtet werden (Georgi et al., 2013). Weitere Arten treten im Jahresverlauf in der Regel nur kurzfristig schädlich auf (z. B. Pappelblattroller) oder konnten bisher nur in geringen Dichten beobachtet werden (z. B. Gabelschwanz). Ihre Schadeinflüsse spielten daher bislang nur eine untergeordnete Rolle.

An Robinie als Neophyt ist grundsätzlich eine geringere Anzahl an Schaderregerarten zu erwarten. Fraßschäden an den Blatträndern können z. B. durch Rüsselkäferarten der Gattung *Sitona* sowie Blattrandgallen durch die Amerikanischen Robiniengallmücke (*Obolodiplosis robinae*) verursacht werden. Relevante

Beeinträchtigungen des Pflanzenwachstums konnten bisher jedoch noch nicht beobachtet werden.

Der Einsatz von Pflanzenschutzmitteln (PSM) gegen Blattschädlinge sollte nur erfolgen, wenn der Befall wirtschaftlich nicht tragbare Schäden erwarten lässt und alle anderen Möglichkeiten der Bekämpfung ausgeschlossen sind. Es sollte immer bedacht werden, dass der Einsatz von nicht selektiv wirkenden PSM nicht nur den Schädling tötet, sondern alle im Einsatzbereich befindlichen Arthropoden, darunter auch wichtige Gegenspieler der Schädlinge, beeinträchtigen kann. Eine Übersicht der zurzeit zugelassenen Pflanzenschutzmittel bietet das Pflanzenschutzmittelverzeichnis (Teil 1: Ackerbau) in der jeweils aktuellen Fassung. Vor der Anwendung eines Insektizides kann es länderspezifisch notwendig sein, eine Ausnahmegenehmigung nach § 22 (2) PflSchG (ehemals § 18b PflSchG) zu beantragen. Nähere Informationen können bei den zuständigen Behörden erfragt werden.

Holz-/Rindenzerstörer

An Pappeln gehören der Kleine und der Große Pappelbock (*Saperda populnea, S. carcharias*) zu den wichtigsten holzzerstörenden Insekten. Der Fraß der Larve des Kleinen Pappelbocks in jungen Trieben führt zu einer mechanischen Schwächung, wodurch diese in der Folge abbrechen können. Ein Befall lässt sich äußerlich durch eine Verdickung des Triebes erkennen (Pflanzengalle, Abb. 2-28). Die Larve des Großen Pappelbocks (*Saperda carcharias*) entwickelt sich bevorzugt im unteren Stammbereich älterer Pappeln (> 5 Jahre). Äußerlich kann ein Befall durch den Auswurf von »Genagsel« (grobes Bohrmehl) diagnostiziert werden. Die Art ist vor allem als technischer Schädling bekannt und kann daher bei stofflicher Nutzung der KUP zu hohen Verlusten führen. Bei energetischer Nutzung der Pappeln spielt sein Vorkommen aber bisher nur eine untergeordnete Rolle und beschränkt sich auf eine Verminderung der Bruchstabilität sowie eine erhöhte Disposition der Stämme für Pilzinfektionen (Cramer, 1954). Der Reifungsfraß der Käfer des

Kleinen und Großen Pappelbocks an den Blättern führt zu keinen relevanten Schäden.

Sehr häufig finden sich an Pappeln auch Schadbilder, die auf den Fraß von Keulhornblattwespen (Cimbicidae) zurückzuführen sind (Landgraf & Helbig, 2011) (Abb. 2-29). Dies führt ebenfalls zu einer mechanischen Schwächung von Trieben, welche an dieser Sollbruchstelle bei stärkerer Belastung (z. B. in Folge eines Sturms) abbrechen können. Die bisher aufgetretenen Schadausmaße sind jedoch gering.

Die Larve des Weidenbohrers (*Cossus cossus*) kann sowohl an Weiden als auch an Pappeln auftreten, allerdings ist ihre Entwicklung an stärkere Stammdimensionen gebunden. Damit besteht eine Gefährdung hauptsächlich bei längeren Umtriebszeiten, wie z. B. bei einer stofflichen Nutzung des Holzes. Hier kann die Art als technischer Schädling einen großen Einfluss haben. Bei energetischer Nutzung ist der Weidenbohrer lediglich an älteren Wurzelstöcken zu erwarten.

Im Gegensatz dazu befällt der Rothalsige Weidenbock (*Oberea oculata*) bereits Triebe ab ca. 2 cm und kann an Weiden durch Aushöhlen der Triebe zu Triebbrüchen führen.

Eine Bekämpfung der holz- und rindenzerstörenden Insekten ist derzeit nicht zu empfehlen und auch nur schwer umzusetzen, da die Ei-, Larven- und Puppenstadien kaum zu erreichen sind. Eine Möglichkeit im Rahmen der Pflanzenhygiene in KUP wäre das Entfernen und Beseitigen von befallenen Pflanzen oder Pflanzenteilen.

2.4.5 Schäden an weiteren Baumarten

Bisher gibt es keine oder äußerst geringe Erfahrungen mit einem Anbau von Birken, Erlen, Eschen und Eichen in Kurzumtriebsplantagen. Es kann also nur aufgrund der Erfahrungen im Forstbereich eine Einschätzung für die Gefährdung durch biotische Faktoren erfolgen.

Eichen (*Quercus* spec.) gehören zu den Baumarten, die von Natur aus mit einer sehr hohen Anzahl an Insekten assoziiert sind. Insbesondere blattfressende Schmetterlingsarten, die bereits regelmäßig zu bedeutsamen Schäden in Eichenwäldern führen, sind als Schadorganismen zu erwarten. Dazu gehören z. B. der Eichenwickler (*Tortrix viridana*), die Frostspannerarten (*Operophtera brumata, Erannis defoliaria*) sowie der Schwammspinner (*Lymantria dispar*).

Auch an **Birken** (*Betula* spec.) kommt eine relativ hohe Anzahl an Insekten vor. Es könnten aufgrund ihres Lebenszyklusses Massenvermehrungen durch die Breitfüßige Birkenblattwespe (*Craesus septentrionalis*) vermutet werden. Daneben existiert jedoch eine Vielzahl weiterer polyphager Insektenarten, die aufgrund ihrer Biologie Schäden verursachen können, wie z. B. Birkenblattroller (*Deporaus be-*

Abb. 2-28: Triebgallen, hervorgerufen durch die Larve des Kleinen Pappelbocks, führen zu einer mechanischen Schwächung von Trieben, welche in der Folge bei hoher Belastung abbrechen können. *Foto: Christiane Helbig*

Abb. 2-29: Schaden durch Keulhornblattwespen beeinträchtigen die mechanische Stabilität betroffener Triebe. *Foto: Richard Georgi*

tulae), Frühlingswollafter (*Eriogaster lanestris*) und die Frostspannerarten.

Für **Erlen** (*Alnus* spec.) ist insbesondere ein Befall durch den Blauen Erlenblattkäfer (*Agelastica alni*) zu erwarten, der ähnlich starke Blattschäden wie die Arten der Gattung *Phratora* verursachen kann. Wie diese neigt auch er zu Massenvermehrungen.

Eschen (*Fraxinus* spec.) können für einen Anbau in KUP gegenwärtig nicht empfohlen werden. Seit einigen Jahren sind sie von einer Pilzkrankheit betroffen (Eschentriebsterben), was zu flächigen Absterbeerscheinungen führt. Bisher gibt es keine wirksamen Gegenmaßnahmen.

2.4.6 Abiotische Schadfaktoren

Unter abiotischen Schadfaktoren werden alle negativen Einflüsse der unbelebten Umwelt verstanden. Dazu zählen Trockenheit, Wind und Frost. Im Gegensatz zu vielen biotischen Schadfaktoren kann auf das Auftreten von abiotischen Schadfaktoren kaum Einfluss genommen werden.

Trockenheit

Besonders im Jahr der Anlage kann eine lang anhaltende Trockenheit zu hohen Ausfällen der Stecklinge führen und damit über den Erfolg oder Misserfolg der Anlage entscheiden. Um der zunehmenden Frühjahrstrockenheit zu begegnen, sollte das Begründen der Plantage möglichst zeitig im Jahr erfolgen (s. Kapitel 3.1). Somit können die Stecklinge durch Nutzung der Winterfeuchtigkeit erste Wurzeln bilden und überstehen damit eine Trockenheit besser. Hält eine Trockenperiode zu lange an, sollte eine Bewässerung der Fläche in Erwägung gezogen werden. Diese ist ökonomisch günstiger als eine möglicherweise notwendige Neuanlage. Ab dem zweiten Jahr sind KUP aufgrund des etablierten Wurzelsystems recht unempfindlich gegenüber Trockenheit.

Die Empfindlichkeit gegenüber Trockenstress ist baumarten- und sortenabhängig. Die Wahl der Baumarten und Sorten sollte daher immer auf Grundlage des Bodens sowie des mittleren Jahresniederschlages erfolgen.

Wind

Weiden, Pappeln und Robinie weisen in KUP gegenüber Sturmwurf und -bruch eine hohe Widerstandfähigkeit auf. Nur einjährige Triebe, welche nach erfolgter Ernte aus dem Stock erwachsen sowie vorgeschädigte Triebe, können bei starkem Wind abbrechen. Auf exponierten Lagen kann es durch Wind aufgrund einer stärkeren Evapotranspiration zu erhöhtem Trockenstress kommen, was zu geringeren Zuwächsen führt. Eine Reduzierung dieses Einflusses kann durch die Anlage von Windschutzstreifen und Randgestaltungen sowie eine geeignete Standortwahl erreicht werden.

Frost

Auch die Anfälligkeit gegenüber Frost ist baumarten- und sortenabhängig. Grundsätzlich sind Pappeln, insbesondere die frühtreibenden Sorten, empfindlicher als Weiden. Die Frostanfälligkeit steigt nach einem starken Befall mit Rostpilzen an (vgl. Abschnitt 2.4.3). Robinie ist vor allem durch Früh- und Spätfröste gefährdet.

2.5 Bodenschutz vor Wind- und Wassererosion mit Kurzumtriebsplantagen

Michael Grunert, Eckehard-Gunter Wilhelm

Ackerflächen sind je nach Bodenart, Flächengröße und -strukturierung, Hangneigung, Witterung und Bewirtschaftungsart (Fruchtfolge, Bodenbearbeitung, Düngung) der Gefahr von Bodenerosion durch Wind oder/und Wasser ausgesetzt. Die Abbildung 2-30 verdeutlicht die Auswirkungen beispielhaft.

Dabei ist nicht nur wichtig, welche Menge an Boden verloren geht, sondern auch welchen Anteil diese Menge am vorhandenen Boden ausmacht. Je flachgründiger ein Boden ist, desto schneller geht die aktuelle Bodenfruchtbarkeit durch Erosion verloren. Dadurch sinken das Wasser- und Nährstoffangebot und so auch die pflanzenbaulichen und wirtschaftlichen Erträge (vgl. Billen et al., 2005). Der Anteil entsprechend gefährdeter Ackerflächen ist regional unterschiedlich. So sind

Abb. 2-30: Bodenerosion auf sächsischen Ackerflächen nach Starkniederschlägen. *Fotos: Michael Grunert*

in Sachsen ca. 20 % der Ackerfläche (entsprechend ca. 150 000 ha) durch Wind- und rund 60 % (entsprechend ca. 450 000 ha) durch Wassererosion gefährdet. Neben dem Verlust an Boden können durch Bodenerosion weitere z. T. erhebliche Schadwirkungen auftreten, so u. a. Boden- und Nährstoffeintrag in Oberflächengewässer und Bodenablagerungen auf Straßen und in Ortslagen. Mit dem beginnenden Klimawandel zeichnet sich ab, dass der Trend zu Extremereignissen zunimmt. Hierdurch steigt die Gefahr von Wassererosion durch Starkniederschläge und Winderosion in langen Trockenphasen (Vorsommer) erheblich an.

Ergänzend zu den bekannten erosionsmindernden bzw. -verhindernden acker- und pflanzenbaulichen Maßnahmen, wie z. B. pfluglose bzw. konservierende Bodenbearbeitung, Zwischenfruchtanbau und allen Maßnahmen zum Erhalt von Humusgehalt und Bodenstruktur kann der Anbau mehrjähriger

Kulturen, z. B. KUP, einen wirksamen Beitrag zur Vermeidung von Bodenerosion leisten.

2.5.1 Wirkungen durch die Anlage von Kurzumtriebsplantagen

Durch Gliederung oder Umsäumung großflächiger Ackerschläge mit Streifen-KUP kann beispielsweise bei Starkregen das Wasser sowohl verzögert abfließen als auch besser versickern und so die Bodenerosion vermeiden bzw. vermindern. Ebenso kann eine ungleichmäßigere Schneeverteilung und verzögerte Schneeschmelze dazu beitragen.

Auf Hanglagen erreichen Streifen-KUP zudem eine Verlegung des Oberflächenabflusses und damit von Erosionswegen, wodurch die Gefahr von Erdeinträgen in hangabwärts liegenden Gebieten verringert wird (Richert et al., 2007).

Tabelle 2-8 gibt einen Überblick über mögliche Vorteilswirkungen aber auch Risiken aus Sicht

Tab. 2-8: Mögliche Vorteile und Risiken des Anbaus von KUP aus Sicht des Bodenschutzes (s. auch Tab. 2-1).

Vorteile	Risiken
• Während der Standzeit der KUP keine Bodenbearbeitung, dadurch Verbesserung des Bodengefüges und Minimierung der Erosionsgefährdung • Positive Wirkungen auf den Humushaushalt und die Humusbilanz • Geringer Düngebedarf aufgrund niedriger Nährstoffentzüge • Reduzierung der Winderosion bei Anbau in strukturarmen Landschaften; Erreichung großflächiger Vorteilswirkungen durch Streifenanbau • Nach dem Pflanzjahr in der Regel kein Pflanzenschutzmitteleinsatz	• Erosionsgefahr im Anpflanzjahr (insbesondere bei flächendeckender Bodenbearbeitung im Herbst) • Gefahr der Bodenverdichtung bei KUP-Ernte unter feuchten Bedingungen (Befahrung einmal aller 3–10 Jahre) • Gefahr der Bodenverdichtung im Jahr nach der Rückwandlung insbesondere bei tiefem Fräsen

des Bodenschutzes, die mit dem Anbau von KUP verbunden sind.

2.5.2 Bevorzugte Flächen

In Sachsen wurden in einem Forschungsvorhaben die Risiken und Chancen des Anbaus von KUP geprüft (Feger et al., 2010). Dabei wurden Vorzugs- und Vorsorgeflächen für KUP aus Sicht des Bodenschutzes unter Berücksichtigung folgender Kriterien abgeleitet (nach Denner et al., 2012):

* stark durch Wassererosion gefährdete Ackerflächen incl. besonders erosionsgefährdete Abflussbahnen;
* potenziell winderosionsgefährdete Ackerflächen;
* schadstoffbelastete Böden ab bestimmten Schwellenwerten für Arsen (As), Cadmium (Cd) und Blei (Pb);
* Vernässungsgrad (Risiko auf stark bis sehr stark vernässten Böden);
* besonders schutzwürdige Böden (Natur- und/oder Kulturgeschichte, Potenzial für Biotopentwicklung).

Im Ergebnis wurden Synergieklassen für den Anbau von KUP und anderen Biomasse-Dauerkulturen auf Ackerflächen ermittelt. Tabelle 2-9 verdeutlicht, dass für den Bodenschutz erhebliche Synergieeffekte (ca. 40 % der Flächen mit starken und sehr starken Synergien) erreicht werden können, wenn KUP oder andere Biomasse-Dauerkulturen wie z. B. Miscan-

Tab. 2-9: Anbau von KUP und anderen Biomasse-Dauerkulturen; Synergieklassen auf sächsischen Ackerflächen nach Boden-, Nutzungs- und Schadstoffkriterien.

Synergieklassen nach Boden-, Nutzungs- und Schadstoffkriterien	% der Ackerfläche
neutral	24,4
sehr starke Synergien	21,4
starke Synergien	18,5
Synergien prüfen	21,2
keine Synergien – Risiken	13,7
keine Synergien – Ausschluss	–
keine Daten oder nicht bewertet	0,8

Quelle: Denner et al., 2012

thus angebaut werden. Eine eventuelle Steuerung des Anbaus auf Flächen mit hohen Synergieeffekten (z. B. auf erosionsgefährdete Ackerflächen) würde die positiven Effekte des KUP-Anbaus in der Praxis stärker zur Geltung bringen (Feldwisch, 2011).

Die angestrebten oder als Synergieeffekt entstehenden Vorteilswirkungen des Anbaus von KUP können neben dem großflächigen Anbau auch durch Streifenanbau bzw. Agroforstsysteme erreicht werden (Kapitel 6.3). Dies ist insbesondere für Standorte eine Lösung, auf denen der KUP-Anbau wirtschaftlich nicht so attraktiv ist, dass er sich als großflächiger Anbau durchsetzt. Gleichzeitig werden mit einem vergleichsweise geringen KUP-Anbauumfang positive Zusatzeffekte für größere Ackerflächen u. a. in Form von Ressourcenschutz (z. B. über eine Erosionsminderung), Erhöhung der Strukturvielfalt (und damit ggf. der Biodiversität) und Verbesserung des Landschaftsbildes erreicht.

2.5.3 Hinweise zur Umsetzung

Auf durch Wassererosion gefährdeten Ackerflächen sind die KUP-Streifen quer zur Hangneigung anzulegen. Hierdurch wird die Lauflänge des abfließenden Wassers unterbrochen und so die Bildung von Erosionsrinnen vermindert bzw. verhindert. Gleichzeitig werden eventuell mit dem oberflächig hangabwärts fließenden Wasser mitgerissene Bodenteilchen vor bzw. in den KUP-Streifen abgelagert. Dadurch kann der Bodeneintrag in Gewässer oder die Bodenablagerung auf angrenzende Straßen oder Siedlungsflächen reduziert oder verhindert werden. Wichtig ist, dass ein wirksamer wasserrückhaltender und damit erosionsmindernder Effekt der Schlagunterteilung durch KUP-Streifen nur in Verbindung mit einer dauerhaft konservierenden Bodenbearbeitung/Direktsaat zu allen im Verlauf einer geneigten Ackerfläche angebauten Fruchtarten erreicht werden kann. Bei einer durch Pflugeinsatz verschlämmten Ackeroberfläche und dadurch stark eingeschränkter Wasserversickerung ist der erosionsmindernde Effekt einer KUP-Schlagunterteilung nur gering oder nicht gegeben.

Die Klärung der Frage, inwieweit in Ergänzung zur konservierenden Bodenbearbeitung eine Hang-

bzw. Schlaggliederung oder/und die Begrünung von Hangrinnen z. B. mit KUP einen zusätzlichen Erosionsschutz bewirken, kann am besten mit Modellen geprüft werden. Hierzu steht z. B. in Sachsen für alle Landwirte das Erosionssimulationsmodell EROSION 3D zur Verfügung. Es handelt sich um ein prozessorientiertes, physikalisch begründetes Modell zur Simulation der Erosion durch Wasser, einschließlich des Eintrages in angrenzende Gewässer (Schmidt et al., 1996). Mit Hilfe von EROSION 3D können Erosionssimulationskarten erstellt und die Wirksamkeit der verschiedenen Erosionsschutzmaßnahmen abgeschätzt werden. Gleichzeitig kann mit dem Modell ermittelt werden, an welcher Stelle auf einer Ackerfläche durch die Anlage eines KUP-Streifens die beste erosionsmindernde Wirkung erzielt werden kann (mit Prüfung der hierzu erforderlichen Breite und Ausgestaltung des KUP-Streifens).

Zu beachten ist, dass Flächen mit Dränagen nicht für die Anlage von KUP geeignet sind.

Auf durch Winderosion gefährdeten Flächen sind die Abstände der Streifen so zu gestalten, dass eine ausreichende Schutzwirkung und gleichzeitig eine ökonomische Bewirtschaftung für die dazwischen liegenden Ackerflächen erreicht werden. Abbildung 6-12 in Kapitel 6.3 verdeutlicht, wie weit die Wirkung von KUP-Streifen in die angrenzenden landwirtschaftlichen Kulturen reichen kann, so z. B. windbremsende und verdunstungssenkende Effekte.

2.5.4 Ernte

Um die oben genannten Vorteilswirkungen durchgängig zu gewährleisten, ist bei einzeln stehenden Streifen eine halbseitige Beerntung anzustreben (bei mehreren parallel angelegten Streifen evtl. auch die Beerntung jedes zweiten Streifens). Abbildung 2-31 zeigt die Entwicklung eines 2007 angelegten und am 9. März 2010 sowie am 1. Februar 2012 halbseitig beernteten Feldstreifens mit Pappeln, Weiden und Erlen im Lehr- und Versuchsgut Köllitsch in Sachsen (Röhricht et al., 2011). Hier wird deutlich, dass die wechselnde halbseitige Beerntung durchgehend einen hohen Pflanzenbestand sichert und so die windbremsende Funktion des Streifens auch im Jahr nach der Beerntung erhält. Dies gilt ebenso für das Landschaftsbild. Gleichzeitig ist erkennbar, wie schnell der Streifen nach einer Ernte wieder austreibt und einen geschlossenen Bestand bildet. Der starke Wiederaustrieb und jährliche Holzzuwachs gestattet es, dass solche Streifen im Einklang mit ihrer Boden-, Natur- und Landschaftsschutzfunktion auch in drei- oder fünfjährigen Intervallen wirtschaftlich zur Energieholzgewinnung nutzbar sind.

09.03.2010

10.07.2010

15.04.2011

01.02.2012

Abb. 2-31: Entwicklung eines 2007 angelegten und wechselnd halbseitig beernteten Feldstreifens mit Pappeln, Weiden und Erlen im Lehr- und Versuchsgut Köllitsch/Sachsen.   *Fotos: Michael Grunert*

Schwerpunkt Holzvermarktung
(Raiffeisen Agil Leese e. G.)

1998 kaufte die Raiffeisen Agil Leese (RWG) das 63 ha große ehemalige Bundeswehr-Gelände Oehmer Feld im Rahmen einer Ausweitung der seit 1920 bestehenden Genossenschaft aus Leese bei Hannover. Im folgenden Jahr wurde das Gelände ausgebaut, u.a. um einer Annahmefläche für Grüngut, Altholz und weitere Wertstoffe. Anschließend ist im Jahr 2000 eine 850 kW Holzhackschnitzel-Heizanlage mit Fernwärmeleitungsnetz (600 m) in Betrieb genommen worden, ein erster Schritt zur Etablierung des Bio-Energieparkes Oehmer Feld, der sich zunächst mit der Inbetriebnahme und einer späteren Erweiterung einer Biogasanlage auf 1,25 MW im Jahr 2006 fortsetzte. Heute befinden sich in dem auf 71 ha gewachsenen Bio-Energiepark 18 Unternehmen mit 120 Mitarbeitern auf 16 Verwaltungsgebäuden und Hallen verteilt, die alle mittels Biogas und Holzhackschnitzeln beheizt werden. Die notwendigen Hackschnitzel hierfür werden im betriebseigenen Energiewald, bestehend aus 2,5 ha Pappeln und Weiden,

produziert. In dem Plantagenleben von 21 Jahren werden alle drei Jahre ca. 350 m³ ha⁻¹ Hackschnitzel mit einem Feldhäcksler geerntet, die mit einem Schubwendetrockner an der Biogasanlage getrocknet und der Hackschnitzelheizung zugeführt werden. Jährlich werden in den beiden Hackschnitzelheizanlagen der RWG 3600 Srm Hackschnitzel verbrannt, wobei der Wärmepreis mit 3,82 Cent kWh⁻¹ rund 45 % unter dem Preis mit Heizöl betriebener Anlagen liegt. Neben weiteren Dienstleistungen im Umweltbereich hat sich die RWG in der Kompostierung und Recycling von wertvollen »Abfällen«, u.a. Baumwurzeln und Stammholz, die zu Holzmulch verarbeitet werden, sowie Althölzer, die mit eigenen Maschinen für eine stoffliche und thermische Verwertung aufbereitet werden, eine Nische erobert. Weit über eine einfache Vermarktung von Hackschnitzeln, Holzpellets, Holzbriketts und Holzfackeln hinaus, ist die RWG zu einem Spezialisten beim Einsatz von Kleinverbrennungsanlagen im landwirtschaftlichen Bereich geworden, dessen Expertise mittlerweile in ganz Norddeutschland sowie in den neuen Bundesländern nachgefragt ist.

Spezialmaschine der RWG-Leese zur Versiebung von Holzfraktionen.   *Foto: RWG-Leese*

3 Bewirtschaftung

3.1 Etablierung von Kurzumtriebsplantagen

Dirk Landgraf

3.1.1 Produktionsziele und Umtriebszeiten

Vor der Etablierung einer KUP sollte das Produktionsziel durch sorgfältige Überlegung klar definiert sein. Es entscheidet über die Wahl von Baumart und -sorte, Pflanzverband, Umtriebszeit und Ernteverfahren.

Die Erzeugung von Holzhackschnitzeln im Mini-Umtrieb (Erntezyklus zwischen 2 und 4 Jahren) bedingt eine relativ hohe Baumanzahl pro Flächeneinheit. Je nach Standortvoraussetzungen, Baumartenwahl und vorgesehener Erntetechnik können hier 7000 bis 16 000 Steckhölzer pro Hektar ausgebracht werden. Die Flächenpflege beschränkt sich in diesem Fall hauptsächlich auf das Etablierungsjahr.

Bei einem Midi-Umtrieb (Erntezyklus zwischen 6 und 12 Jahren) kann neben Holzhackschnitzeln auch Industrieholz produziert werden. Die Baumzahl reduziert sich bei diesem Verfahren pro Hektar auf 3000 bis 6000. Bedingt durch einen langsameren Kronenschluss muss mit einer Flächenpflege über drei Jahre hinweg gerechnet werden.

Der Maxi-Umtrieb (Erntezyklus zwischen 12 und 20 Jahren) mit einer Baumzahl von weniger als 3000 ha^{-1} ermöglicht zusätzlich auch die Produktion von Holzsortimenten für die stoffliche Nutzung (Zellstoff/Papier, Holzwerkstoffe). Eine KUP mit Robinie kann neben Energieholz und Zaunpfählen aufgrund ihrer hohen Holzdichte und natürlichen Dauerhaftigkeit auch Wertholz produzieren.

3.1.2 Stückzahlen

Für die Produktion von Holzhackschnitzeln im Mini-Umtrieb ist für die maximale Produktion von Dendromasse eine hohe Pflanzzahl pro Flächeneinheit erforderlich. Diese hängt jedoch maßgeblich von den jeweiligen Standortbedingungen und der gewählten Baumart ab. Bedingt durch das artentypische Wuchsverhalten können bei der Pappel Stückzahlen zwischen 8500 und 12 000 ha^{-1} angebaut werden. Bei der Weide können sogar Stückzahlen zwischen 10 000 und 16 000 ha^{-1} ausgebracht werden. Durch die hohen Pflanzen- und Etablierungskosten sowie eine Prädestinierung der Robinie für sorptionsschwache Grenzertragsstandorte reichen bei dieser Baumart Pflanzzahlen zwischen 6500 und 10 000 Stück ha^{-1} aus.

3.1.3 Pflanzenverbände und Reihenabstände

Der ursprünglich aus Schweden stammende und oftmals noch in der Literatur zitierte, sogenannte Doppelreihenverband wurde für die Weide entwickelt und sollte – wenn überhaupt – dann auch nur für diese Baumart Verwendung finden. Dies ergibt sich aus folgenden Fakten und Erfahrungen:

- KUP mit Doppelreihensystem können in den ersten beiden Jahren nach Etablierung nur mit Spezialtechnik gepflegt werden, die in der Landwirtschaft faktisch nicht vorhanden ist. Aus diesem Grund waren viele KUP im Doppelreihensystem schon im ersten Jahr so stark verunkrautet, dass sie aufgegeben werden mussten.

- Pappeln und Robinien wachsen deutlich abholziger als die Weide und erreichen damit nach 3 Jahren problemlos Wurzelhalsdurchmesser von mehr als 15 cm. Dies ist nach heutigem Stand der Technik jedoch die maximale Obergrenze der Erntetechnik. Mit einem einreihigen System kann diese Obergrenze innerhalb einer Pflanzenreihe ohne technische Probleme überschritten werden, da weniger Bäume pro Laufmeter geschnitten und gehäckselt werden müssen.

- Bei einer mehrfachen Ernte bilden sich bei Pappeln und Robinien Stubben mit sehr starken Durchmessern aus. Die dabei entstehenden Durchmesser überschreiten die technisch maximal möglichen Durchmesser bei weitem. Somit ist auch in diesem Fall eine geringere zu beerntende Pflanzenzahl pro Laufmeter empfehlenswert.

Somit hat sich in den letzten Jahren für die Etablierung von KUP mit Pappeln und Robinien in der Mini-Rotation zunehmend der einreihige Pflanzenverband durchgesetzt. Dabei sollten die Reihenabstände zwischen 2 und 3 m liegen; die Pflanzabstände innerhalb der Reihe können zwischen 0,4 und 0,8 m variieren. Des Weiteren sollte unbedingt auf ein ausreichendes Vorgewende geachtet werden. Die Breite dieses Vorgewendes hängt von der Auswahl der Erntetechnik ab und sollte zwischen 4 und 10 m betragen.

3.1.4 Flächenvorbereitung

Mit der Flächenvorbereitung sollte im Vorjahr der KUP-Anlage begonnen werden. Nach Beerntung der Vorfrucht keimen deren ausgefallene Samen sowie die der Beikräuter auf. Deshalb wird die Fläche mit einem Totalherbizid (glyphosathaltige Präparate haben sich hier bewährt) behandelt und nach ca. vierwöchiger Wirkdauer der gesamte Acker gepflügt. Die Bearbeitungstiefe richtet sich nach der Länge der einzubringenden Steckhölzer. Ohne Nachbehandlung bleiben die Pflugschollen über den Winter liegen. Sobald die Flächen nach dem Winter aufgrund der Feuchtigkeit befahrbar sind, sollte eine Saatbettbereitung nach guter fachlicher Praxis erfolgen.

Oftmals ist auch beabsichtigt, KUP auf langjährigen Brachflächen oder Grünland zu etablieren. Aus der Sicht einer erfolgreichen und effizienten KUP-Etablierung ist auch hier eine vollflächige Bodenbearbeitung im Vorjahr anzuraten. Aus der Sicht des Umwelt- und Klimaschutzes wird diese Vorgehensweise jedoch in vielen Fällen abgelehnt: Durch eine langjährige Bodenruhe ist im obersten Bodenhorizont sehr viel organische Masse und damit Kohlenstoff gespeichert (C-Senke). Wird solch eine Fläche bearbeitet, wird durch den Eintrag von Sauerstoff die Aktivität der mikrobiellen Biomasse im Boden sehr stark angeregt, die so in der Lage sind, in sehr kurzer Zeit die im Boden befindliche organische Biomasse abzubauen und somit CO_2 in großen Mengen freizusetzen (C-Quelle). Aus diesem Grund wird versucht, die Bodenbearbeitung auf ein Minimum zu reduzieren. Möglich wäre dies durch das Einbringen der Steckhölzer oder der Ruten in Pflanzlöcher, was sehr zeit-, energie- und damit kostenintensiv ist. Eine weitere Möglichkeit wäre eine streifige Bearbeitung des Bodens. Bekannt sind Geräte aus der Forstwirtschaft (z. B. Pein-Plant, Abb. 3-1), aber auch neu entwickelte, zweireihige Streifenfräsen (Abb. 3-2). Bei diesen Verfahren wird – je nach technischer Detailausstattung der Geräte – der Boden auf einer Breite bis 30 cm und einer Tiefe von bis zu 50 cm bearbeitet. In den so vorbereiteten Boden können dann sowohl manuell als auch maschinell (Abb. 3-3) die Steckhölzer in den Boden eingebracht werden.

Abb. 3-1: Funkferngesteuerte, zweireihige Pein-Plant-Fräse im Einsatz.
Foto: Dirk Landgraf

Abb. 3-2: Zweireihige Pein-Mill-Fräse im Einsatz.
Foto: Dirk Landgraf

Abb. 3-3: 20er Populus-Planter auf vollständig bearbeiteter Fläche. *Foto: Dirk Landgraf*

Abb. 3-4: 30er Populus-Planter auf einer streifig bearbeiteten Fläche. *Foto: Dirk Landgraf*

3.1.5 Pflanzung

Bei kleinparzellierten Flächen bis zu einer Flächengröße von etwa 2 ha sowie Flächen mit einer geringen Pflanzzahl sollte die Pflanzung aus Kostengründen manuell erfolgen. Je nach Entfernung der zu etablierenden KUP vom Dienstleister sollte ein maschineller Einsatz erst ab einer Steckholzzahl von 20 000–30 000 erwogen werden. Bei größeren Flächen – oder höheren Steckholzzahlen – sollte eine maschinelle Pflanzung der KUP vorgenommen werden. Da KUP häufig nur einmalig auf einer Fläche (zumindest über größere Zeitabstände) angelegt werden, sollte die Anschaffung einer eigenen Maschine gründlich abgewogen werden. Mittlerweile gibt es viele Dienstleister am Markt, die ihre Technik oder gar die gesamte Pflanzleistung inklusiv Pflanzmaterial aus einer Hand anbieten.

Zur Etablierung von KUP mit Steckhölzern wurden in den letzten Jahren einige Neuentwicklungen bekannt. So wird der Populus-Planter sowohl für 20er als auch 30er Steckhölzer angeboten. Dabei wurden für die kleine (20er) Maschine Flächenleistungen von mehr als 10 ha pro Tag angegeben. Die große (30er) Maschine erreicht Flächenleistungen zwischen 7 und 9 ha am Tag (Abb. 3-3 und 3-4).

Des Weiteren gibt es noch eine Pflanzmaschine des italienischen Hersteller Spapperi, welche 20er Steckhölzer mit einer täglichen Flächenleistung von bis zu 5 ha in den Boden bringen kann (Abb. 3-5). Der aus Schweden stammende Step-Planter wurde ursprünglich für die Etablierung von Weidenplantagen entwickelt. Mittlerweile werden auch Versuche unternommen, mit dieser Technik Pappelplantagen zu etablieren. Bei dieser Technik werden Ruten auf die Maschine verbracht. Diese Ruten werden in einem Arbeitsgang in ca. 20 cm lange Steckhölzer geschnitten und anschließend sofort in den Boden gedrückt (Abb. 3-6).

Daneben gibt es auch noch eine Reihe umgebauter Gemüse- oder Tabakpflanzmaschinen, die vom

Abb. 3-5: Pflanzmaschine TP 200 der Firma Spapperi. *Foto: Dirk Landgraf*

Abb. 3-6: Pflanzmaschine Step-Planter für den Einsatz von Weiden und Pappeln. *Foto: Dirk Landgraf*

Maschinenbesitzer oder von Erzeugergemeinschaften für eine Pflanzsaison gemietet werden können (Abb. 3-7).

Sowohl die Robinie als auch die Birke, Eiche, Esche und Erle müssen entweder manuell oder mit einer herkömmlichen Pflanzmaschine aus dem Forstbereich in den Boden gebracht werden (Abb. 3-8). Hierbei beträgt die Flächenleistung – je nachdem, wie viel Reihen die Pflanzmaschine hat – maximal 2 ha pro Tag.

Für die Etablierung von KUP im mittelfristigen Umtrieb können neben den bereits beschriebenen Steckhölzern auch die in Kapitel 2.2, Tabelle 2-5 dargestellten Steckruten und/oder Setzstangen herangezogen werden. Es sollte jedoch darauf geachtet werden, dass bei der Etablierung von KUP mit diesem Vermehrungsgut mindestens ein Drittel der Länge der Steckruten oder Setzstangen in den Boden eingebracht wird. Die bisherigen Erfahrungen bestätigen einen guten Anwuchs nur dann, wenn das in den Boden eingebrachte Pflanzgut während der gesamten Vegetationsperiode des Etablierungsjahres genügend Wasser zur Verfügung hat, um die relativ große oberirdische Verdunstungsfläche des Vermehrungsgutes mit Wasser versorgen zu können (Landgraf & Böcker, 2010). Beim Einsatz von Steckruten und Setzstangen sollte der Wildproblematik ein besonderes Augenmerk geschenkt werden. Dieses Pflanzmaterial wird gerade vom Rot-, Reh- und/oder Damwild sehr gern gefegt (Brunner & Landgraf, 2011; Landgraf et al., 2011).

Auch Pappeln und Weiden können als einjähriges, bewurzeltes Vermehrungsgut für die Etablierung von KUP in Betracht gezogen werden. Damit wird das Risiko von Ausfällen deutlich reduziert und der Zuwachs von Anfang an deutlich gesteigert. Allerdings steigen damit auch die Pflanzen- und Etablierungskosten (Schildbach et al., 2008).

Ausgehend von der geringen Pflanzzahl pro Flächeneinheit und des vorab beschriebenen Pflanzvermehrungsgutes ist bei der Etablierung von KUP für die Midi- und Maxi-Rotation von einer manuellen Etablierung auszugehen. Der Pflanzverband beim mittelfristigen Umtrieb beträgt – je nach gewählter Pflanzzahl pro ha – zwischen 2 m × 3 m und 5 m × 6 m.

3.1.6 Erfolgssicherung
3.1.6.1 Rückschnitt
Der Rückschnitt des einjährigen Aufwuchses einer neu etablierten KUP kann aus pflanzenphysiologischer Sicht eine durchaus sinnvolle Maßnahme sein, sollte jedoch gründlich abgewogen werden. Aufgrund der dadurch entstehenden Kosten einerseits und der Gefahr eines möglichen Totalverlustes durch unzureichende Wurzelentwicklung der Bäume im Etablierungsjahr (Schildbach et al., 2010) hat sich diese Maßnahme in der Praxis nicht durchgesetzt.

Abb. 3-7: Umgebaute Gemüsepflanzmaschine zur Steckholzausbringung. *Foto: Kerstin Böhme, Biohof Böhme*

Abb. 3-8: Mehrreihige Forstpflanzmaschine zur Ausbringung von bewurzelter Pflanzen.

Foto: Klaus Schwarz, Landschaftspflegeverband Spree-Neiße

Abb. 3-9: Aufgeastete, 5-jährige Schwarzpappelhybrid-
plantage zur Industrie- und Energieholznutzung in Ungarn
(1500 Bäume pro ha). *Foto: Dirk Landgraf*

Abb. 3-10: Nicht-aufgeastete 12-jährige Balsampappel-
hybridplantage zur Industrie- und Energieholznutzung in
Deutschland (4000 Bäume pro ha). *Foto: Dirk Landgraf*

3.1.6.2 Bewässerung

Wasser ist ein bedeutender Ertragsfaktor für KUP. Besonders deutlich wird dies vor allem im Etablierungsjahr einer KUP mit unbewurzeltem Pflanzmaterial. Bedingt durch das komplette Fehlen von Wurzeln zum Aufwachsen und einer entsprechenden Etablierungsphase (über die Wurzelentwicklung von schnellwachsenden Baumarten ist bislang wenig bekannt) kann eine Phase mit wenig Niederschlägen oder gar Trockenheit, gekoppelt mit sandigen, sorptionsschwachen Böden, nicht nur zur Schwächung der Pflanzen sondern gar zum Totalausfall führen. In solchen Fällen hat sich eine gezielte Bewässerung als lebensnotwendige Maßnahme bewährt. In den wenigsten Fällen werden KUP auf Flächen mit angeschlossenen Bewässerungssystemen etabliert. Daher muss das Wasser anderweitig herantransportiert

werden. Da die Bewässerung auf jeden Fall eine außerordentliche Kosten-Belastung darstellt, sollte nur über kostenlose Wasserentnahmemöglichkeiten (z. B. eigene Brunnen oder oberflächennahe Gewässer) nachgedacht werden. Als einfache aber effiziente Möglichkeit hat sich der Einsatz von Güllefässern bewährt. Mit diesen kann fast überall Wasser entnommen und dann zum Einsatzort transportiert und ausgebracht werden. Durch bedachte Wahl der Fahrgeschwindigkeit und Öffnung der Auslassklappe kann die Wassermenge pro Flächeneinheit dosiert werden. Damit die Pflanzen durch einen zu heftigen Wasserschwall nicht freigeschwemmt werden, ist der Einsatz eines engmaschigen Siebes am Auslass des Güllefasses sinnvoll. Bewässert werden sollte bei Bedarf lediglich in den Abendstunden. Bedingt durch die geringe Verdunstungsrate in den

Nachtstunden kann die Pflanze so die größtmögliche Wassermenge aufnehmen.

3.1.6.3 Nachpflanzung

Durch widrige Umstände oder durch mangelnde Pflege kann es zu unterschiedlich stark ausgeprägten Ausfällen in einer neu etablierten KUP kommen. Ist die Überlebensrate nach dem Etablierungsjahr geringer als 60 %, sollte eine komplette Neuanlage erwogen werden. Prinzipiell ist davon auszugehen, dass ein Nachstecken von einzelnen Steckhölzern in die Reihen von bereits etablierten, einjährigen Pflanzen nicht gelingen wird. Die neuen Pflanzen sehen sich einer starken Wasser-, Nährstoff- und Lichtkonkurrenz der älteren Bäume, aber auch der Begleitvegetation ausgesetzt, die im zweiten Standjahr meistens nicht mehr bekämpft wird. Aus diesem Grund haben die neuen Pflanzen keine Chance, den Vorsprung der älteren Pflanzen aufzuholen und gehen in den meisten Fällen ein. Daher sollte bei Ersatzmaßnahmen immer eine flächige Etablierung angestrebt werden, in der das gesamte Management einer Neuetablierung (Bodenvorbereitung, Unkrautbekämpfung, usw.) durchgeführt werden muss. Betragen die Ausfälle einer neu etablierten KUP weniger als 20 %, sollte der Bestand ohne weitere Nachbesserungen bewirtschaftet werden. Die angewachsenen Bäume gleichen den Verlust durch die nun entstandenen Standortvorteile (mehr Licht, Wasser und Nährstoffe) durch einen Mehrzuwachs aus.

3.2 Pflege von Kurzumtriebsplantagen

Dirk Landgraf

3.2.1 Unkrautbekämpfung

Im Etablierungsjahr einer KUP muss jede Form von Begleitvegetation für deren erfolgreiches Anwachsen als schädlich betrachtet werden. Aus diesem Grund sollte bereits die Flächenvorbereitung sorgfältig geplant und durchgeführt werden (Kapitel 3.1). Dabei spielt die Vorgeschichte der Fläche eine entscheidende Rolle. Prinzipiell ist davon auszuge-

hen, dass eine landwirtschaftliche Fläche, welche in den Jahren vor der Etablierung einer KUP durch gute und professionelle ackerbauliche Bewirtschaftung nach guter fachlicher Praxis gemanagt wurde, einen wesentlich geringeren Unkrautdruck aufweist, als Flächen, die lange Zeit brach lagen oder nicht bewirtschaftet wurden.

Bei einer KUP in Mini-Rotation genügt in der Regel eine Flächenpflege im Etablierungsjahr. Sollten im Etablierungsjahr langlebige, konkurrenzstarke Unkräuter (z. B. Ackerkratzdiestel, Melde, Beifuß, usw.) auftreten, ist unter Umständen auch eine weitere Unkrautbekämpfung im zweiten Standjahr notwendig. Für KUP in Midi- und Maxi-Rotation sollte eine Flächenpflege in den ersten drei Standjahren einkalkuliert werden. Bedingt durch die geringe Baumzahl dieser KUP kann die Begleitvegetation frühestens nach drei Jahren durch die aufwachsenden Bäume ausgedunkelt werden.

3.2.1.1 Chemische Unkrautbekämpfung

Nachdem die Steckhölzer in den Boden gebracht wurden, empfiehlt sich der schnellstmögliche, flächendeckende Einsatz von Bodenherbiziden. Bei ordnungsgemäßer Anwendung kann damit – je nach Witterung und Temperatur – eine bis zu drei Monate anhaltende Wirkung erreicht werden. Bewährt hat sich eine Ausbringmischung von »Stomp Aqua« und »Terano«. Andere Präparate sind ebenfalls

Abb. 3-11: Vollflächige Behandlung gegen einkeimblättrige Pflanzen (Gräser).

Foto: Lutz Böcker

Tab. 3-1: Präparate von Bodenherbiziden und deren Aufwandmenge sowie Kosten in KUP.

Präparat und Wirkstoff	Aufwandmenge	Kosten Netto
Terano + Stomp Aqua Metosulam 25 g kg^{-1} + Flufenacet 600 g kg^{-1} + Pendimethalin 455 g l^{-1}	1,0 kg + 2,5 l ha^{-1}	121 € ha^{-1}
Vorox F Flumixazin 500 g kg^{-1}	300 g ha^{-1}	110 € ha^{-1}
Katana Flazasulfuron	200 g ha^{-1}	172 € ha^{-1}
MaisTer flüssig Iodosulfuron 0,93 g l^{-1} + Foramsulfuron 30 g l^{-1}	1,5 l ha^{-1}	48
Quantum Pethoxamid 600 g l^{-1}	200 g ha^{-1}	n. n.

möglich (Tab. 3-1), zeigen jedoch vollkommen unterschiedliche Wirkung. In einem Versuch der Landwirtschaftskammer Schleswig-Holstein konnte die Wirkung der Präparate in folgender Reihenfolge herausgestellt werden: »Terano« + »Stomp Aqua« > »Vorox F« > »Quantum« > »Katana« > »MaisTer« (Lange & Heineking, 2011).

Anschließend kann flächendeckend nur noch mit selektiven PSM gegen einkeimblättrige Pflanzen (Gräser) gespritzt werden. Dabei hat sich das Präparat »Fusilade® MAX« sehr bewährt.

Weiterhin ist der Einsatz von Totalherbiziden (glyphosathaltige Präparate, z. B. »RoundUp®«) mit Spezialmaschinen möglich. Da die Baumkultur mit diesen Totalherbiziden nicht in Berührung kommen darf, können einerseits Maschinen mit Spritzschutz (Abb. 3-12) oder andererseits Maschinen zum Einsatz kommen, die das Herbizid lediglich an der Begleitvegetation abstreifen (z. B. Rotowiper®, Abb. 3-13).

Bei der Etablierung von KUP auf ehemaligen Grünlandflächen ohne Vollumbruch empfehlen sich der Einsatz von Totalherbiziden kurz vor Etablierung sowie ein folgend zeitlich gestaffelter Einsatz von Herbiziden gegen Gräser im Etablierungsjahr. Auf diese Art und Weise wird die Wasser-, Nährstoff- und Lichtkonkurrenz der Begleitvegetation gering gehalten und ein Anwuchserfolg erhöht.

Bislang ist nur das Pflanzenschutzmittel »Fusilade® MAX« explizit für den Einsatz in KUP zugelassen. Aus diesem Grund muss vor Anwendung für alle anderen PSM eine Ausnahmegenehmigung nach

Abb. 3-12: Spritzmaschine mit Spritzschutz (Spezialanfertigung) beim Einsatz in einjähriger KUP. *Foto: Hans-Moritz von Harling*

Abb. 3-13: Der Rotowiper® beim Einsatz. *Foto: Raudszus, Rotowiper*

dem ab Januar 2012 geltenden neuen Pflanzen-schutzgesetz (PflSchG) Artikel 51 der Zulassungs-verordnung (früher § 18a) und/oder Artikel 22 (2) (früher § 18b) beantragt werden.

3.2.1.2 Mechanische Unkrautbekämpfung

Nur wenn der Einsatz von Herbiziden keinen Erfolg zeigt, oder man prinzipiell auf den Einsatz von chemischen PSM verzichten möchte (z. B. Öko-landbaubetriebe), sollte man auf eine mechanische Unkrautbekämpfung zurückgreifen.

Die mechanische Unkrautbekämpfung im Eta-blierungsjahr von KUP bedingt einen höheren organisatorischen und zeitlichen Einsatz und ist kostenintensiver als der sachkundige Einsatz von Herbiziden. Bei der mechanischen Unkrautbekämp-fung ist eine bodenverwundende Technik, bei der die Wurzel der Begleitvegetation mit herausgerissen oder beschädigt wird, einer lediglich kürzenden Technik (z. B. Schlegel- und Sichelmulcher) vor-zuziehen.

Für eine bodenverwundende Bekämpfung der Begleitvegetation gibt es geeignete Technik in der Landwirtschaft. So kann von einer Egge über ei-nen Grubber bis hin zur Fräse jede Maschine oder Maschinenkombination zum Einsatz kommen, die über eine entsprechende Arbeitsbreite verfügt. Mit einer geteilten Scheibenegge (Abb. 3-14) kann die zu

pflegende Baumreihe in die Spurmitte genommen werden. Bei relativ großen Schlägen (ab ca. 5 ha) kann mit entsprechend hoher Geschwindigkeit gefahren werden, so dass diese Pflegevariante relativ kostengünstig ist. Besonders gut ist der Pflegeerfolg auf leichten, sandigen Böden. Auf schweren, leh-migen oder gar tonigen Böden sollte der Einsatz von Bodenfräsen in Erwägung gezogen werden. Bedingt durch eine relativ langsame Geschwindigkeit des Traktors ist dieses Verfahren vergleichsweise teuer, jedoch ist der Pflegeerfolg sehr gut. Am Markt sind sowohl geteilte Fräsen (Abb. 3-15) als auch ungeteilte Fräsen verfügbar.

Eine die Begleitvegetation lediglich kürzende Pflegetechnik (diverse Mulchgeräte) sollte nur dann gewählt werden, wenn alle anderen Varianten entweder versagt haben (oder vergessen wurden) oder keine entsprechende Technik zur Verfügung stand. Prinzipiell bleibt festzuhalten, dass bei dieser Technik die Begleitvegetation lediglich oberirdisch entfernt wird. Die Wurzeln bleiben unbeschädigt im Boden und nehmen nach wie vor Wasser und Nährstoffe aus dem Boden auf. Zudem wächst die Begleitvegetation sehr schnell wieder nach, so dass der neuerliche Einsatz dieser Pflegetechnik in wesentlich kürzeren Intervallen erfolgen muss, als bei den vorab beschriebenen Pflegevarianten.

Abb. 3-14: Geteilte Scheibenegge. *Foto: Dirk Landgraf*

Abb. 3-15: Geteilte Bodenfräse. *Foto: Dirk Landgraf*

Muss dennoch auf diese Pflegevariante zurückgegriffen werden, stehen prinzipiell zwei Mulchverfahren zur Verfügung: der Schlegelmulcher (Abb. 3-16 und 3-17) und der Sichelmulcher. Ersterer ist durch geringe Flächenleistungen sowie hohen Verschleiß gekennzeichnet. Durch eine Beschädigung des Wurzelstockes ist dafür von einer längeren Wirkungsdauer auf die Begleitvegetation auszugehen. Sichelmulcher zeichnen sich durch hohe Flächenleistungen und geringen Verschleiß an der Pflegetechnik aus. Dafür hat diese Pflegevariante die geringste Wirkungsdauer auf die Begleitvegetation. Zudem bieten die Hersteller Mulchgeräte mit unterschiedlichen Arbeitsbreiten sowie geteilte Mulcher an. Die Pflege von Reihenkulturen (z. B. von KUP) stand bisher nicht im Focus der Maschinenhersteller, daher sind entsprechende geteilte Mulcher (Abb. 3-16) zwar am Markt verfügbar, bei entsprechenden Dienstleistern bisher jedoch kaum zu finden. Aus diesem Grund hat sich der mittige Ausbau der Schlegel in den Mulchgeräten bewährt, mit denen ein mittiges Überfahren der KUP-Reihen ermöglicht wurde. Diese Form der Flächenpflege ist jedoch nur im Anfangsstadium einer KUP möglich, in der sich die kleinen Bäume noch biegen lassen und somit keinen Schaden nehmen (Abb. 3-17).

3.2.2 Schädlingsbekämpfung

Mit zunehmender Flächengröße der in Deutschland angelegten KUP wird auch der Druck diverser Schadorganismen auf diese Bewirtschaftungsform zunehmen. Dabei ist neben Säugetieren (z. B. Wild, Mäusearten) sowohl von Insekten als auch pilzlichen Schaderregern auszugehen (s. Kapitel 2.4). Steht für die Bekämpfung von Schadinsekten eine ganze Reihe Präparate aus der Land- und Forstwirtschaft bereit, ist dies gegen Pilze (z. B. Pappelblattrost, Pappelrindenbrand, Pappeltriebsterben, usw.) nicht unbedingt der Fall. Chemische Präparate zum prophylaktischen Einsatz stehen gar nicht zur Verfügung. Mittel zur direkten Bekämpfung von Schadpilzen sind hingegen so teuer, dass ein Einsatz aus ökonomischen Gründen sehr gründlich abzuwägen ist. Um die Ausbreitung von pilzlichen Schaderregern in Plantagen zu erschweren, hat sich eine permanente Unterdrückung der Begleitflora – und damit die Beseitigung von möglichen Zwischenwirten – bewährt. Zudem wird dadurch die Luftbewegung innerhalb der Baumreihen erhöht und damit einerseits die Temperatur, andererseits aber auch die Luftfeuchtigkeit in der Plantage vermindert, was einer Ausbreitung von Schadpilzen entgegensteht.

Abb. 3-16: Geteilter Schlegelmulcher. *Foto: Dirk Landgraf*

Abb. 3-17: Ungeteilter Schlegelmulcher mit mittig ausgebauten Schlegeln. *Foto: Dirk Landgraf*

3.3 Ernte von Kurzumtriebsplantagen

Werner Große, Hans-Moritz von Harling, Thomas Peschel

3.3.1 Ausgangsbedingungen mit Einfluss auf die Gestaltung des Arbeitsverfahrens

Kurzumtriebsplantagen werden im Winterhalbjahr beerntet. Nur in der Vegetationsruhe geerntete KUP-Bäume behalten die volle Vitalität zum Stockausschlag. Die Erntezeit liegt damit außerhalb der jährlichen Arbeitsspitzen in der Landwirtschaft. Im günstigsten Fall ist der Boden gefroren und kann problemlos d. h. ohne Schadverdichtung befahren werden. Andererseits können die Bedingungen für das Befahren der Fläche gerade im Winterhalbjahr bei fehlenden Frostgraden kompliziert sein. Um Schadverdichtungen zu vermeiden, sind deshalb entsprechende zeitliche und verfahrenstechnische Einschränkungen nötig. Nach Rotationsdauer – d. h. dem Intervall zwischen den Ernten – von drei bis zehn Jahren sind unterschiedliche Holz-Dimensionen herangewachsen. Je nach Wüchsigkeit des Standortes werden mit Pappelklonen bereits nach vier Jahren Mittelhöhen (Höhe des Grundflächenmittelstammes) von 3–6 m, in der zweiten Rotation bis 10 m erreicht. Nach zehn Jahren wurden auf leistungsfähigen Standorten mit Pappelklonen Mittelhöhen von 19 m erreicht. Die Durchmesser werden vor allem von den Standorteigenschaften, sehr stark aber auch durch die jeweilige Bestandesdichte beeinflusst. Im Alter von 10 Jahren sind bei Pappelklonen Mitteldurchmesser bis 16 cm zu finden (Röhle et al., 2010). Damit lassen sich bei Pappel bereits ab dem Alter 10 Stammholzabschnitte mit Forsttechnik ernten, während in kürzeren Rotationen vorzugsweise Mähhacker bzw. Mähhäcksler oder Rutensammler eingesetzt und Hackschnitzel produziert werden. Weide wird vorrangig, Robinie neben einer möglichen Zaunpfahl- und Wertholzproduktion (s. Kapitel 3.1) zur Hackschnitzelerzeugung genutzt. Mittlerweile gibt es ein relativ breites Spektrum an Erntetechnik. Bei der Auswahl der jeweils günstigsten Erntetechnik sind neben der Verfügbarkeit entsprechender Maschinen vor allem eine Reihe weiterer Aspekte von Bedeutung, wie z. B. gewünschtes Endprodukt, Gesamtvolumen des Erntegutes und standortabhängige Logistik, worauf im Weiteren näher eingegangen wird.

Teil- oder vollmechanisiertes Verfahren?

Generell kann die Holzernte unabhängig vom späteren Produkt – Stammabschnitte oder Hackschnitzel – als Stammholz-, Bündel- oder Hackgutlinie und dabei auf unterschiedlich hohem Mechanisierungsniveau durchgeführt werden (Abb. 3-18). Verfahrenstechnisch handelt es sich dabei um ungebrochene oder gebrochene bzw. absätzige Ernteverfahren, d. h., das geerntete Gut wird ohne oder mit Zwischenlagerung bzw. Unterbrechung des Gutstromes (Trocknung) bis zum Abnehmer gebracht.

Gebrochenes oder ungebrochenes Verfahren?

Die Entscheidung, welches der beiden Grundverfahren angewendet wird, ist von einer Vielzahl Faktoren abhängig und jeweils im Einzelfall zu entscheiden. Dazu gehören z. B.:
- Größe der Erntefläche;
- Leistungsfähigkeit der Erntemaschine;
- Kompatibilität der Leistung innerhalb der Maschinenkette;
- Befahrbarkeit der Erntefläche;
- Transportentfernung;
- Nutzung eines Zwischenlagers mit Aufbereitung des Erntegutes oder direkte Belieferung eines Abnehmers.

Obwohl ungebrochene Verfahren geringere Verluste und niedrigere Kosten infolge des Wegfalls von Umschlagprozessen erwarten lassen, werden im praktischen Einsatz häufig gebrochene Verfahren eingesetzt. Grund für diese Entscheidung sind Leistungsunterschiede sowie nicht kalkulierbare Störgrößen in der Verfahrensabfolge bis hin zu Transporten im öffentlichen Verkehrsraum, die bei ungebrochenen Verfahren zu unproduktiven

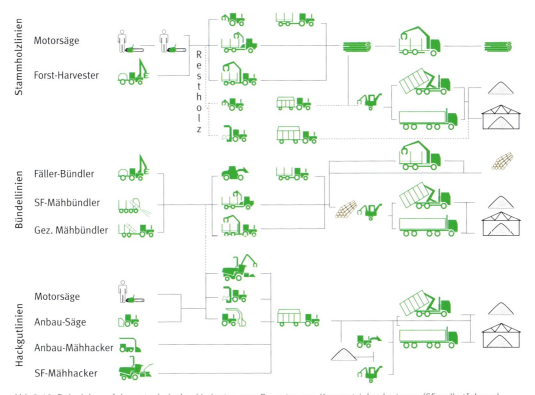

Abb. 3-18: Beispiele verfahrenstechnischer Varianten zum Beernten von Kurzumtriebsplantagen (SF: selbstfahrend; Gez.: gezogen).

Quelle: Scholz, 2007, modifiziert

Standzeiten von Maschinen innerhalb der Maschinenkette und damit zwangsläufig zu höheren Kosten führen. Die Entkoppelung bzw. der Bruch der Verfahrenskette erfolgt dabei zweckmäßigerweise unmittelbar nach dem Erntevorgang auf dem Feld. Dabei handelt es sich zumeist um Zwischenlager am Feldrand, um die nachfolgenden Transporte auf Straßen mit größeren Container-Einheiten durchführen zu können, deren direkter Einsatz auf Ackerland ungeeignet ist (Abb. 3-19). Daneben bieten Zwischenlager am Feldrand bei der Ernte von Stangen oder Ruten die Möglichkeit, dass das Erntegut mit über 50 % Wassergehalt zum Erntezeitpunkt abhängig von der Witterung in wenigen Monaten auf unter 30 % Wassergehalt heruntertrocknet. Dazu sind entsprechend Freiflächen am Feldrand vorzuhalten (Abb. 3-20) (s. Abschnitt 5.2.3.2).

3.3.2 Ernteverfahren und technische Arbeitsmittel

3.3.2.1 Hackgutlinie

Die großflächige Ernte von KUP durch selbstfahrende Feldhäcksler mit Holzerntevorsatz ist die am häufigsten angewandte und damit bekannteste Verfahrenslösung. Um die Durchsatzleistung der Maschinen besser ausnutzen zu können, erfolgt der Einsatz selbstfahrender landwirtschaftlicher Häcksler häufig in doppelreihigen Pflanzverbänden, wovon mittlerweile in der Praxis allerdings abgeraten wird (s. Abschnitt 3.1.3). In einem Arbeitsgang wird das Holz vom Wurzelstock getrennt, zu Hackschnitzeln zerkleinert und im Parallelverfahren in Transportfahrzeuge übergeben. Selbstfahrende Feldhäcksler können dabei Durchsatzleistungen von etwa 40 t$_{erntefrisch}$ h^{-1} (20 t$_{atro}$ h^{-1}) erreichen, was einer Flächenleistung von 1 ha h^{-1} bei 2-jähriger

Abb. 3-19: Umschlagplatz für Hackschnitzel am Feldrand.

Foto: Jürgen Heinrich

Abb. 3-20: Sechsmonatige Zwischenlagerung von Pappel-Stangen am Feldrand zur Freilufttrocknung.

Foto: Werner Große

Rotation entspricht. Mittlerweile verfügen nahezu alle Hersteller selbstfahrender landwirtschaftlicher Häcksler über Adapter zur Ernte schnellwachsender Baumarten bzw. bieten diese bereits am Markt an (Abb. 3-21 bis 3-23).

Neben den zum Beernten von Kurzumtriebsplantagen eingesetzten selbstfahrenden Feldhäckslern sind auch ein- und zweireihig arbeitende Anbaugeräte für Traktoren entwickelt worden. Sie schneiden das Stangenmaterial ab, hacken und übergeben es direkt auf ein parallel fahrendes Transportfahrzeug oder einen angekoppelten Transporthänger. Im Gegensatz zu den selbstfahrenden Häckslern aus dem Bereich der Landwirtschaft, die mit Trommelhackern ausgerüstet sind, wird bei diesen Entwicklungen auf das Hackprinzip von Schnecken-, Scheiben- oder Trommelhackern zurückgegriffen.

Auf Basis einer Entwicklung des Leibniz-Instituts für Agrartechnik Potsdam-Bornim zeigte die Fa. Jenz zur KWF-Tagung 2012 in Bopfingen den Scheibenhacker GMHS 100 als Prototyp (Abb. 3-24). Das Gerät ist für das Beernten einreihiger Bestände bis zu einem Stammfußdurchmesser von 10 cm konzipiert und beeindruckt vor allem durch seine geringe Eigenmasse (1,3 t), den niedrigen Antriebsleistungsbedarf in Höhe von 75 kW (100 PS) und einen Durchsatz bis 120 Schütt-Kubikmeter pro Stunde. Das im Stammfußbereich rotierende scheibenförmige Schneidwerkzeug ist konstruktiv gleichzeitig als Scheibenhacker und Auswurforgan ausgebildet und realisiert damit die Arbeitsschritte Schneiden-Hacken-Fördern auf engstem Bauraum. Gemäß Firmenangaben wird nach ausgiebiger Erprobung und konstruktiver Überarbeitung eine

Abb. 3-21: Mähhäcksler Krone Big X bei der Ernte 2-jähriger Weiden auf 10-jährigem Stock.

Foto: Werner Große

Abb. 3-22: Mähhäcksler Claas Jaguar mit Gehölzschneidwerk HS2 bei der Ernte 3-jähriger Pappeln auf 3-jährigem Stock.

Foto: Werner Große

Abb. 3-23: Mähhäcksler FB 9060 von New Holland mit Holzerntevorsatz FB 130 bei der Ernte 5-jähriger Pappeln auf 5-jährigem Stock. *Foto: Werner Große*

Abb. 3-24: Anbau-Gehölzmähhäcksler GMHS 100 von Jenz am Traktor Xerion von Claas. *Foto: Werksfoto Jenz*

Markteinführung im Jahr 2014 angestrebt (Jenz 2012a).

In Zusammenarbeit der Firmen Jenz (Petershagen) und Schmidt (Uchte) wurde ein Anbau-Trommel-hacker entwickelt, den die Fa. Jenz als GMHT 140 auf den Markt gebracht hat (Abb. 3-25). Der Hacker erntet Plantagenhölzer in Doppelreihe bis 14 cm Durchmesser am Wurzelhals, benötigt mindestens 250 kW (340 PS) Antriebsleistung und hat eine Masse je nach Ausstattung zwischen 3,0 und 3,5 t. Die Aufwüchse werden durch einen Abweiser leicht vor-gespannt, anschließend durch zwei Kreissägeblätter geschnitten und unterstützt durch rotierende Mit-nehmer und Einzugswalzen der horizontal liegenden Hacktrommel zugeführt; die nachfolgend angeord-neten Wurfschaufeln übernehmen die Förderung der Hackschnitzel über den Auswurfbogen auf das

Abb. 3-25: Gehölzmähhäcksler GMHT 140 von Jenz am Traktor Xerion von Claas. *Foto: Werksfoto Jenz*

Transportfahrzeug. Das Gerät erreicht eine maxi-male Arbeitsgeschwindigkeit von 4 km h^{-1}, was auf Durchsatzwerte von über 40 t$_{erntefrisch}$ h^{-1} (20 t$_{atro}$ h^{-1}) schließen lässt (Jenz, 2012b).

Als Trägerfahrzeug für beide Anbaugeräte hat sich der Traktor Xerion der Fa. Claas bewährt. Die Ma-schine verfügt über eine schwenkbare Fahrerkabine und hinreichende Leistungsreserven für Anbaugeräte im hydraulischen und mechanischen Bereich.

Eine der ersten technischen Entwicklungen zur Ernte schnellwachsender Baumarten im Kurzum-trieb war ein einreihig arbeitendes Anbaugerät, kooperativ von Prof. Wieneke (Institut für Agrar-technik der Universität Göttingen) und Forstdirektor Döhrer (Forstamt Diemelstadt) entwickelt und als Göttinger oder Diemelstädter Gehölzmähhäcksler bezeichnet. Das Abtrennen der Stämme erfolgt mit einem Kreissägeblatt, die nachfolgende Zerklei-nerung mit einer vertikal angeordneten Schnecke (Abb. 3-26 und 3-27). Dem Vorteil eines relativ einfachen und robusten Aufbaus standen vor allem Nachteile in Bezug auf die Gleichförmigkeit des Hackgutes gegenüber. Diese Lösung wurde mehr-fach konstruktiv überarbeitet, gelangte aber bislang noch nicht zur Markteinführung.

3.3.2.2 Bündellinie und Rutenernter

Bei diesem zweiphasigen Ernteverfahren werden die Bäume im Ganzen von der Maschine geerntet und

Abb. 3-26: Diemelstädter Gehölzmähhäcksler.
Foto: Frank Burger, LWF Bayern

Abb. 3-27: Schneckenhacker am Diemelstädter Gehölzmähhäcksler.
Foto: Frank Burger, LWF Bayern

für die Zwischenlagerung am Feldrand oder direkt auf der Fläche abgelegt. In einem zweiten, zeitlich versetzten Arbeitsschritt erfolgt anschließend das Hacken dieser Vollbäume. Die großen Vorteile dieses Verfahrens liegen in der Reduzierung von Arbeits- und Kapazitätsspitzen während der Ernteperiode in den Wintermonaten und das gute Trocknungsverhalten der zum Polter aufgeschichteten Bäume (s. Abschnitt 3.5.1 sowie Abschnitt 5.2.3.2).

Die Erntemaschinen kann man hinsichtlich ihrer Eignung für die Beerntung von KUP oder Mutterquartiersflächen in »Energieholzernter« und »Rutenernter« unterteilen. Die Funktionsweise der Maschinen ist dabei annähernd identisch. Für einen beschädigungsfreien Transport des empfindlichen Pflanzgutes sind die Einzugswerkzeuge der Rutenernter schonender ausgeführt und an die kleineren

Stammdurchmesser angepasst. Aufgrund dieser Merkmale können die Rutenernter nicht für die Beerntung von deutlich stärkerem Energieholz eingesetzt werden.

Am europäischen Markt gibt es darüber hinaus zwei Maschinenlösungen zur Ernte, welche in Kleinstserie vertrieben werden. Neben dem Stemster MK III der Fa. Nordic Biomass (Abb. 3-28) ist das der BioBaler der Fa. Anderson (Abb. 3-29).

Der an einem Standardtraktor angehängte Stemster MK III fällt die Pappelstämme mit zwei sich gegenläufig nach innen drehenden Sägeblättern. Von den beidseitigen Förderketten werden die Stämme oberhalb des Massenschwerpunktes fixiert und vertikal stehend Richtung Ladefläche transportiert. Am Ende der Förderketten fallen die durch eine Anlauframpe geneigten Bäume durch Schwerkraftwirkung auf die Ladefläche. Durch Hydraulikzylinder kann

Abb. 3-28: Prototyp des Anhängegerät Stemster MK III der Firma Nordic Biomass (Dänemark).
Foto: Hans-Moritz von Harling

Abb. 3-29: Anhängegerät BioBaler der Firma Anderson (Kanada)/Prototyp.
Foto: Werner Große

der Anstellwinkel der Fördereinheit angepasst und die Ladefläche optimal befüllt werden.

In Abhängigkeit von Boden- und Aufwuchsbedingungen können Erntegeschwindigkeiten von über 5 km h^{-1} erreicht werden. Nach etwa 100–500 laufenden Metern Pappelreihe ist die Ladefläche mit etwa 2–3 t Frischmasse gefüllt. Für den Entladevorgang muss die Maschine anhalten und die linke Seitenwand vollständig herunterklappen. Mit Hilfe der auf der Ladefläche installierten Kratzerketten werden die geernteten Bäume direkt hinter dem Zugfahrzeug auf den Boden oder auf ein zusätzliches Transportgespann abgeladen; in ersterem Fall ist ein zeitnaher Abtransport von der Fläche erforderlich, um den Wiederaustrieb an den Wurzelstöcken nicht zu behindern.

Die zweite verfahrenstechnische Lösung für die Beerntung von KUP stellt der BioBaler der Fa. Anderson (Kanada) dar. Dabei handelt es sich um die konstruktive Anpassung einer landwirtschaftlichen Rundballenpresse, an der frontseitig die ansonsten zur Strohaufnahme vorhandene pick-up-Trommel durch eine Rotor-Welle mit starren Fräswerkzeugen ersetzt wurde. Die bis zu 10 cm starken Aufwüchse werden durch die rotierenden Werkzeuge vom Wurzelstock abgetrennt, zerkleinert und dem Rundballen-Pressaggregat zugeführt. Die fertigen Ballen werden mehrfach am Umfang gebunden und durch Anheben des Pressgehäuses wie bei den Rundballenpressen rückseitig entladen. In einem nachfolgenden Arbeitsgang müssen die Ballen von der Fläche zum Feldrand oder einem weiter entfernten Lager transportiert werden; ein längerer Verbleib im Bestand würde den Wiederaustrieb an den Wurzelstöcken behindern und Zuwachsverluste bewirken. Nach Erfahrungen des Herstellers trocknen die Ballen während der Lagerung im Freien bei geringen Massenverlusten auf bis unter 40 % Wassergehalt ab. Der Durchmesser des Ballens kann nicht eingestellt werden und beträgt etwa 1,20 m. Die Frischmasse der einzelnen Ballen kann in Abhängigkeit des geernteten Materials bis 500 kg betragen. Abhängig von Feld- und Witterungs-

verhältnissen können bis zu 40 Ballen pro Stunde produziert werden. Aufgrund der Fräswerkzeuge entstehen an den Wurzelstöcken keine glatten, sondern aufgefaserte Schnittflächen; der Wiederaustrieb wird dadurch aber augenscheinlich nicht beeinträchtigt. Die Formstabilität der Rundballen ist bedingt durch die Stückigkeit des Ernteguts im Vergleich zu Stroh eher gering, was nachfolgende Logistikprozesse erschwert.

3.3.2.3 Stammholzlinie

Alternativ zur Gewinnung von Hackschnitzeln besteht bei Kurzumtriebsplantagen auch die Möglichkeit, in längeren Rotationsdauern (über zehn Jahre) schwaches Stammholz für die Zellstoff- und Holzwerkstoffindustrie zu erzeugen. Entsprechend der Baumdimensionen werden forstliche Arbeitsverfahren angewandt. Je nach Flächengröße und Terrain können dabei motormanuelle Ernteverfahren oder Vollernter (Harvester) eingesetzt werden (Abb. 3-30). Nach der Ernte des Stammholzes wird das verbleibende Ast- und Kronenholz mit Forwardern zum Feldrandzwischenlager transportiert (Abb. 3-31), wo dann leistungsstarke Hacker dieses Holz zerkleinern. Auch der Einsatz von Kombinationsmaschinen kann zweckmäßig sein, die sowohl über einen Kranharvester zum Fällen und Einschneiden verfügen als auch auf der Maschine ein Hackaggregat mit Hochkipp-Container haben. Damit kann das nach dem Einschneiden verbleibende Ast- und Kronenholz sofort zu Hackschnitzeln verarbeitet und am Feldrand periodisch in größere Transportcontainer übergeben werden (Abb. 3-32 und 3-33).

3.3.3 Verfahrensauswahl und -gestaltung

Die verschiedenen Ernteverfahren ermöglichen, abhängig von den konkreten Bedingungen, eine zweckmäßige Verfahrenslösung auszuwählen. Zunächst sind dabei die Rahmenbedingungen der Ernte von Interesse. Dazu gehören in erster Linie:
- Größe und Befahrbarkeit der Erntefläche;
- Durchmesser der Stämme am Stammfuß;

Abb. 3-30: Kranharvester 1070 von John Deere bei der Ernte 10-jähriger Pappeln. *Foto: Werner Große*

Abb. 3-31: Feldrandzwischenlager mit Ast- und Kronenholz zur nachfolgenden Hackung. *Foto: Werner Große*

- gewünschtes Endprodukt;
- verfügbares Zeitfenster für die Erntearbeiten.

Unter Bezug auf die im Abschnitt 3.3.2 beschriebenen Ansätze für verschiedene Verfahrenslösungen lassen sich damit eine Vorauswahl treffen und Empfehlungen ableiten; nachfolgend wird das exemplarisch beschrieben.

Verfahrensvariante »Hackschnitzel« im ungebrochenen Verfahren

Das produktivste und kostengünstigste Beernten von Kurzumtriebsplantagen mit dem Zielprodukt

»Hackschnitzel« ist mit den bereits beschriebenen selbstfahrenden landwirtschaftlichen Häckslern mit Holzerntevorsatz möglich. Die Holzerntevorsätze sind im Einzelfall bis zu einem Stammfußdurchmesser von 15 cm anwendbar. Allerdings erfordert der Einzugsvorgang eine bestimmte Vorspannung und Biegung des Aufwuchses, was bei Weiden unkompliziert ist, bei Pappeln mit zunehmendem Alter und stärkerer Wüchsigkeit aber Schwierigkeiten bereitet. Demzufolge sind diese leistungsfähigen Verfahrensvarianten vor allem bei Ernten zwischen zwei und vier Jahren Rotationsdauer vorteilhaft. Mit einem möglichen Massendurchsatz von bis zu 60 t$_{erntefrisch}$ h^{-1}

Abb. 3-32: Hackschnitzelharvester FS-4666 (Prototyp) der Fa. UTC zur gleichzeitigen Gewinnung von Stammabschnitten und Hackschnitzeln bei der Ernte 10-jähriger Pappeln. *Foto: Werner Große*

Abb. 3-33: Hackschnitzelharvester FS-4666 (Prototyp) der Fa. UTC mit Hochkippeinrichtung bei der Hackschnitzelübergabe. *Foto: Werner Große*

$(30\,t_{atro}\,h^{-1})$ sollte die Fläche bzw. der Flächenverbund mehr als 5 ha betragen, um unproduktive Zeiten für das Umsetzen der Maschine niedrig zu halten. Im Zusammenhang mit den vorhandenen Flächengrößen sowie dem Streben nach möglichst niedrigen Verfahrenskosten werden künftig die im vorangegangenen Abschnitt beschriebenen Gehölzmähhäcksler GMHT 140 und GMHS 100 von besonderem Interesse sein. Die Angaben zu den Verfahrenskosten für die Ernte mit selbstfahrenden Feldhäckslern bewegen sich im Bereich 6–20 € $t_{erntefrisch}^{-1}$ bzw. 13–40 € t_{atro}^{-1} (Große et al., 2008; Kröber et al., 2010; Wagner et al., 2012). Unter Bezug auf die geringeren Anschaffungskosten der Anbaugeräte GMHT 140 und GMHS 100 ist zu erwarten, dass die spezifischen Verfahrenskosten dementsprechend niedriger ausfallen werden.

Verfahrensvariante Bündel- oder Rutenernte mit Freilufttrocknung

Der Einsatz von Bündelgeräten oder Rutenerntern im Sinne gebrochener Verfahren ist verfahrenstechnisch unter verschiedenen Gesichtspunkten zu bewerten. Die Problematik der Lagerung von erntefrischen Hackschnitzeln lässt sich damit umgehen und gleichzeitig durch die Freilufttrocknung der Bündel oder Ballen die Qualität der späteren Hackschnitzel verbessern. Andererseits sind die vergleichenden Bewertungen bis zum Endprodukt Hackschnitzel zu führen; sowohl die aufgehäuften Ruten als auch die rollenartigen Bündel müssen in einem weiteren Arbeitsgang gehäckselt bzw. im Fall der Rundballen zunächst aufgelöst und nachfolgend gehäckselt werden, was die Verfahrenskosten erhöht.

Die Kosten des Ernteverfahrens mit dem Stemster MK III können mit ca. 12–22 € $t_{erntefrisch}^{-1}$ (25–45 € t_{atro}^{-1}) angenommen werden, zzgl. der Kosten für Hacken in Höhe von ca. 8–13 € $t_{erntefrisch}^{-1}$ (15–25 € t_{atro}^{-1}). Im Rahmen wissenschaftlicher Begleituntersuchungen wurden diese Kosten in mehreren vergleichbaren Ernteeinsätzen bestätigt. Mit der beschriebenen Verfahrensvariante können Hackschnitzel aus KUP für 20–35 € $t_{erntefrisch}^{-1}$ bzw. 40–70 t_{atro}^{-1} ab Feld produziert werden.

Verfahrensvariante Stammabschnitte und Restholzaufbereitung

Soll nach einer Rotationsdauer ab zehn Jahren das Holz zu Stammabschnitten für die Zellstoff- und Holzwerkstoffindustrie aufbereitet werden, empfiehlt sich der Einsatz forstlicher Arbeitsmaschinen. Forstharvester für die Jungbestandespflege oder für Durchforstungen sind für die Ernte von Aufwüchsen etwa ab Alter 10 sehr gut geeignet. Das bei der Aufarbeitung von Stammabschnitten anfallende Restholz wird mittels Forwardern zum Feldrand transportiert, dort vorkonzentriert und nachfolgend gehackt oder aber bei Kombinationsmaschinen unmittelbar nach Ausformung der Stammabschnitte gehackt (Abb. 3-32). Die Verfahrenskosten für die Bereitstellung von Stammholzabschnitten aus 10-jährigem Pappelaufwuchs in erster Rotation erreichten bei Versuchen mit dem Harvester Valmet 901 rund 23 € $t_{erntefrisch}^{-1}$ bzw. 23 € m^{-3} (Große et al., 2008); die Mitteldurchmesser der Pappelaufwüchse im Alter 10 erreichten Werte bis zu 16 cm (Röhle et al., 2010).

3.3.4 Fazit

Für das Beernten von Kurzumtriebsplantagen existieren zahlreiche verfahrenstechnische Lösungsansätze, die in Abhängigkeit von Standort, Bestandeseigenschaften, angestrebtem Produkt und verfügbarer Erntezeitspanne hinsichtlich ihrer Eignung vergleichend zu bewerten sind. Aus dieser Bewertung ist die für den konkreten Einsatzfall geeignetste Variante auszuwählen. Das grundsätzlich »immer richtige« Ernteverfahren gibt es nicht.

3.4 Rückwandlung
Werner Große

3.4.1 Ausgangsbedingungen mit Einfluss auf die Gestaltung des Arbeitsverfahrens

Ist die Entscheidung für das Nutzungsende einer Kurzumtriebsplantage gefallen, muss die Fläche in einen Zustand gebracht werden, der die traditionelle ackerbauliche Nutzung ermöglicht. Der

Ausgangszustand nach der letzten Ernte im Winter lässt sich wie folgt charakterisieren (Abb. 3-34 und 3-35):

- ein- oder zweireihige Wurzelstöcke mit Schnittflächendurchmesser im Alter 10 bis zu 20 cm;
- Stockhöhen bis 25 cm, insbesondere bei Plantagen in Hanglagen;
- Ast- und Kronenholzreste auf der Fläche verteilt.

Die aus Stockholz und Restholz auf der Fläche verbliebene Biomasse ist abhängig von Baumart, Standort, Rotationsdauer sowie Anzahl der Rotationen und weist eine große Streubreite auf. Untersuchungen ergaben auf Standorten der Tagebau-Rekultivierung Werte zwischen 6 und 9 t_{atro} ha^{-1}, auf ertragreichen Standorten im sächsischen Hügelland dagegen Werte bis zu 25 t_{atro} ha^{-1} (Landgraf et al., 2009; Große et al., 2010). Dieses Holz muss mit geeigneten Verfahren der Flächenrückwandlung ausreichend zerkleinert und in den Boden eingemischt werden. Damit werden der biologische Abbau beschleunigt und die Nährstoffe für die nachfolgenden Ackerkulturen verfügbar. Darüber hinaus lassen sich so mechanische Störungen bei der nachfolgenden Saatbettbereitung und Aussaat minimieren.

3.4.2 Rückwandlungsverfahren und technische Arbeitsmittel

Arbeitsverfahren zur Rückwandlung von Kurzumtriebsplantagen in Ackerland müssen folgende Arbeitsschritte umsetzen:

- zerkleinern und einarbeiten des nach der letzten Ernte auf der Fläche verbliebenen Ast- und Kronenholzes;
- zerkleinern der Wurzelstöcke einschließlich der Wurzeln bis auf Pflugsohlentiefe (≥ 25 cm) und einmischen der Holzreste in den Boden;
- einebnen der Oberfläche und andrücken bzw. verdichten.

In der Praxis bewährt haben sich ausschließlich Verfahren mit aktiven, d. h. angetriebenen Arbeitswerkzeugen, im speziellen Rodungs- und Mulchfräsen. Sie sind front- oder heckseitig am Schlepper angebaut und arbeiten mit starren Fräswerkzeugen an einer Trommel, Rodungsfräsen bis zu 30 cm tief. Wurzelstöcke und Wurzeln werden dabei in Abhängigkeit von der Fahrgeschwindigkeit mehr oder weniger stark zerkleinert; niedrigere Fahrgeschwindigkeit des Schleppers bewirkt eine intensivere Einwirkung der Fräswerkzeuge auf den Boden und damit eine stärkere Zerkleinerung des Holzes. Generell ist es zweckmäßig, Rodungsfräsen wegen des hohen Energiebedarfs nur entlang der Stockreihen ein-

Abb. 3-34: Ausgangszustand der Fläche vor Beginn der Rückwandlung (Pappel, Ernte im Alter 10, 1. Rotation).

Foto: Werner Große

Abb. 3-35: Wurzelstock Pappel im Alter 10 (Pappel, Ernte im Alter 10, 1. Rotation).

Foto: Werner Große

zusetzen und die verbleibenden Streifen flach mit Mulchfräsen zu bearbeiten. Die Arbeitsbreiten der meisten Rodungsfräsen liegen allerdings bei etwa 2 m. Für das Zerkleinern der Wurzelstöcke reichen Arbeitsbreiten von etwa 50 cm aus. Schmale Fräsen mit 35 cm Arbeitsbreite und bis zu 30 cm Arbeitstiefe werden in der Forstwirtschaft angewendet und erscheinen für diese Aufgabe ebenfalls geeignet (Forbrig & Encke, 2000). Untersuchungen dieser Verfahrensvariante bei der Rückwandlung von KUP stehen allerdings noch aus.

Je nach den örtlichen Bedingungen sind mindestens zwei, zumeist aber mehr Arbeitsgänge mit Mulch- und Rodungsfräsen erforderlich, um ein hinreichendes Ergebnis zu erzielen. Das Aufbereiten der Fläche muss die Saatbetttauglichkeit des Bodens herstellen. Zu messen sind diese Eigenschaften an der Lockerungstiefe, der erreichten Größenverteilung von Bodenkörpern und Beimengungen, der Lagerungsdichte des Bodens sowie der Ebenheit der Oberfläche.

1. Arbeitsgang – Mulchen

Mit dem Mulchen wird ein für das nachfolgende Rodungsfräsen günstiger Ausgangszustand der Fläche erreicht (Abb. 3-36 und 3-37). Die auf der Oberfläche verbliebenen Holzreste werden zerkleinert und die überstehenden Wurzelstöcke auf etwa gleiche Höhe abgefräst.

Abb. 3-36: Deutz Agrotron 200 und Forstfräse RFR 700/1800 als Mulchfräse zur Bearbeitung zwischen den Stubben-Streifen, Arbeitstiefe 15 cm; Arbeitsbreite 180 cm (Methau II, 2009). *Foto: Werner Große*

Abb. 3-37: Arbeitsbild nach ganzflächigem Einsatz der Mulchfräse ECO FFS 250, Arbeitstiefe max. 5 cm; Arbeitsbreite 2,5 m (Methau II, 2009). *Foto: Werner Große*

2. Arbeitsgang – Fräsroden

Nachdem die Erntereste zerkleinert und die überstehenden Stubben eingeebnet sind, erfolgt in einem zweiten Arbeitsgang das Fräsen der Wurzelstöcke und das Einmischen der Holzreste in den Boden. Da die Arbeiten im zeitigen Frühjahr anstehen, müssen für diesen Arbeitsgang technologische Zeitfenster genutzt werden, in denen der Boden frostfrei ist und der Wassergehalt ein schadfreies Befahren der Fläche ermöglicht. Dadurch können sich vor allem auf mittleren Standorten mit bindigen Böden längere Wartezeiten ergeben, bis nach entsprechender Abtrocknung der Oberfläche mit der Rückwandlung begonnen werden kann. Positive Erfahrungen auf bindigen Standorten wurden mit dem Einsatz der Rodungsfräse URF 200 von FAE gemacht (Abb. 3-38 und 3-39).

Die mittlere Länge der zerkleinerten Wurzelstöcke liegt abhängig von den eingesetzten Bodenbearbeitungsgeräten zwischen 50 mm und 200 mm.

Abb. 3-38: Schlepper Claas Xerion mit Rodungsfräse URF 200 von FAE beim Rodungsfräsen der Stockreihen.

Foto: Werner Große

Abb. 3-39: Arbeitsbereich der Rodungsfräse URF 200 (Arbeitstiefe 25 cm; Arbeitsbreite 200 cm).

Foto: Werner Große

Allerdings ist davon auszugehen, dass auch Überlängen von Holzstücken mit mehr als 200 mm auf der Ackerfläche verbleiben (Abb. 3-40 und 3-41). Diese Holzstücke haben ein hinreichendes Potenzial zum Wiederausschlag. Mit Scheiben- oder Kreiseleggen, Herbiziden gegen dikotyle Unkräuter und geeigneten Folgekulturen kann der Wiederaustrieb problemlos unterdrückt werden. In der Regel genügen eine sorgfältige Bodenbearbeitung und die Einsaat einer raschwüchsigen Zwischenfrucht.

3.4.3 Flächenleistung und Verfahrenskosten

Da Mulch- und Rodungsfräsen unterschiedliche Arbeitsbreiten aufweisen, lässt sich ein Leistungsvergleich nur über das Maß der bearbeiteten Fläche je Zeiteinheit führen (Tab. 3-2). Beim Rückwandeln der Fläche Methau II in Sachsen lagen die realisierten Flächenleistungen im Bereich zwischen 0,2 bis 0,4 ha je Maschinenarbeitsstunde (MAS) beim Mulchen bzw. bei 0,15 ha je MAS beim Einsatz der Rodungsfräse. Beim Fräsen einer Robinienfläche in Jänschwalde (Brandenburg) wurden dagegen 0,05 ha je MAS bei einer Arbeitsgeschwindigkeit von 0,2 km h^{-1} bzw. 0,2 ha je MAS bei einer Arbeitsgeschwindigkeit von 0,8 km h^{-1} erreicht.

Die Kosten für das Rückwandeln einer Kurzumtriebsplantage in eine konventionelle Ackerfläche werden intensiv durch die jeweiligen Rahmenbedingungen beeinflusst. Neben Standort und

Abb. 3-40: Anhäufung von Holzresten an der Oberfläche nach Rückwandlung durch Fehler in der Flächenbearbeitung.

Foto: Werner Große

Abb. 3-41: Auf der Fläche verbliebene Überlängen.

Foto: Werner Große

Tab. 3-2: Erzielte Flächenleistung beim Einsatz von Mulch- und Rodungsfräsen zur Rückwandlung von Baumplantagen.

Gerätetyp	URF 200	RFR 700/1800	SSM 225	ECO FFS 250	KSH 700
Hersteller	FAE	AHWI	FAE	–	AHWI
Arbeitsbreite, cm	200	180	225	250	38
Arbeitstiefe, cm	25	15	35	0–5	22
Antriebsleistung, kW	240	150	190	240	50–140
Flächenleistung, ha je MAS	0,08–0,15	0,2	0,05–0,2	0,14–0,40	0,13–0,19
Versuchsfläche	Methau II (Sachsen)	Methau I Methau II (Sachsen)	Jänschwalde (Brandenburg)	Methau I Methau II (Sachsen)	ohne Angabe bzw. Methau I (Sachsen)
Bemerkung/ Quelle	Fräsen der Stockreihen Große et al. (2010); Schöne (2011)	Mulchen der Zwischen- streifen	Fräsen der Stockreihen Große et al. (2010)	Erntereste und Stocküberstand Mulchen Große et al. (2010); Schöne (2011)	Forbrig & Enke (2000); Schöne (2011)

Baumart sowie der Nutzungsdauer der Plantage haben darauf auch die nachfolgende Erstfrucht und die daraus resultierenden Anforderungen an das Saatbett erheblichen Einfluss.

Schnellwüchsige Zwischenfruchtarten wie z. B. Mais sind wenig anspruchsvoll an die Saatbettbereitung und beschleunigen durch rasches »Schließen« der Fläche den Abbau von Restholzstücken.

Das Rückwandeln der Flächen verursacht Kosten innerhalb einer großen Bandbreite. Ursache dafür sind vor allem die jeweilige Bodenart sowie die nach Baumart und -alter sowie Pflanzbestand mehr oder minder starke Ausbildung der Wurzelstöcke. Angaben zu den Verfahrenskosten in den verschiedenen Untersuchungen differieren demzufolge erheblich (Tab. 3-3). Insgesamt zeigen die vorliegenden Ergebnisse, dass die Rückwandlung der Fläche vorzugsweise mit Mulch- und Rodungsfräsen erfolgt. Es ist davon auszugehen, dass die mit der Rückwandlung beauftragten Unternehmen

Tab. 3-3: Kosten zur Rückwandlung von Kurzumtriebsplantagen in konventionelles Ackerland.

Autor	Kosten € je ha	Randbedingungen	Bemerkungen
Landgraf et al. (2009)	900–1200	Versuchsfläche Bergbau-Rekultivierung (Lausitzer Braunkohlenrevier), schwach – schluffige Kippensande	Rodungsfräse ganzflächig ohne Vorbereitung und abschließendes Mulchen
Becker & Wolf (2009)	2200–3000	Standort Vorgebirgslage, Stockdurchmesser bis 30 cm Bestandesalter 10	• vorbereitendes Mulchfräsen • streifenweises Rodungsfräsen • ganzflächiges Mulchfräsen
Schöne (2011)	3200–4900	Standort Vorgebirgslage, Stockdurchmesser 30 cm, Bestandesalter 15	• vorbereitendes Mulchfräsen • streifenweises Rodungsfräsen • abschließendes Mulchfräsen • große Hilfszeiten durch Leerfahrten infolge einzelner Flächenstücke

die Verfahren zunehmend rationeller und damit kostengünstiger gestalten.

3.4.4 Fazit

Das Rückwandeln von Kurzumtriebsplantagen nach der letzten Rotation zu nachfolgender ackerbaulicher Nutzung der Fläche verlangt erheblichen verfahrenstechnischen Aufwand. Dieser Aufwand wird im Wesentlichen bestimmt durch:

- den Standort;
- die verwendete Baumart;
- das Alter der Plantage und die Anzahl der Rotationen sowie
- die Qualitätsanforderungen der Saatbettbereitung für die Folgefrucht.

Höchste Aufwendungen sind nach langer Standzeit der Plantagen auf Ackerland ohne zwischenzeitliche Nutzung und damit sehr großen Dimensionen der Wurzelstöcke bei gleichzeitig hohen Vorgaben an die Saatbettqualität zu erwarten. Demgegenüber fallen die Aufwendungen auf Rekultivierungsstandorten ehemaliger Tagebauflächen infolge geringer Volumina der Wurzelstöcke deutlich niedriger aus. Die Kosten der Rückwandlung liegen im Mittel bei 2500 € ha⁻¹.

3.5 Vom Erntegut zum Brennstoff

Joachim Brummack, Thomas Peschel

3.5.1 Aufbereitung – warum und wie

Gegenüber den klassischen einjährigen Kulturen in der Landwirtschaft haben alle Bäume im Winter eine Vegetationsruhe. Für einen schnellen Wiederaustrieb im Frühling haben die Pflanzen einen Vorrat an energiereichen Reservestoffen angelegt, der mit Wassergehalten zwischen 50 und 65 % verbunden ist. Bei den Reservestoffen handelt es sich um energiereiche, überwiegend biologisch leicht abbaubare Substanzen wie Zucker und Stärke. Bei frischen Holzhackschnitzeln liegen diese Stoffe dann auch an den Oberflächen

vor und werden von natürlich vorhandenen Bakterien verwertet. Frische Holzhackschnitzel zählen somit zu den biologisch aktiven Stoffen.

Aus diesen Bedingungen folgt, dass sowohl bei der Volbaumernte als auch der Hackschnitzelernte zunächst ein Rohstoff, jedoch noch kein Brennstoff, geerntet wird. Speziell beim Rohstoff Hackschnitzel muss wegen des spontan einsetzenden biologischen Abbaus berücksichtigt werden, dass er nur in gefrorenem Zustand lagerfähig ist. Bei einer Vollbaumernte[1] können biologische Abbauprozesse wegen der relativen Unversehrtheit der Pflanzen vernachlässigt werden.

Rechtzeitig ist deshalb eine Entscheidung darüber zu treffen, ob ein »Erntegut« oder ein »Brennstoff« vermarktet werden soll. Ist vorgesehen, einen Brennstoff zu verkaufen, muss das Erntegut zum Brennstoff aufbereitet werden. Der wichtigste Aufbereitungsschritt ist in jedem Fall eine Trocknung auf Wassergehalte von weniger als 30 %.

Zur Aufbereitung von Erntegut aus KUP zählen je nach Erntetechnologie:

- nachträgliche Zerkleinerung der geernteten Vollbäume;
- Trocknung (Vollbaum, Hackschnitzel);
- mechanische Behandlung (optional Siebung) sowie
- Lagerung (logistische Komponente).

In der Literatur, aber auch im täglichen Sprachgebrauch einschließlich von Fachtagungen werden Trocknung und Lagerung in einem Zusammenhang genannt. Eine Trocknung ist jedoch ein Prozess, der eine Guteigenschaft (Wassergehalt) verändert. Eine Lagerung dagegen ist eine begrenzte Speicherung mit dem Ziel Guteigenschaften zu erhalten. Trocknung und Lagerung erfordern somit ganz unterschiedliche Herangehensweisen.

Für eine schnelle Trocknung des Rohstoffs nur von Umgebungsbedingungen liegen zum Erntezeitraum

---

[1] Als Vollbaum wird der ganze oberirdische Teil des Baumes – mit Schaft, Ästen und Zweigen einschließlich Rinde aber ohne Blätter – verstanden.

im oder gegen Ende des Winters die ungünstigsten Bedingungen vor. Aus dieser Sicht sind es vor allem möglichst ältere Vollbäume, die auf Stapel gelegt, den Zeitraum bis zur wärmeren Jahreszeit relativ verlustfrei überstehen.

Die Nutzung einer klassischen thermischen Trocknungsanlage für Hackschnitzel ist vom technischen Standpunkt gesehen die beste Möglichkeit. Wirtschaftlich tragbar wird dies jedoch nur in Ausnahmefällen sein, selbst wenn bei Dritten vorhandene Anlagen genutzt werden könnten. Eine Möglichkeit dazu bietet die Nutzung einer Biogasanlage, die im Zeitraum nach der Ernte über ausreichend Abwärme verfügt. Zu berücksichtigen ist hier vor allem der zusätzliche Aufwand für Verladung und Transport sowie die Tatsache, dass für die getrockneten Hackschnitzel eventuell Lagerungsmöglichkeiten vorgehalten werden müssten. Voraussetzung für eine betriebseigene thermische Trocknung ist die Verfügbarkeit von Abwärme. Selbst für den einfachsten statischen Satztrockner (Box mit Belüftungsboden) werden Wärmeübertrager, Ventilatoren sowie Leitungen, Elektroenergie und Lagerkapazität benötigt. Ist eine betriebseigene technische Trocknung vorgesehen, ist zu deren Anpassung an die Standortbedingungen das Hinzuziehen entsprechender Spezialisten unerlässlich. Eine detaillierte Darstellung der Auslegung von Satz- oder anderen Trocknern ist an dieser Stelle nicht möglich. Eine einfache, der Getreidetrocknung ähnliche Kaltlufttrocknung, wird in Abschnitt 3.5.3.1 beschrieben.

Eine Trocknung unter Nutzung natürlicher Bedingungen hängt von der Erntevariante ab, d. h. ob der Rohstoff als Vollbaum (eventuell gebündelt) bzw. in Form von Hackschnitzeln vorliegt. Insbesondere bei längeren Umtriebszeiten der KUP wäre eine Stapeltrocknung möglich. Hierzu folgen im Abschnitt 3.5.2 detailliertere Ausführungen.

Die mechanische Aufbereitung unterscheidet sich ebenfalls bei den beiden möglichen Erntevarianten. Während bei der Hackguternte die Bäume sofort im Erntehäcksler zerkleinert werden, stellt bei der Vollbaumernte die Zerkleinerung einen separaten Schritt dar (s. Kapitel 3.3).

Will ein Erzeuger einen Brennstoff vermarkten, ist die Trocknung, gleichgültig auf welche Art, der mindestens erforderliche Aufbereitungsschritt. Darüber hinaus können weitere Aufbereitungsschritte nötig sein, die im Abschnitt 3.5.4 dargestellt werden. Zuletzt gehört auch die Lagerung des Brennstoffes zum Gesamtkonzept »Energieholz aus KUP«, worauf im Abschnitt 3.5.5 eingegangen wird.

3.5.2 Ruten- bzw. Vollbaumtrocknung

Im Wald aufgeschichtete Holzpolter trocknen ohne Abdeckung problemlos. Das ist aus der Forstwirtschaft hinreichend bekannt. Diese Methode kann analog auf die Trocknung von Holz aus Kurzumtriebsplantagen übertragen werden. Die Aufwüchse werden im ersten Arbeitsschritt geerntet (s. Kapitel 3.3) und zur Vortrocknung am Feldrand abgelegt

Abb. 3-42: Polter von Pappel-Vollbäumen aus KUP in Obercarsdorf/Sachsen 2011.   Foto: Thomas Peschel

(Abb. 3-42). Zur Verringerung des Flächenbedarfs sollten die Bäume aufgeschichtet werden. Die Höhe wird dabei üblicherweise durch die verwendete Umschlagtechnik beschränkt. Die Lagerfläche selbst bedarf keiner baulichen Vorbereitungen. Es sollte bei der Flächenauswahl jedoch darauf geachtet werden, dass diese an einem befestigten Weg liegt und von einem LKW mit Hackeraufbau und der nötigen Abfuhrlogistik erreichbar ist. Eine leichte Hangneigung verbessert zudem das Abflussverhalten von Regenwasser und verhindert Staunässe.

Eine zusätzliche Verbesserung des Trocknungsverhaltens kann durch einen Unterbau aus Rundholz und die Ausrichtung der Haufenstirnseite zur Hauptwindrichtung erreicht werden. Weiterhin ist zu berücksichtigen, dass die Fläche im Zeitraum der Lagerung vom Gesetz als nicht landwirtschaftlich genutzt angesehen wird und der Bezug der Flächenprämie nicht möglich ist (s. Abschnitt 5.2.3.2).

In Abhängigkeit von der Witterung und der geographischen Lage kann der Haufen innerhalb von wenigen Monaten, ohne Zuführung von Fremdenergie, auf unter 30 % Wassergehalt abtrocknen.

Im Normalfall werden die geringsten Endwassergehalte im Spätsommer erreicht, ab diesem Zeitpunkt sollten die Vollbäume gehackt werden. Einjährige Bäume sind aufgrund ihres sehr hohen Rindenanteils und der damit verbundenen biologischen Zersetzungsaktivität nur bedingt für die Vollbaumtrocknung geeignet. Für Bäume mit einem Alter von mindestens drei Jahren wurden bei Versuchen gute Trocknungsergebnisse bei gleichzeitig geringen Dendromasseverlusten infolge biologischer Zersetzungsaktivitäten erreicht (Abb. 3-43). Die ermittelten Wassergehalte nehmen von der Haufenoberseite zum Boden hin zu.

Nach abgeschlossener Vortrocknung werden die Bäume gehackt. Im Abschnitt 3.5.4 wird auf die Zerkleinerungstechnik näher eingegangen. Die Materialentnahme erfolgt komplett oder dem Bedarf angepasst. Wird nur ein Teil des Haufens zu Hackschnitzeln verarbeitet, empfiehlt sich eine schichtweise Entnahme. Die dabei freigelegten Schichten können durch direkte Sonnenbestrahlung und Windwirkung bis zur nächsten Materialentnahme besser abtrocknen.

Abb. 3-43: Trocknungsverlauf von Pappel-Vollbäumen im Polter, Obercarsdorf/Sachsen 2011.

3.5.3 Hackschnitzeltrocknung
3.5.3.1 Trocknung unter Umgebungsbedingungen

Die Variante Hackschnitzel unter Umgebungsbedingungen trocknen zu wollen, ist nicht zu empfehlen. Anders als die Ganzpflanze haben Hackschnitzel eine sehr große spezifische Oberfläche, auf der sich bereits bei der Ernte Bakterien aus der Umgebung ansiedeln. Mit den leicht verfügbaren Reservestoffen haben diese Keime auch bei niedrigen Außentemperaturen schon gute Wachstumsbedingungen. Im Hackschnitzelhaufen wird dadurch unvermeidbar ein intensiver biologischer Abbau in Gang gesetzt, der sich als die bekannte Selbsterwärmung bemerkbar macht. Es ist allerdings nicht möglich, diese Wärme ohne entsprechende technische Vorkehrungen für eine effektive Trocknung zu nutzen. Das im gut isolierten warmen Kern eines Haufens verdampfte Wasser kondensiert auf seinem Weg an die Oberfläche fast vollständig wieder aus. Eine solche Art der Trocknung würde auch erfordern, dass die Oberfläche des Haufens nicht abgedeckt sein darf, also die Hackschnitzel zum Schutz gegen Niederschlag unter Dach gelagert werden müssen.

3.5.3.2 Trocknung durch spezielle Vorkehrungen

Die überdachte Trocknung kann durch spezielle bauliche Vorkehrungen verbessert werden. Wie die Skizze in Abbildung 3-44 zeigt, lässt sich dies mit Gebäuden an Hanglagen gut umsetzen. Das Hackgut liegt auf einem Belüftungsboden z. B. aus parallel verlegten Rundhölzern und wird so ständig von unten mit Luft durchströmt, die durch den physikalischen Effekt der freien Konvektion – warme Luft wird von kalter Luft verdrängt – angetrieben wird. Auch nach Ende der Selbsterwärmung wird durch Windeinfluss ein Luftzug aufrechterhalten, der dem »Stocken« des Hackgutes entgegen wirkt.

Gitterboxpaletten oder ähnliche luftdurchlässige Behälter sind vor allem dann, wenn sie bereits in einem Betrieb verfügbar sind, für eine Aufbereitung nutzbar. Werden diese unter einem gut durchlüfteten Schleppdach (Abb. 3-45) gestapelt, ist wegen der hohen Wärmeverluste keine effektive Trocknung durch Nutzung der Selbsterwärmung möglich. Durch die Unterteilung in kleine Volumina – führt zu einer großen Oberfläche für einen Luftaustausch – wird jedoch eine gute Belüftung erreicht, die unerwünschten Abbauprozessen im Holz wirksam begegnet. Es erfolgt eine langsame Trocknung durch

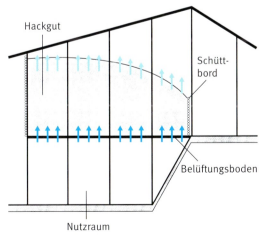

Abb. 3-44: Hanglage nutzender Trockenschuppen.

Abb. 3-45: Trocknung von Hackschnitzeln in Gitterboxpaletten.
Foto: Joachim Brummack

das Wasseraufnahmevermögen der Umgebungsluft ähnlich einer Kaltlufttrocknung.

3.5.3.3 Trocknung unter Vliesabdeckung

Die Lösung, im Freien aufgeschüttete Hackschnitzelhaufen zur Trocknung mit einer dampfdurchlässigen Vliesabdeckung zu versehen, ist nicht zu empfehlen. Diese relativ einfache Methode wird vielfach als günstig dargestellt. Abgesehen vom Preis des Materials ist zu berücksichtigen, dass der sich einstellende Effekt stark und nicht beeinflussbar von der während der Liegezeit herrschenden Witterung abhängt. Informationen dazu fehlen in den meisten Erfahrungsberichten. Durch den Temperaturunterschied zur Umgebung wird sich unter der Abdeckung eine Wasserschicht bilden, die einen Wasseraustrag aus dem Haufen erheblich behindert. Im ungünstigsten Fall, also bei sehr niedrigen Außentemperaturen, gefriert das Material unter der Abdeckung und unterbindet damit jeglichen Wasseraustritt. Dann werden im Kern des Haufwerkes die schon unter Abschnitt 3.5.1 beschriebenen spontanen biologischen Prozesse ablaufen, die bei fehlender Luftzufuhr zu Fäulniserscheinungen führen. Die Abbildung 3-46 zeigt dies beispielhaft an Hackschnitzeln, die vier Wochen bei konstant 5 °C in einer Kühlzelle gelagert

wurde. Bei der Anlage der Haufen ist zu berücksichtigen, dass das Zurückhalten von stehendem Niederschlagswasser auf diesen Spezialvliesen nach Herstellerangaben nur zu etwa 85 % erfolgt.

3.5.3.4 Fremdenergiefreie Trocknung

Die unvermeidlichen biogenen Prozesse in frischen Hackschnitzeln produzieren Wärme. Deshalb wurde nach Möglichkeiten gesucht, diese kostenlos bereitstehende Energie gezielt für eine Trocknung einsetzen zu können. Als Ergebnis dieser Arbeiten ist ein patentiertes Trocknungsverfahren für Biomasse (EP 05 776652.9)[2], kurz »Domtrocknungsverfahren« (DTV), entwickelt worden, welches bereits erfolgreich in der Praxis angewendet wird. Das Verfahren weist alle Eigenschaften auf, die für die Einbindung in die Nutzungskette vorteilhaft sind:

- minimale Investitionskosten;
- Flexibilität in der Ausführung;
- weitgehende Witterungsunabhängigkeit;
- kein zusätzlicher Energieverbrauch;
- keine Apparatekosten;
- geeignet ab einem Durchsatz von 50 m^3 a^{-1}, nach oben technisch unbegrenzt;
- nach Abschluss der Trocknung unverändert als Lagerungslösung nutzbar.

Abb. 3-46: Hackschnitzel nach vier Wochen unbelüfteter Einlagerung in einer Kühlzelle.   *Foto: Jens Hennig, TU Dresden*

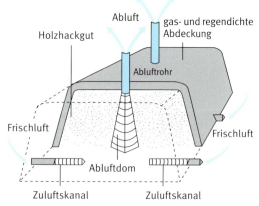

Abb. 3-47: Funktionsprinzip der Hackschnitzeltrocknung mittels Domtrocknungsverfahren.

---

[2] *Information zur Patentschrift: http://patentscope.wipo.int/search/de/WO2006024463 (zuletzt abgerufen: 20. August 2012).*

Die Abbildung 3-47 zeigt das Verfahrensprinzip. Die längs der Haufenmittelachse in bestimmten Abständen eingebauten Abluftdome mit den Abluftrohren ermöglichen in Kombination mit Zuluftkanälen eine kontinuierliche Durchströmung des Hackgutes durch Nutzung des physikalischen Prinzips der freien Konvektion. Dabei wird die durch biologische Prozesse im Haufwerk erwärmte wasserdampfgesättigte Luft von der Umgebungsluft verdrängt und damit so lange Wasser aus dem Haufwerk ausgetragen, wie Bakterien Wärme erzeugen.

Das Verfahrensprinzip ermöglicht eine Vielzahl praxisorientierter Ausführungsvarianten. Es lässt sich optimal an vorhandene Standort- bzw. Einsatzbedingungen anpassen und ist für den Kleinanwender, der Hackschnitzel für den Eigenbedarf nutzen will, bis zum Großproduzenten, der eine weitgehende Mechanisierung wünscht, geeignet. Technisch bedingte Durchsatzobergrenzen gibt es nicht.

Wie bei jeder Technologie hängen Effektivität und Betriebssicherheit, hier vor allem die Wetterbeständigkeit, vom konstruktiven Aufwand ab. Der Anwender kann somit sein individuelles Optimum zwischen Aufwand und Nutzen wählen.

Die Abbildung 3-48 zeigt links eine aufwandsminimierte freie Variante und rechts eine stationäre Ausführung einer Trocknung für den Eigenbedarf. Aufbau und fertige Miete einer vom Verfahrensträger speziell für die Trocknung von KUP-Hackschnitzeln entwickelte semistationäre und isolierte Variante stellt Abbildung 3-49 dar.

Abb. 3-48: Einfache (links) und stationäre (rechts) Ausführung der Domtrocknungsverfahren. *Fotos: Werner Bock (links), Eckhard Paul (rechts)*

Abb. 3-49: Semistationäre Miete zur Hackschnitzeltrocknung mittels Domtrocknungsverfahren; Aufbau (links); fertige Miete (rechts). *Fotos: Joachim Brummack*

Weitere Informationen sind u. a. in Richter (2003), Jagiela (2006) und Brummack (2008) enthalten.

Im landwirtschaftlichen Betrieb kann auch die temporäre Nutzung vorhandener Anlagen interessant sein. Eine solche Möglichkeit zeigt die Abbildung 3-50. Hier wurde die Trockenmiete in ein Fahrsilo eingebaut. Bauliche Veränderungen am Silo sind nicht erforderlich.

Die Darstellungen belegen deutlich die praktische Vielseitigkeit des Verfahrens. Dieser vorteilhafte Aspekt für die Nutzung hat Auswirkungen auf die Kosten. Zu betrachten sind hier nur die zusätzlichen, also die nur dem Verfahren zurechenbaren Kosten. Als zusätzliche Kosten fallen Aufwendungen für die Abluftdome und Zuluftkanäle sowie eine Abdeckung in der Minimalvariante an. Unter der Voraussetzung, dass für die Gestelle der Luftführungen Holz, als Gittermaterial Maschendraht und als Abdeckung Bauplanen verwendet werden, ist mit einmaligen Kosten von etwa 2 bis 2,5 € m^{-3} Trocknungsraum zu rechnen. Da das Equipment mindestens fünfmal wieder verwendbar sein sollte, ergeben sich somit maximal 0,40 bis 0,50 € m^{-3} als spezifische Trocknungskosten. Diese können weiter reduziert werden, wenn beispielsweise vorhandene Lochblechkanäle (Getreidetrocknung) als Zuluftkanäle genutzt werden.

Für eine Kostenabschätzung beim großtechnischen Einsatz soll das Beispiel einer semitransportablen Trockenmiete herangezogen werden, wie sie in Abbildung 3-49 dargestellt ist. Aus den für den dargestellten Prototyp aufgewendeten Mittel wurden spezifische einmalige Kosten zwischen 15–20 € m^{-3} ermittelt. Hierbei ist zu berücksichtigen, dass die Konstruktion gleichzeitig die Funktion einer belüfteten temporären und soliden Lagerhalle erfüllt, die selbst auf unbefestigten Flächen einsetzbar ist. Hierzu werden im Abschnitt 3.5.5 weitere Ausführungen folgen.

Abschließend noch die mögliche weitere Vorgehensweise für potenzielle Interessenten der fremdenergiefreien Trocknung:

- Anfrage bei Brummack (Kontaktdaten s. Autorenangaben, Kapitel 8),
- Klärung des konkreten Einsatzproblems, Anwendererstberatung,
- bei positiver Entscheidung: Abschluss eines Lizenzvertrages,

Abb. 3-50: Trockenmiete integriert in einen Fahrsilo.   Foto: Peter Hersping

- Übergabe einer ausführlichen, ständig aktualisierten Anwendungsdokumentation,
- kostenlose Anwendungsberatung,
- alternativ: kostenpflichtige Projektierung, Lieferung und Inbetriebnahme.

3.5.3.5 Zwangsbelüftung mit Umgebungsluft

Mit der technischen Zwangsbelüftung mit Umgebungsluft können auch größere Mengen Hackschnitzel innerhalb sehr kurzer Zeit, ohne Zuführung von zusätzlicher Wärmeenergie, getrocknet werden. Um eine Rückbefeuchtung durch Niederschläge zu vermeiden empfiehlt es sich, die Trocknungsmiete unter einem Schleppdach oder in einer offenen, gut durchlüfteten Halle zu errichten. Im ersten Schritt erfolgt die Aufstellung des Belüftungskanals und des Gebläses. Um eine gleichmäßige Durchströmung des Materials zu gewährleisten, muss sich der Kanal in seinem Verlauf verjüngen. Die Abbildung 3-51 zeigt einen teleskopierbaren Belüftungskanal, welcher nach abgeschlossener Trocknung mit einer Zugmaschine aus der Miete gezogen werden kann. Die Investitionskosten für den Kanal liegen je nach Ausführung zwischen 80 bis 180 € m^{-1}. Nach erfolgter Trocknung kann der Kanal beliebig oft wiederverwendet werden. Für die Frischluftzufuhr eignen sich Radialgebläse mit einem hohen Fördervolumen und Druckaufbauvermögen, wie sie z. B. im Bereich der Getrei-

de- und Heutrocknung eingesetzt werden. Für die Ermittlung der benötigten Gebläseleistung spielt die angestrebte Schütthöhe und Länge der Miete und die Größe der einzulagernden Hackschnitzel eine entscheidende Rolle.

Die erntefrischen Hackschnitzel werden auf den zentralen Belüftungskanal zu einem Haufen aufgeschüttet. Für eine gleichmäßige Abtrocknung des Materials sollte die Schichtdicke an allen Stellen annähernd gleich stark sein. Am einfachsten kann dies über die Abstützung der Miete an einer Seitenwand des Schleppdaches oder Halle realisiert werden (Abb. 3-52).

Bei der Aufstellung des Gebläses muss darauf geachtet werden, dass die feuchte Abluft der Miete nicht erneut angesaugt wird.

Die Trocknungsdauer wird maßgeblich von der Schütthöhe und der Hackschnitzelgröße beeinflusst und kann bei Außentemperaturen von über 5 °C bereits nach einer Woche abgeschlossen sein. Versuche zeigten, dass grobe Hackstücke im Vergleich zu feinen Hackschnitzeln, aufgrund der größeren Zwischenräume und dem daraus resultierenden geringeren Druckverlust mit einem deutlich niedrigeren Energieeintrag abtrocknen. Nach abgeschlossener Trocknung kann der Belüftungskanal aus der Miete gezogen und die Hackschnitzel können bedarfsgerecht entnommen, oder zu einem Lagerhaufen zusammengeschoben werden. Auch eine über die Trocknungsphase hinausgehende Lagerung des

Abb. 3-51: Aufgeschüttete Hackschnitzel mit Belüftungskanal (links); zusammengezogener Belüftungskanal (rechts).

Fotos: Siegfried Firus, TU Dresden

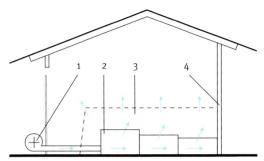

Abb. 3-52: Überdachte Miete (1: Radiallüfter, 2: Lüftungskanal, 3: Hackschnitzel, 4: Seitenwand Halle).

Materials in Mietenform ist möglich und minimiert die Umschlagsaufwendungen.

3.5.4 Mechanische Aufbereitung von Vollbäumen zu Hackschnitzeln

3.5.4.1 Zerkleinerung der Ruten bzw. Bäume

Im Abschnitt 3.5.1 wurden die Aufgaben der mechanischen Aufbereitung in Abhängigkeit von der Erntetechnologie beschrieben. Bei einer Ernte von Vollbäumen erfolgt die Zerkleinerung nach der Trocknung unter Umgebungsbedingungen (s. Abschnitt 3.5.2). Während bei der Hackschnitzelernte die Zerkleinerung in den Erntevorgang integriert ist und somit nur durch die Feineinstellung des Schneidwerkes des Feldhäckslers beeinflusst werden kann, besteht bei der separaten Zerkleinerung die Möglichkeit, einen Hackertyp einzusetzen, der speziell für das dann relativ trockene und harte Material geeignet ist.

Grundsätzlich kann festgestellt werden, dass schnelllaufende Schredder (auch mit Siebkörben zur Begrenzung des Überkornanteiles) im Gegensatz zu Maschinen, die mit Messern ausgestattet sind, für die Herstellung von Energie-Hackschnitzeln schlechter geeignet sind. Zu mit Messern ausgestatteten Zerkleinerern gehören Scheiben- und Trommelhacker, die es in unteren Leistungsklassen auch als Anbaugeräte für Traktoren gibt. Das Spektrum der Stückgrößen im erzeugten Hackgut hängt maßgeblich vom Zustand der Werkzeuge ab. Stumpfe Messer reduzieren den Durchsatz und erzeugen einen höheren Feingut- und Überkornanteil. Dieser Effekt wird dadurch verstärkt,

dass das Zerkleinerungsgut meist über ein breites Band an Durchmessern (Äste, Stammholz) verfügt. Scheibenhacker mit scharfen Messern können die Zerkleinerung zufriedenstellend lösen. Bei manchen Trommelhackern werden dünnere Stücke zwischen den Messern mitgerissen. Damit bildet sich eine unerwünschte Fraktion vielfach längerer Teile (Abb. 3-53, mitte). Eine weitere Bauart, der Schneckenhacker, bietet den Vorteil, dass er nur wenig Feingut und praktisch kein Überkorn produziert. Er ist allerdings seltener verfügbar. Die Länge der Hackschnitzel lässt sich nur durch Austausch des Werkzeuges verändern.

Die Abbildung 3-53 zeigt zur Demonstration der Hackschnitzel-Unterschiede einen Vergleich des Zerkleinerungsergebnisses am Beispiel von Trommelhacker und Schneckenhacker. Da aktuell noch keine hinreichenden Erfahrungen mit KUP-Material bezüglich der Zerkleinerung bestehen, spielen eigene Versuche der Produzenten mit verfügbaren Hackern noch eine wichtige Rolle für deren zukünftigen Einsatz.

3.5.4.2 Siebung

In Abschnitt 3.5.4.1 wurde beschrieben, dass die Zerkleinerung von KUP-Material Fraktionen liefern kann, die den in der Norm EN 14961 definierten Hackschnitzelklassen nicht immer entsprechen. In diesem Fall kann es notwendig werden, Überkorn oder Feingut oder beides abtrennen zu müssen, um die Qualitätsparameter zu erreichen.

Der Einsatz von Siebmaschinen wie Trommel-, Scheiben- oder Schwingsieben wird in aller Regel aus Kostengründen die Ausnahme bleiben. Sollte es nötig sein, sowohl Überkorn als auch Feingut abzutrennen, müsste auch zweimal gesiebt werden bzw. Maschinen mit Doppelsieben verwendet werden.

Es lohnt sich also auch aus dieser Sicht, die verwendete Zerkleinerungstechnik zu optimieren. An einem konkreten Standort steht erfahrungsgemäß selten eine komplette Auswahl an Maschinen zur Verfügung, so dass nur eine Optimierung der Einstellung des Zerkleinerers möglich ist.

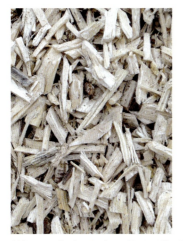

Abb. 3-53: Hackgut, v.l.n.r.: Trommelhacker (Stammholz), Trommelhacker (KUP), Schneckenhacker (Stammholz).

Fotos: Joachim Brummack

Eine praktikable Methode besteht im Einsatz einfacher Schrägsiebe, die auch in Eigenregie hergestellt werden können. Ein grobes Sieb bildet die Basis und dient zur entscheidenden Überkornabtrennung mit ausreichender Trennschärfe. Muss auch noch der Feinanteil reduziert werden, muss ein zweiter Siebschritt erfolgen, wozu das vorhandene Grobsieb mit einem feineren Sieb überdeckt wird. Orientierende Vorgaben für die erforderlichen Maschenweiten sind den Größenwerten aus der Norm EN 14961 zu entnehmen. Der optimale Anstellwinkel des Schrägsiebes hängt vom verwendeten Siebmaterial ab, sollte aber nicht kleiner als 45° sein. Anderenfalls bleibt das Siebgut auf dem Sieb liegen.

3.5.5 Lagerung

Eine Lagerung von Hackschnitzeln ohne Masseverlust ist nur möglich, wenn diese einen Wassergehalt von weniger als 30 % aufweisen. In den meisten Fällen wird ein Hackschnitzel-Produzent versuchen, sein Produkt umgehend zu vermarkten. Bei jedem Energieträger stellt die Lagerung eine wichtige logistische Komponente dar, die einen entscheidenden Einfluss auf die erzielbaren Gewinne hat. Das gesamte KUP-Material einer Region fällt in einer kurzen einheitlichen Erntephase an. Verfügt der Produzent nicht über langfristige Lieferverträge oder besteht ein

Überschuss an Hackschnitzeln, kann das Material kurzfristig nicht zu einem akzeptablen Preis verkauft werden. Ist eine ausreichende Lagerkapazität vorhanden, kann der Markt bedarfsgerecht bedient werden, wobei entsprechend höhere Erlöse erzielt werden können. Durch eine solche Flexibilisierung der eigenen Produktionslinie lassen sich auch sehr milde Winter mit entsprechend geringerem Brennstoffverbrauch wirtschaftlich gut kompensieren. Ob eine Lagerung eine sinnvolle Option ist, hängt von der konkreten Situation wie Lieferverträge und verfügbare Lagerkapazität beim jeweiligen Erzeuger ab. Generelle Lösungen können hier also nicht angeboten werden.

Unter natürlichen Bedingungen getrocknete Vollbäume können zu einem betrieblich günstigen Zeitpunkt in der zweiten Jahreshälfte gehackt und die Hackschnitzel anschließend eingelagert werden. Damit würden sie zur folgenden Heizperiode zur Verfügung stehen.

Liegt das Erntegut bereits als Hackschnitzel vor, ergeben sich andere Bedingungen. Das erzeugte Material ist nicht lagerfähig und muss entweder zeitnah vermarktet oder getrocknet werden (s. Abschnitt 3.5.3).

Die technische Kaltlufttrocknung (Abschnitt 3.5.3.5) bietet die Möglichkeit, das Material nach Abschluss der eigentlichen Trocknung zu lagern, wenn der Platz nicht anderweitig benötigt wird.

Das Domtrocknungsverfahren (Abschnitt 3.5.3.4) bietet eine integrierte Lagerfunktion, die auch ohne Nutzung fester Lagerräume genutzt werden kann. Dazu sollte allerdings mindestens eine semistationäre Lösung mit festen Seitenwänden eingesetzt werden. Die Abbildung 3-54 zeigt den Temperaturverlauf in einer solchen Hackschnitzelmiete, wobei die Trocknungs- und die Lagerphase gut erkennbar sind.

Nach einer Gesamtliegezeit von etwa 7 Monaten (Februar bis August) konnte aus der Trockenmiete ein noch schütt- und rieselfähiges Material entnommen werden, welches sogar noch seinen typischen Eigengeruch aufwies. Lediglich die Farbe des Hackschnitzels war geringfügig dunkler. Dieses Material hätte noch ohne Verluste (oder nur mit geringen Verlusten) bis zum Winter lagern können.

3.5.6 Fazit

Der Komplex »Aufbereitung« des mit einer KUP erzeugten Rohstoffes (Vollbaum, Hackschnitzel) zum Brennstoff ist ein technologisch wichtiges und die Wirtschaftlichkeit stark beeinflussendes Glied innerhalb der Nutzungskette Energieholz aus KUP. Aus diesem Grund muss jedem potenziellen Betreiber von KUP angeraten werden, sich auch mit diesem Komplex rechtzeitig auseinanderzusetzen.

Für die Trocknung von Holz aus KUP steht eine Reihe von Verfahren zur Verfügung, die in der Praxis erprobt sind. So können Vollbäume (d. h. ganze Ruten oder Aufwüchse) aus KUP zu Poltern auf-

geschichtet direkt am Feldrand oder auf anderen Flächen natürlich getrocknet werden.

Das Domtrocknungsverfahren (DTV) nutzt die in frischen Hackschnitzeln biochemisch verursachte Selbsterwärmung für eine Trocknung dieser Hackschnitzel und erfordert dafür einen – verglichen mit der klassischen technischen Trocknung – geringen apparativen Aufwand, vor allem keine technische Energie. Die spontan und unerwünscht, aber unvermeidbar ablaufenden biochemischen Prozesse werden als Energiequelle genutzt. Bereits innerhalb von zwei bis drei Monaten werden auch bei niedrigen Außentemperaturen die Wassergehalte von anfangs 50 bis 60 % auf unter 30 % reduziert. Die während der Trocknung auftretenden Dendromasseverluste betragen ca. 6 %, danach liegt ein lagerfähiger Brennstoff vor. Dendromasseverluste von bis zu 30 %, wie sie beim längeren Liegenlassen des Materials zu verzeichnen sind, werden damit vermieden.

Die Zwangsbelüftung mit Umgebungsluft unter Nutzung von in der Landwirtschaft üblichen Vorrichtungen unter Dach entspricht thermodynamisch gesehen einer energetisch ungünstigen Kaltlufttrocknung. Wegen des geringen Wasseraufnahmevermögens von kalter Luft müssen deutlich größere Luftmengen durchgesetzt werden, die einen entsprechend hohen Verbrauch von Elektroenergie verursachen.

Eine »klassische« konvektive Trocknung mit Fremdenergie in Satz-, Trommel- oder Bandtrocknern, ist aus technischer Sicht die günstigste und zuverlässigste Lösung. Sie kommt allerdings nur dann infrage, wenn verfügbare Fremdkapazitäten, die mit Abwärme oder aus einer Abfallverwertung stammender Energie betrieben werden und zur Ernte zeitnah zur Verfügung stehen. Zunehmend sind dabei auch die dafür erforderlichen Transportaufwendungen zu berücksichtigen. Potenziell sind es Biogasanlagen mit freiem Abwärmepotenzial und Futtertrockenwerke, die für die Trocknung von KUP-Hackschnitzel infrage kommen.

Bei der Nutzung einer technischen Trocknung muss zugleich der weitere Verbleib des getrockne-

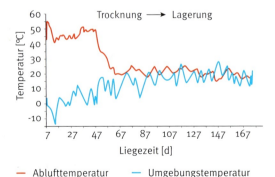

Abb. 3-54: Temperaturverlauf einer Hackschnitzelmiete (EP 05 776652.9) während einer Liegezeit von 177 Tagen.

ten Brennstoffs betrachtet werden. Der günstigste Fall ist darin zu sehen, wenn der Brennstoff direkt nach der Trocknung zum Endverbraucher gebracht werden kann, womit eine längerfristige Lagerung beim Produzenten entfällt.

Mit einer über die Trocknung hinausgehenden Aufbereitung mittels Siebung ist vor allem dann zu rechnen, wenn Vollbäume geerntet und getrocknet werden. Beim Zerkleinern von getrocknetem Holz entsteht zwangsläufig mehr Feinmaterial.

Beispiel aus der Praxis

Kurzumtriebswirtschaft im Biobetrieb (Biohof Böhme)

Der Biohof Böhme ist ein weitestgehend autarker Bio-Betrieb, der vor fast zehn Jahren sein Produktionsprofil mit Holz aus KUP ergänzte, dieses seitdem selbst energetisch verwertet und inzwischen überregional als Dienstleister im Bereich KUP tätig geworden ist. Die Familie Böhme legte im Jahr 2005 gleich zum Einstieg 10 ha KUP auf deren Öko-Landwirtschaftsbetrieb in Obercarsdorf (Sachsen) an. Seit dieser Erstbegründung sind weitere 13 ha hinzugekommen, die alle 3–5 Jahren, je nach Baumart und Produktivität des jeweiligen Standortes, beerntet werden. Die produzierten Hackschnitzel – im Durchschnitt $10 t_{atro}$ ha^{-1} a^{-1} –, aus einer Mischung aus Weiden und Pappeln, stellen ein Heizöläquivalent von 5000 l je Hektar und Jahr dar. Mittels einer 75 kW Hackschnitzelheizung werden zwischen 102–150 Srm Hackschnitzel ($17–21 t_{atro}$) jährlich energetisch genutzt, um den Büro- und Wirtschaftskomplex sowie ein anliegendes Wohnhaus mit fünf Mietparteien zu beheizen. Die beheizte Fläche beträgt insgesamt 550 m².

Geerntete Vollbäume zur Trocknung am Feldrand im Polter gestapelt.   *Foto: David Butler Manning*

Als zertifizierter Bio-Betrieb dürfen weder Pestizide noch Herbizide in der Plantagenbewirtschaftung zum Einsatz kommen. Um die Unkräuter zu regulieren, die im Jahr der Plantagenbegründung eine große Gefahr für den Anwuchserfolg jeder Plantage darstellen, werden die Pappelbestände mit Hilfe von Shropshire-Schafen von Unkraut freigehalten. Im Gegensatz zu anderen Rassen, sind Pappeln für Shropshire-Schafe ungenießbar und so bleiben diese von der Äsung verschont. Ganz anders sieht es allerdings bei den Weiden aus, die wegen des Salicylgehalts der Rinde besonders gerne gefressen werden. Eine zusätzliche Positivwirkung dieser biologischen Form der Unkrautregulierung ist, dass durch die Trittwirkung der Schafe, Mäuse die Fläche meiden.

Die Böhmes gehörten zu den ersten, die sich in ihrer Region mit der Kurzumtriebswirtschaft befassten. Durch diesen frühzeitigen Einstieg und Dank der über mehrere Jahre gewonnenen Erfahrungen sind die Böhmes inzwischen in der Lage, sich als Berater in der Anlage von KUP und als Dienstleister bei der Pflanzung und Pflege von KUP sowie im Bereich des Wärme-Contracting anzubieten. Darüber hinaus produzieren die Böhmes in ihrem eigenen Mutterquartier Steckhölzer, die überregional vermarktet werden. Offen für innovative Ansätze und experimentierfreudig, arbeiten die Böhmes eng mit Wissenschaftlern und Ingenieuren der TU Dresden und anderen Einrichtungen bei der Entwicklung neuer Pflanz- und Erntetechniken sowie Pflegeverfahren zusammen. Infolgedessen hat sich der Biohof Böhme deutschlandweit einen Ruf als Pionier und Innovator erarbeitet und gilt als Beispielbetrieb, der zum Nachahmen anregt.

4 Vermarktung

4.1 Vermarktung von Energieholz

Denie Gerold, Marco Schneider

4.1.1 Einleitung

Die in den vergangenen Jahren deutlich gestiegene Nachfrage nach Holz für die stoffliche sowie auch für die energetische Verwertung stellt die Forstwirtschaft in Deutschland und Europa vor eine große Herausforderung. Prognosen zufolge zeichnet sich bereits zum Jahr 2020 allein für die BRD eine Deckungslücke von etwa 30 Mio. m^3 pro Jahr (Thrän et al., 2009) ab.

Im Zuge dieser Entwicklung eröffnet sich durch den Anbau schnellwachsender Baumarten wie Pappel und Weide in KUP für hiesige landwirtschaftliche Betriebe die Möglichkeit zur Erweiterung ihres Geschäftsfeldes und der Erschließung zusätzlicher Einkommensquellen. Die Erzeugung von Dendromasse für die energetische Verwertung könnte neben der konventionellen landwirtschaftlichen Produktion somit künftig zu einem weiteren Standbein für Landwirte werden.

Bevor jedoch die vergleichsweise hohen Investitionskosten zur Anlage einer Kurzumtriebsplantage getätigt werden, sollten die Absatzmöglichkeiten für Hackschnitzel geklärt sein.

4.1.2 Vermarktungsstrategien

Neben einer Eigenverwertung der Hackschnitzel zur Wärmeversorgung von Wohn- oder Betriebsgebäuden bieten sich dem Landwirt in Abhängigkeit von Zugang und Erschließbarkeit vorhandener Absatzmärkte unterschiedliche Strategien zur Vermarktung des Energieholzes (vgl. Gerold & Winkler, 2010):

- Direktverkauf an einen oder mehrere Verwerter von Hackschnitzeln;
- Verkauf an einen Händler (z. B. Holzhof oder Landhandel), der auch überregional agiert;
- Verkauf über eine Erzeugergemeinschaft auf Basis eines Rahmenvertrages;
- Verkauf über private forstliche Vermarktungsorganisationen.

Die Vorteile eines Direktverkaufs vom Landwirt an den Verwerter ohne jeglichen Zwischenhandel liegen in der unmittelbaren Einflussnahme auf den Käufer (Vertrauensbasis durch persönliche Kundenbeziehung) und der beim Produzenten, sprich dem Landwirt, verbleibenden Handelsspanne. Eine Direktvermarktung bietet sich meist dann an, wenn ein Verbraucher (z. B. eine Kommune) vor Ort existiert.

Gibt es keinen Verbraucher von Hackschnitzeln im näheren Umfeld des Produzenten, empfiehlt sich der Verkauf über eine Erzeugergemeinschaft oder andere Vermarktungsorganisationen. Aufgrund der Kenntnisse des Zwischenhändlers der regionalen und überregionalen Märkte sowie dessen bereits etablierte Vertriebsinfrastruktur, ist der Zugang zu einem größeren Kundenkreis gewährleistet und damit letztlich auch der Absatz bei Wegfall eines Abnehmers gesichert.

Das Gelingen einer Energieholzvermarktung steht und fällt mit der langfristigen Absicherung des Produktabsatzes. Eine genaue Analyse des betrieblichen Umfeldes (Verwerter vor Ort bzw. Zugang zu überregionalen Märkten) ist daher unerlässlich.

4.1.3 Preisgestaltung

Die gestiegene Nachfrage nach Holz zur energetischen Verwertung führte auch zu einem Anstieg des Preises für Hackschnitzel aus Kurzumtriebsplantagen, der sich mit durchschnittlich 93,66 € $t_{w35}$$^{-1}$ frei Werk (Wassergehalt 35 %; entspricht 155,58 € $t_{atro}$$^{-1}$) im ersten Quartal 2012[1] auf einem hohen Niveau befand.

Der Preis für Hackschnitzel richtet sich im Wesentlichen nach zwei Kriterien:

---

[1] *Quelle: C.A.R.M.E.N. e.V., 2012 (Die Preisangaben beziehen sich auf die Lieferung von 80 Schüttraummetern KUP-Hackschnitzeln mit einem Wassergehalt von 35 % im Umkreis von 20 km und beinhalten die aktuell gültige Mehrwertsteuer sowie alle in Frage kommenden Pauschalen für Lieferung, Wiegen o. A.)*

- Qualität des Hackguts;
- Transportkosten.

Je nach Verwerter unterscheiden sich die Qualitätsansprüche an die Hackschnitzel. Größere Biomasse-Heiz(kraft)werke mit einer Leistung von 1 MW und mehr stellen kaum Ansprüche an den Wassergehalt des Materials. Selbst Überlängen und Verunreinigungen der Hackschnitzel sind für die Funktionalität dieser Anlagen nur in geringem Maße bedenklich.

Kleine und mittlere Heizanlagen zwischen 30 und 300 kW, die vor allem in Privathaushalten und kommunalen Einrichtungen Verwendung finden, erfordern hingegen trockene Hackschnitzel mit einem Wassergehalt von nicht mehr als 15 bis 20 %, da die Rauchgasbildung bei höherem Wassergehalt zu stärkeren Emissionen und Schädigungen an der Anlage führt. Zudem sind diese Anlagen für gewöhnlich sehr störanfällig für Überlängen und einen erhöhten Feinanteil.

Der Mehraufwand zur Bereitstellung qualitativ hochwertiger Hackschnitzel für die Verwertung in kleineren und mittleren Feuerungsanlagen muss infolge der zusätzlichen Arbeitsschritte (Trocknung, Absieben usw.) natürlich entsprechend vergütet werden und schlägt sich folglich auf den Hackschnitzelpreis nieder (Abb. 4-1).

Wie bereits in Abbildung 4-1 ersichtlich, ist die Festlegung des Übergabeortes ein weiterer wichtiger Punkt für die Preisgestaltung. So ist die Bereitstellung von Hackschnitzeln frei Hof bzw. Werk für den Produzenten mit deutlich höheren Kosten verbunden als ein Verkauf frei Feld. Da diese Kosten ebenfalls auf das Endprodukt umgelegt werden, gilt es zu beachten, dass mit jedem zusätzlichen Umladevorgang und Transportkilometer die Vorzüglichkeit von Hackschnitzeln gegenüber anderen Brennstoffen sinkt (vgl. Tab. 4-1).

Nachfolgend werden entsprechend der o. g. Qualitätsunterschiede drei Produktsegmente bei Hackschnitzeln unterschieden:

Abb. 4-1: Preisgestaltung bei der Vermarktung von Hackschnitzeln aus Kurzumtriebsplantagen.

Tab. 4-1: Transportkosten in Abhängigkeit von der Transportentfernung.

Entfernung km	Kosten € t_{atro}^{-1}
5	6,50
10	8,50
20	15,00

Quelle: Wagner et al., 2012

Tab. 4-2: Umrechnungsfaktoren für Hackschnitzel (w = Wassergehalt in %).

Produkt	t_{atro}	t_w	Srm
Premiumhackschnitzel (w = 15 %)	1,00	1,18	7,10
Mischsegment (w = 35 %)	1,00	1,54	7,10
Industriehackschnitzel (w = 50 %)	1,00	2,00	7,10

- Premiumhackschnitzel hoher Qualität (Wassergehalt < 20 %);
- Mischsegment mittlerer Qualität (Wassergehalt 20–35 %);
- Industriehackschnitzel (»Kraftwerksware«) geringer Qualität (Wassergehalt 36–55 %).

Eine Trocknung der Hackschnitzel auf 0 % Wassergehalt (atro; absolut trocken) ist im Praxisbetrieb nicht üblich. Premiumhackschnitzel werden gewöhnlich mit einem Wassergehalt von 10–20 % angeboten, da die Hackschnitzel dann sowohl lagerstabil als auch rieselfähig sind und damit problemlos in kleinen und mittleren Heizanlagen verwertet werden können.

Preisangaben in € t_{atro}^{-1} dienen folglich nur der besseren Vergleichbarkeit zwischen den unterschiedlichen Produktsegmenten, finden in der Praxis jedoch keine Verwendung. Zum besseren Verständnis ist in Tabelle 4-2 eine Umrechnung für Hackschnitzel aufgeführt.

Die Werte beziehen sich auf die Baumart Pappel. Die Angabe der Schüttkubikmeter (Srm) kann bei den Baumarten Robinie und Weide, die ebenfalls bei der Energieholzproduktion in Kurzumtriebsplantagen Verwendung finden können, abweichen.

Für die Umrechnung von Preisen in verschiedene Dimensionen ist die Abhängigkeit des Heizwertes vom Wassergehalt zu beachten. Entsprechende Angaben sind in Tabelle 4-4 gemacht. Die Baumart Pappel ist beim Laubholz einzuordnen. Nach dieser Tabelle sinkt der Heizwert mit der Zunahme des Wassergehaltes. Diese Abnahme ist aber nicht direkt proportional.

Im 1. Quartal 2012 wurden nach Angaben des Betreibers eines Holzhofes im Freistaat Sachsen für Hackschnitzel aus KUP Preise von etwa 10 € Srm_{w50}^{-1} (entspricht 82 € t_{atro}^{-1}) für Industriehackschnitzel frei Feld sowie bis 21 € Srm_{w15}^{-1} (entspricht 153 € t_{atro}^{-1}) für hochwertige Hackschnitzel frei Hof erzielt.

Für die drei oben genannten Produktsegmente sind in Tabelle 4-3 durchschnittliche Hackschnitzelpreise bei verschiedenen Dimensionen angegeben. Die Umrechnung erfolgte unter Einbeziehung von Tabelle 4-4.

Die genauen Lieferkonditionen sowie die Produktanforderungen sind zwischen Produzent und Händler bzw. Produzent und Verwerter zu vereinbaren und vertraglich festzusetzen. Besonders wichtig bei Preisangaben für Hackschnitzel sind folgende Informationen:

- Bezug zum Wassergehalt (%);
- Transportkosten inbegriffen oder nicht;
- Mehrwertsteuer inclusive oder nicht.

Tab. 4-3: Durchschnittliche Hackschnitzelpreise (incl. MWst. 19 %) entsprechend Qualität und Lieferort[a].

Produkt	Preis					
	€ t_{atro}^{-1}		€ t_w^{-1}		€ Srm_w^{-1}	
	frei Feld	frei Werk	frei Feld	frei Werk	frei Feld	frei Werk
Premiumhackschnitzel (w = 15 %)	145	160	121	133	20	22
Mischsegment (w = 35 %)	107	130	64	78	14	17
Industriehackschnitzel (w = 50 %)	74	99	32	43	9	12

[a] Die Preisangaben beinhalten eine Mehrwertsteuer von 19 % und beziehen sich bei Lieferung frei Werk auf eine durchschnittliche Transportentfernung von 20 km.

Tab. 4-4: Beziehung zwischen Wassergehalt (%) und Heizwert (kWh/kg) für Nadel- und Laubholz.

Wassergehalt %	Heizwert kWh/kg	
	Nadelholz	Laubholz
0	5,20	5,00
5	4,91	4,72
10	4,61	4,43
15	4,30	4,15
20	4,03	3,86
25	3,73	3,58
30	3,43	3,30
35	3,13	3,01
40	2,85	2,73
45	2,55	2,44
50	2,26	2,16
55	1,97	1,90
60	1,67	1,62

Nur unter Beachtung dieser Angaben lassen sich Hackschnitzelpreise vergleichen.

4.1.4 Vertragsgestaltung

Ein zentraler Punkt bei der Vermarktung von Energieholz ist die Ausgestaltung der Lieferverträge, in denen unter Berücksichtigung der jeweiligen Gegebenheiten faire Bedingungen für alle Beteiligten, also Produzenten, Verwerter und Händler, festzulegen sind.

Folgende Vertragspunkte sind daher eindeutig zu regeln:

• Lieferumfang:
   Prinzipiell kann die Lieferung bzw. Quantifizierung des Produktes Holzhackschnitzel nach Volumen (Srm), Masse (t_{atro}) oder Energiegehalt (kWh/MWh) erfolgen.
   Das Volumen ist dabei sicher die einfachste Abrechnungsgröße, unterliegt jedoch erheblichen Schwankungen. So kann das jeweilige Volumen zu einem bestimmten Messzeitpunkt zwar leicht ermittelt werden, jedoch können in Abhängigkeit vom Wassergehalt des Hackguts sowie der Art und Dauer des Transportes der

Hackschnitzel große Unterschiede im Heizwert je Schüttkubikmeter auftreten.
Weniger fehlerbehaftet ist die Abrechnung nach Masse. Hierzu ist eine Fahrzeugwaage erforderlich, die kontinuierlich geeicht werden muss. Die Wassergehaltsbestimmung einer repräsentativen Stichprobe aus der Liefereinheit ist relativ zeit- und kostenintensiv, jedoch kann die Holzmasse sehr genau bestimmt werden.
Von Seiten der Verwerter wird immer häufiger eine Abrechnung nach tatsächlich gelieferter Wärmemenge gefordert. Diese kann sehr einfach ermittelt werden und wird vom Ausgangszustand des Holzes nicht beeinflusst, hängt jedoch vom Wirkungs- und Jahresnutzungsgrad der Anlage ab.
Keine der drei Abrechnungsmethoden ist fehlerfrei. Letztlich müssen sich die vertragsschließenden Seiten auf ein Verfahren einigen und die dabei bestehenden Nachteile im gegenseitigen Interesse minimieren und diese in Kauf nehmen (Bemmann, 2006).

• Qualität des Produktes:
   Die Sicherung der Qualität der Hackschnitzel ist von entscheidender Bedeutung für den Heizwert und die Funktionalität der Heizanlage. Zudem beeinflusst die Qualität den Preis der Hackschnitzel. Daher ist eine Festlegung der Qualitätskriterien (Wassergehalt, Fraktion und Anteil an Überlängen sowie Feinanteil, Aschegehalt usw.) unumgänglich. Sind die Qualitätskriterien zu Vertragsbeginn definiert und geprüft worden, erscheint eine visuelle Überwachung der Qualität des Hackguts während der Vertragslaufzeit ausreichend. Eine Qualitätskontrolle wird nur dann zwingend erforderlich, wenn beim Verwerter des Hackguts ernsthafte Störungen oder gar Schäden an der Anlage auftreten, von denen anzunehmen ist, dass sie aus der Nichteinhaltung der Qualitätskriterien des Brennstoffes resultieren.

- Vergütung des Produktes:
Die Vergütung der gelieferten Hackschnitzel kann nach Schüttkubikmeter (Srm), Tonne absolut trocken (t_{atro}) mit Abschlägen auf den konkreten Wassergehalt bei der Lieferung oder Kilo- bzw. Megawattstunden (kWh bzw. MWh) erfolgen, richtet sich aber prinzipiell nach der festgelegten Abrechnungsmethode für den Lieferumfang.

Eine Vertragsvorlage für die Lieferung von Holzhackschnitzeln für die energetische Verwertung wurde im Rahmen des BMBF-Projektes AgroWood erarbeitet und in einem Beratungshandbuch zu Kurzumtriebplantagen veröffentlicht (vgl. Gerold & Winkler, 2010). Darin finden sich ausführliche Erläuterungen zu den Abrechnungsmodalitäten, Verfahren zur Ermittlung der Qualitätskriterien sowie weiteren Inhalten eines Liefervertrags für Hackschnitzel, auf die hier nicht näher eingegangen wurde.

4.2 Überbetrieblicher Einsatz von Dienstleistungen

Denie Gerold, Marco Schneider

4.2.1 Einleitung

Bereitstellungsketten für Hackschnitzel aus Kurzumtriebsplantagen zur energetischen Verwertung umfassen eine Reihe von Teilprozessen (vgl. Abb. 4-2), die aufgrund der z. T. erforderlichen Spezialmaschinen meist nicht von einem Landwirtschaftsbetrieb allein ausgeführt werden können.

Erfahrungsgemäß sind Transport- und Lademaschinen, wie z. B. Schlepper mit Anhänger sowie Teleskoplader, in vielen landwirtschaftlichen Betrieben vorhanden oder über einen regionalen Maschinenring verfügbar. Spezialmaschinen für die Anlage und Ernte von KUP hingegen werden bislang deutschlandweit nur von einigen wenigen Lohndienstleistungsunternehmen vorgehalten.

Mit der Entscheidung für eine Energieholzproduktion im Kurzumtrieb stellt sich folglich auch die Frage, ob die hierfür erforderlichen Spezialmaschinen selbst angeschafft oder aber die entsprechenden Leistungen an Dritte vergeben werden sollen.

Die wesentlichen Entscheidungskriterien sind dabei:
- Anschaffungspreis,
- Nutzungsdauer,
- Auslastung der Maschine.

Letztgenannter Punkt ist besonders hervorzuheben, da sich die Anschaffung eigener Spezialmaschinen für die Anlage und Beerntung von Kurzumtriebsplantagen aufgrund der hohen Investitionskosten nur dann empfiehlt, wenn die Maschine im eigenen Betrieb oder aber zusätzlich über die Durchführung von Lohnarbeiten in Fremdbetrieben entsprechend ausgelastet werden kann.

Nach Angaben eines sächsischen Dienstleistungsanbieters liegt die Auslastungsgrenze einer Erntemaschine (Gehölzhäcksler) für einen rentablen Betrieb bei etwa 100–150 ha a^{-1}, die einer Pflanzmaschine bei etwa 70–80 ha a^{-1}. Somit besteht folglich die Gefahr, dass bei einem zu geringen Flächenumfang die jährliche Mindesteinsatzleistung in Höhe der Abschreibungsschwelle nicht realisiert werden kann.

Abb. 4-2: Teilprozesse der Bereitstellungskette für Hackschnitzel aus KUP.

Die Ausstattung mit eigenen Spezialmaschinen erscheint deshalb nur sinnvoll, wenn:

- die Energieholzproduktion in Kurzumtriebs-plantagen als neuer Betriebszweig im Landwirtschaftsunternehmen etabliert werden soll;
- künftig Arbeiten wie die Anlage und Beerntung von Kurzumtriebsplantagen in Lohnleistung erbracht werden sollen;
- eine ausreichend große Nachfrage nach solchen Lohndienstleistungen in einem Einzugsgebiet von etwa 100 km Radius zur Auslastung der Maschine(n) vorhanden ist.

Für Landwirtschaftsbetriebe mit Interesse an einer eher kleinflächigen Bewirtschaftung von Kurzumtriebsplantagen zur Eigen- oder Fremdversorgung bzw. Landwirtschaftsbetriebe ohne ein entsprechendes Auslastungspotenzial für die genannten Spezialmaschinen ist der überbetrieblichen Maschineneinsatz die günstigere Alternative zur Eigenmechanisierung.

Wesentliche Formen der überbetrieblichen Maschinendienstleistung sind:

- Maschinengemeinschaft,
- Maschinenring,
- Lohnunternehmen.

Nachfolgend sollen in Kürze die Vorteile eines überbetrieblichen Maschineneinsatzes bei der Bewirtschaftung von Kurzumtriebsplantagen dargestellt werden.

4.2.2 Maschinengemeinschaft

Schließen sich mehrere Landwirte zu einer Maschinengemeinschaft (GbR) zusammen und investieren gemeinsam in eine Maschine, verringern sich die Fixkosten im Vergleich zur Eigenmechanisierung deutlich, da die vergleichsweise hohen Anschaffungskosten auf alle Mitglieder der Maschinengemeinschaft umgelegt werden.

Die Gründung einer Maschinengemeinschaft erfordert zwar ein hohes Maß an Organisation sowie Kooperations- und Kompromissbereitschaft, jedoch werden durch die gemeinsame Maschinennutzung die bestehenden Risiken auf alle Gesellschafter verteilt und eine höhere Auslastung gewährleistet.

Der Einsatz der im gemeinschaftlichen Eigentum befindlichen Maschine ist notwendigerweise in einem Gesellschaftsvertrag zu regeln.

Eine solche Kooperation könnte beispielsweise wie folgt aussehen:

Ein Landwirt mit Häcksler zur Maisernte schließt sich mit einem oder mehreren anderen Landwirten zu einer Maschinengemeinschaft zusammen, die gemeinsam in einen Gehölzhäcksler investiert. Da sich die beiden Anbaugeräte austauschen lassen, kann der Häcksler nun im Sommer zur Maisernte und im Winter zur Beerntung von Kurzumtriebsplantagen verwendet werden. Der Häcksler ist damit ganzjährig ausgelastet. Aufgrund der gemeinsamen Nutzung des Gehölzerntevorsatzes durch alle Mitglieder der Maschinengemeinschaft, ggf. auch durch den Einsatz in Fremdbetrieben in Lohnleistung, kann die Maschine kontinuierlich ausgelastet und die Anschaffung rentabel gestaltet werden.

4.2.3 Maschinenring

Maschinenringe sind regional organisierte Selbsthilfevereinigungen von Landwirten, die den überbetrieblichen Einsatz von Maschinen und Dienstleistungen zwischen ihren Mitgliedern koordinieren und zusammenführen. Durch das gegenseitige zur Verfügung stellen von Maschinen wird den Mitgliedern die Nutzung moderner Technik ermöglicht, ohne das Risiko unrentabler Investitionen eingehen zu müssen. Zudem wird eine bessere Auslastung der vorhandenen Technik gewährleistet (KBM, 2012).

Da sich die Maschinen im Alleineigentum der Mitglieder des Maschinenrings befinden, handelt es sich hierbei um eine Zwischenform von Eigenmechanisierung und überbetrieblicher Maschinendienstleistung.

Die Anschaffung von Spezialmaschinen für die Bewirtschaftung von Kurzumtriebsplantagen bietet sich deshalb nur dann an, wenn eine entsprechende Auslastung im Rahmen der gemeinschaftlichen

Nutzung durch die Mitglieder des Maschinenrings erreicht werden kann.

Diese bereits seit vielen Jahrzehnten in Deutschland etablierte Form der überbetrieblichen Dienstleistung wird mit zunehmender Bedeutung der Energieholzproduktion auf landwirtschaftlichen Nutzflächen zukünftig sicher auch eine große Rolle bei der Etablierung effizienter Logistikkonzepte spielen.

4.2.4 Lohnunternehmen

Grundsätzlich gilt, dass auf nicht im erforderlichen Maße auslastbare Maschinen verzichtet werden sollte, wenn die Leistungen zu betriebswirtschaftlich besseren Konditionen von Lohnunternehmen angeboten werden. Die Kosten des Lohnunternehmereinsatzes steigen dabei proportional zum Umfang der erbrachten Dienstleistung, bleiben aber je Bezugseinheit (z. B. € ha^{-1}) konstant.

In jedem Falle sollten Alternativangebote geprüft werden. Da die Tarife des Lohndienstleisters entscheidend von der Konkurrenzsituation beeinflusst werden, ist die deutschlandweit gegenwärtig (2012) geringe Anzahl an spezialisierten Lohnunternehmen aus Sicht der Auftraggeber aber eher negativ einzuschätzen. Doch auch dieses Betätigungsfeld wird zunehmend attraktiv, so dass deren Zahl mit einer Erweiterung der KUP-Fläche in den kommenden Jahren steigen wird.

Welche Form der überbetrieblichen Dienstleistung am geeignetsten ist, hängt vor allem von den individuellen betrieblichen Besonderheiten ab. In jedem Falle kann durch eine Kooperation in vielen Bereichen des Produktionsprozesses eine Kostenersparnis erzielt werden.

Weitere Ansätze zur überbetrieblichen Kooperation sind:
- Bereitstellung von Betriebsfläche zur Trocknung/Vorratshaltung von Hackschnitzeln;
- Bereitstellung freier Abwärme aus Biogasanlagen zur Trocknung von Hackschnitzeln;
- Bereitstellung von Transporttechnik für forstliche Logistikketten.

Beispiel aus der Praxis

Kurzumtriebsplantagen im Antragsanbau (Geschäftsmodell Vattenfall/Energy Crops)

Die hohe Anfangsinvestition, die mit der Etablierung einer Kurzumtriebsplantage verbunden ist, ist in Zusammenhang mit dem häufig unsicheren Absatz der Hackschnitzel in vielen Fällen der Grund, der sonst bereitwillige Landwirte letztendlich davon abhält, sich für diese Bewirtschaftungsform zu entscheiden. Der seit 2010 angewandte Vattenfall-Kooperationsvertrag zum Anbau von KUP beseitigt dieses Hemmnis und wird zunehmend von Landwirten v. a. in Brandenburg angenommen. Vattenfall und die Tochterfirma Energy Crops entwickelten dieses innovative Geschäftsmodell, um die notwendige Rohstoffversorgung für ihre geplanten Biomassekraftwerke in Berlin zu sichern. Die langfristige regionale Bereitstellung von Holz aus KUP ist ein wichtiges Element des Versorgungskonzepts dieses Energielieferanten.

Die Kosten der Pflanzen und die Pflanzung werden von Vattenfall übernommen während der Landwirt die Bodenvorbereitung und Plantagenpflege durchführt ggf. mit beratender sowie technischer Unterstützung von Energy Crops. Die anschließenden Ernte- und evtl. auch Rückwandlungskosten zahlt Vattenfall und die Notwendigkeit der Vermarktung entfällt für den Landwirt, da Vattenfall die Abnahme des erzeugten Holzes garantiert. Der Landwirt erhält eine jährliche Vergütung von Vattenfall auf Festpreisbasis – auch bei schlechten Ernten und Totalausfall. Diese Vergütung bezieht eine jährliche Preissteigerung von 1–2 % als Inflationsausgleich ein und liegt nahe dem durchschnittlichen Hektargewinn aller anderen Kulturen, teilweise auch darüber (Platen, 2012). Ein Kooperationsvertrag wird gewöhnlich über einen Zeitraum von 20 Jahren abgeschlossen kann aber jederzeit auf Wunsch der Landwirte gekündigt werden. Somit wird dem Landwirt über mehrere Jahre eine stabile Einkommensquelle und die Abnahmesicherheit der Hackschnitzel gewährleistet.

Bisher bietet lediglich Vattenfall interessierten Landwirten einen derartiger Kooperationsvertrag für KUP an. Eine Ausweitung dieser Herangehensweise – nicht nur seitens anderer Großversorger sondern auch durch Stadtwerke und Kommunen – ist aber durchaus absehbar.

5 Wirtschaftliche und rechtliche Rahmenbedingungen

5.1 Betriebswirtschaftliche Bewertung und Vergleich der Wettbewerbsfähigkeit von Kurzumtriebsplantagen mit annuellen Kulturen

Mathias Kröber, Jürgen Heinrich, Peter Wagner, Jörg Schweinle

5.1.1 Einleitung

Die gegenüber dem Energiemaisanbau zunehmend kritische Öffentlichkeit veranlasst Landwirte dazu, auch andere Möglichkeiten der Bioenergieerzeugung zu prüfen. Dabei stellt sich unter anderem auch die Frage, ob es sich lohnt, in einem landwirtschaftlichen Unternehmen eine KUP für die Produktion von Energieholz auf Ackerflächen anzulegen. Dieses Produktionsverfahren weicht jedoch wirtschaftlich und organisatorisch in erheblichem Maße von bestehenden Bewirtschaftungssystemen der Landwirtschaftsbetriebe ab. Während bisher vorwiegend ein- oder überjährige Fruchtarten angebaut werden, kommt mit der KUP eine Kultur ins Spiel, deren Verweildauer auf der Fläche 20 Jahre und mehr betragen kann. Bisher in den Landwirtschaftsbetrieben übliche und geeignete betriebswirtschaftliche Ansätze zur Beurteilung der Wirtschaftlichkeit, z. B. die Wettbewerbsbetrachtungen mittels Deckungsbeiträgen, stoßen bei KUP an die Grenzen ihrer Aussagefähigkeit. Da aber aus ökonomischer Sicht der Beitrag zum Unternehmenserfolg, der jährlich pro Hektar KUP erwirtschaftet werden kann, mit Sicherheit das Hauptkriterium für eine Entscheidung für oder wider eine KUP darstellt, sind veränderte Kalkulationsansätze erforderlich, um gegenüber anderen Marktfrüchten, wie Wintergerste, Triticale oder Roggen, vergleichbare Beurteilungsgrößen zu erhalten.

Nachfolgend soll ein Kalkulationsverfahren vorgestellt werden, welches es erlaubt, in wirtschaftlichen Vergleichsbetrachtungen den langen Produktionszeitraum einer Gehölzplantage angemessen zu berücksichtigen und somit die erzielten Erfolgsbeiträge mit denen »normaler« landwirtschaftlicher Kulturen kompatibel zu machen.

Anhand einer Beispielrechnung wird die Anwendung des Kalkulationsverfahrens nachvollziehbar demonstriert. Die unverzichtbare Grundlage für diese Ermittlung des jährlichen Erfolgsbeitrags einer KUP bildet eine umfassende und detailliert erläuterte Datenzusammenstellung aus Literatur und Praxis, die durchaus für erste eigene Kalkulationen in landwirtschaftlichen Unternehmen orientierenden Charakter haben kann. Abschließend werden die ermittelten Werte mit wirtschaftlichen Ergebnissen einer standorttypischen Ackerbau-Fruchtfolge verglichen.

5.1.2 Auswahl einer geeigneten Kalkulationsmethode

5.1.2.1 Warum einfache Erfolgsvergleichsrechnungen nicht zum Ziel führen

Für einfache Wettbewerbsbewertungen nach dem Motto: »Bringen die Erbsen mehr als Hafer?« werden in der Regel die Deckungsbeiträge der betroffenen Produktionsverfahren miteinander verglichen. Die dabei gewonnene Aussage reicht meist als Entscheidungsgrundlage aus. Deckungsbeiträge stellen die Differenz aus den (geplanten) Leistungen und ihren (geplanten) variablen Kosten dar. Die in die Berechnung einbezogenen Leistungen ergeben sich, indem die Erzeugungsmengen mit den Produktpreisen bewertet werden. Die Kosten summieren sich aus den mit den Preisen bewerteten Verbrauchsmengen der variablen Produktionsfaktoren. Warum nur variable Kosten berücksichtigt werden, ergibt sich aus der in die Entscheidung einbezogenen Zeitspanne. Deckungsbeiträge werden für Überlegungen auf kürzere Sicht – im Bereich zwischen mehreren Monaten und meist etwa zwei Jahren – genutzt. Dieser kurzfristige Ansatz berücksichtigt die zum Zeitpunkt der Kalkulation gegebenen Produktionskapazitäten und unterstellt, dass sich diese Kapazitäten im Betrachtungszeitraum nicht ändern. Deshalb kann ein Teil der Kosten für den betrachteten Zeitraum und unabhängig von der angebauten Frucht als fix und somit nicht entscheidungsrelevant betrachtet werden. Für die Kalkulation sind demnach nur die im Betrachtungszeitraum variablen Kosten interessant. Der lange Nutzungszeitraum von KUP führt jedoch dazu, dass diese »Festschreibung« von Kosten nicht möglich ist, damit wird der methodische Ansatz der Deckungsbeitragskalkulation für die Wettbewerbsbetrachtung von KUP hinfällig.

Also besser gleich eine Vollkostenbetrachtung anstellen und die zu erwartenden Gewinnbeiträge vergleichen? Auch das ist nicht ohne Einschränkungen der Aussagefähigkeit möglich, denn die vergleichsweise hohen und insbesondere gegen Ende der Nutzung auftretenden Fixkosten einer KUP sind mit denen anderer um die Fläche konkurrierenden Produktionsverfahren auch nicht annähernd vergleichbar und würden KUP benachteiligen.

So eingängig und übersichtlich sie auch erscheinen, mit den einfachen, statischen ökonomischen Methoden lässt sich das Vergleichsproblem KUP versus einjährige Fruchtarten nicht befriedigend beantworten. Bei Entscheidungen über Produktionsverfahren die sich über mehrere Jahre erstrecken, sollte auf dynamische Methoden aus der Investitionsrechnung zurückgegriffen werden, deren Ergebnisse allerdings in geeigneter Weise mit den Werten einjähriger Produktionsverfahren vergleichbar gemacht werden müssen.

5.1.2.2 Vorteile eines dynamischen Kalkulationsansatzes

Dynamische Investitionsrechnungen berücksichtigen im Gegensatz zu statischen Vergleichsrechnungen sämtliche Zahlungsströme der Auszahlungen (Kosten) und Einzahlungen (Erlöse) sowie deren zeitliches Auftreten innerhalb eines Investitionszeitraums.

Für die in die Wettbewerbsbetrachtung einzubeziehende KUP bedeutet dies, dass über den gesamten Zeitraum der Nutzung die im jeweiligen Nutzungsjahr erwarteten Kosten von den im gleichen Jahr geplanten Erlösen aus dem Verkauf der Dendromasse subtrahiert werden. Der daraus resultierende Einzahlungsüberschuss oder -fehlbetrag wird anschließend unter Berücksichtigung eines kalkulatorischen Zinssatzes (im nachfolgenden Beispiel 3,5 %) auf den Investitionsbeginn (Investitionszeitpunkt t_0) abgezinst. Ein nach diesem Vorgehen ermittelter Betrag wird ökonomisch als »Kapitalwert« bezeichnet. Diese Kapitalwertmethode ist vor allem geeignet für den Vergleich unterschiedlicher Investitionsalternativen mit gleichem Zeithorizont. Errechnet sich ein Kapitalwert größer null, lassen sich Gewinne mit dem Energieholzanbau erzielen, negative Kapitalwerte weisen dagegen auf Verluste hin, die Investition wäre damit unwirtschaftlich.

Allerdings sind weder ein positiver noch ein negativer Kapitalwert als Vergleichsgröße mit Erfolgskennzahlen einjähriger Fruchtarten geeignet, denn der Kapitalwert ist ja der »Gesamterfolg« der im nachfolgenden Beispiel gewählten 24 Nutzungsjahre transformiert auf den Investitionsbeginn. Um eine jährliche Erfolgsgröße zu erhalten, muss der Kapitalwert auf die Nutzungsjahre »umverteilt« werden. Dazu wird er mit dem sogenannten Annuitätenfaktor multipliziert. So ergibt sich aus der Summe aller auf den Beginn der Investition abgezinsten Ein- und Auszahlungen eine jährlich konstante Rente, die auch als »Annuität« bezeichnet wird. Abbildung 5-1 zeigt schematisch die Ermittlung des Kapitalwerts sowie dessen Überführung in eine Annuität. Dabei werden zur Orientierung die in den einzelnen Jahren bei einem Zinssatz von 3,5 % erreichbaren Barwerte (hellgrüne Säulen) jeweils neben dem erwarteten zukünftig fälligen Betrag aus Ein- und Auszahlungen ausgewiesen, um die Wertveränderung zwischen dem Wert im Planjahr und dem im Investitionszeitpunkt t_0 zu verdeutlichen. Die einzelnen Barwerte werden zum Zeitpunkt t_0 im Kapitalwert zusammengefasst, welcher dann im unteren Teil der Abbildung anhand eines Annuitätenfaktors für 24 Jahre beim Zinssatz 3,5 % aufgeteilt wird. Um die Übersichtlichkeit etwas zu erhöhen werden die Wirkungen der beiden dazwischen liegenden ertraglosen Jahre ab dem siebten Jahr in der Darstellung jeweils auf eine Position verdichtet.

Mit der Annuität steht nun für Vergleichszwecke ein durchschnittlicher jährlicher Gewinnbeitrag einer KUP zur Verfügung. Anhand dieses Wertes und der Ergebnisse einjähriger Kulturen lässt sich die relative Vorzüglichkeit der verschiedenen Produktionsverfahren beurteilen. Natürlich sollten die Vergleiche auf der Grundlage des gleichen Sachumfangs der verrechneten Kosten (Teil- oder Vollkostenrechnung) erfolgen.

Anhand eines praktischen Beispiels wird die erläuterte Methodik ausführlich und nachvollziehbar dargestellt.

5.1.3 Datengrundlage

Zur Ermittlung der Wirtschaftlichkeit des Produktionsverfahrens Energieholzanbau im Kurzumtrieb werden die Bewirtschaftungskosten den durch die Erzeugung von Holzhackschnitzeln erzielbaren Produktionserlösen gegenübergestellt. Um dies durchzuführen, müssen zuerst die zu Grunde liegenden Mengen und Preise, aus denen sich Kosten und Erlöse ableiten, bestmöglich abgeschätzt werden.

5.1.3.1 Arbeitsgänge und Kosten der Bewirtschaftung

Nachfolgend werden die für die Bewirtschaftung einer KUP relevanten Arbeitsgänge beschrieben und gleichzeitig die Spanne der mit diesen Teilprozessen verbundenen Kosten dargestellt. Je nach Betriebsstruktur können die Arbeitsprozesse nahezu vollständig in Eigenregie durch den Landwirt erfolgen, andererseits ist ebenso die komplette Be-

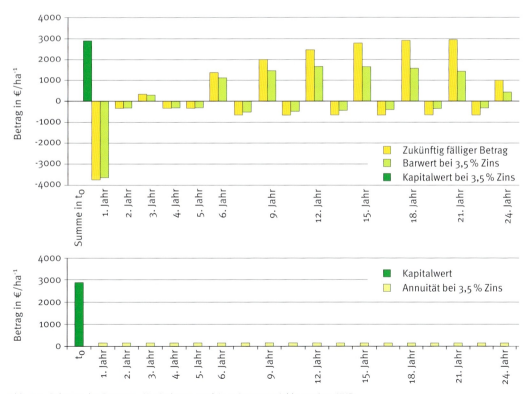

Abb. 5-1: Schema der Barwert-, Kapitalwert- und Annuitätsentwicklung einer KUP.

wirtschaftung durch Dienstleistungsunternehmen möglich. Dies führt innerhalb der Kostenangaben zu den teilweise recht erheblichen Spannen zwischen dem niedrigsten und dem höchsten Kostensatz.

Flächenvorbereitung

Die Vorbereitung der Ackerfläche für die Etablierung einer KUP (Kapitel 3.1) erfolgt maßgeblich in Abhängigkeit von der Bodenart und ihrem aktuellen Zustand. Auf stark verunkrauteten Schlägen empfiehlt sich die Anwendung eines Totalherbizides im Herbst (Kosten: 39–55 € ha^{-1}, in Abhängigkeit des gewählten Mittels und der Aufwandmenge [Hofmann, 2010; Wagner, 2010; Eckhard, 2011]). Anschließend sollte der Boden auf eine Tiefe von 25–35 cm gelockert werden, um den Gehölzen ein optimales Pflanzbett zu bieten. Dies kann entweder ganzflächig durch den Einsatz eines Pfluges bzw. Tiefgrubbers (Kosten: 50–137 € ha^{-1} [Hofmann, 2010; Wagner, 2010; Eckhard, 2011; Engelbrechten, 2011]) oder partiell durch die Anlage von Frässtreifen (Kosten: bis 0,30 € m^{-1} [Landgraf, 2011]) erfolgen. Wenige Tage vor dem geplanten Pflanztermin erfolgt abschließend die Pflanzbettbereitung durch die Verwendung von Feingrubber oder Egge (Kosten: 27–70 € ha^{-1} [Hofmann, 2010; Wagner, 2010; Eckhard, 2011; Engelbrechten, 2011]).

Pflanzverband, Pflanzmaterial und Pflanzung

Neben der Wahl einer standortangepassten Baumart (s. Kapitel 2.1) spielt die Festlegung des Pflanzverbands eine entscheidende Rolle bei der Etablierung einer KUP. In Tabelle 5-1 sind mögliche Pflanzsysteme, Pflanzdichten sowie die Preise für das verwendete Pflanzmaterial der Baumarten Pappel, Weide und Robinie zusammengefasst.

Je nach Flächengröße und Technikverfügbarkeit ist eine manuelle oder maschinelle Pflanzung möglich. Die Handpflanzung mit Steckeisen, Spaten oder Hohlspaten eignet sich für die Begründung von Flächen bis 2 ha (Kosten: 0,17–0,29 €/Steckholz bzw. bewurzelte Pflanze). Auf größeren Schlägen ist eine maschinelle Pflanzung mit land- und forstwirtschaftlichen Pflanzmaschinen zweckmäßig (Kosten: 0,06–0,125 €/Steckholz bzw. 0,15–0,23 €/ bewurzelte Pflanze [Müller, 2009; Schachler, 2009; Vogt, 2009; Anonymus, 2011; Engelbrechten, 2011; Anonymus, 2012b]).

Zäunung

In Regionen mit geringem Waldanteil stellen neu angelegte KUP oft die einzigen großflächigen Rückzugsgebiete für eine Vielzahl wildlebender Tiere dar. Ein entsprechend hoher Wildbestand hat allerdings in der Regel negative Folgen für den vorhandenen Baumbestand, speziell in der Anwuchsphase. Eine Zäunung der Kultur ist neben einer intensiven Jagdaktivität eine wirkungsvolle Option, diese Schäden zu minimieren. Allerdings ist die Anlage eines Wildschutzzaunes mit erheblichem finanziellem Aufwand verbunden und sollte daher aus ökonomischen Gesichtspunkten nur in Ausnahmefällen erfolgen (Kosten: 4,90–5,90 € m^{-1} [Schachler, 2009; Strauch, 2009; Vogt, 2009; Landgraf, 2011]).

Pflege

Eine sehr große Bedeutung kommt den Pflegemaßnahmen innerhalb des ersten Standjahres der KUP zu (s. Kapitel 3.2). Da die Steckhölzer

Tab. 5-1: Übersicht möglicher Pflanzsysteme und Pflanzdichten für verschiedene Baumarten.

Baumart	Pflanzsystem	Pflanzdichte Stück ha^{-1}	Pflanzmaterial	Kosten € Stück^{-1}
Pappel	Einzel-/Doppelreihe	6000–11 000	unbewurzeltes Steckholz	0,15–0,23
Weide	Doppelreihe	10 000–14 000	unbewurzeltes Steckholz	0,08–0,15
Robinie	Einzel-/Doppelreihe	6000–11 000	wurzelnackte Pflanze	0,15–0,36

Quelle: eigene Darstellung nach verschiedenen Autoren

bzw. Jungpflanzen zu Wachstumsbeginn gegenüber der Begleitvegetation wenig konkurrenzkräftig sind, ist in Hinblick auf einen optimalen Wuchsverlauf auf eine möglichst vollständige Unterdrückung dieser zu achten. Es wird prinzipiell zwischen mechanischen und chemischen Pflegemaßnahmen unterschieden. Je nach Standort und Witterung können durchaus mehrere Pflegemaßnahmen in der Etablierungsphase nötig werden, auch eine Kombination mechanischer und chemischer Eingriffe ist allgemein üblich (Kosten: 95–1000 € ha^{-1} [Hofmann, 2010; Eckhard, 2011; Landgraf, 2011; Anonymus, 2012]).

Neben den für eine erfolgreiche Plantagenetablierung unbedingt notwendigen Pflegeeingriffen im ersten Standjahr sind unter Umständen auch in den Folgejahren weitere Maßnahmen zum Schutz der Gehölzkulturen notwendig. Dies betrifft jedoch weniger die Beikrautregulierung als vielmehr Behandlungsmaßnahmen gegen pilzliche oder tierische Schaderreger (Fungizid- bzw. Insektizideinsatz). Dabei ist zu beachten, dass in diesen Fällen spezielle Zulassungen für die jeweilige Mittelanwendung beantragt werden müssen. Da diese Maßnahmen für jeden Einzelfall spezifisch sind, soll an dieser Stelle auf eine Kostenangabe verzichtet werden (s. Kapitel 2.4).

Ernte und Transport

Die Ernte inklusive der Transportlogistik verursacht einen Großteil der gesamten Bewirtschaftungskosten einer KUP (s. Kapitel 3.3). Somit bestimmt die Wahl des Ernteverfahrens in entscheidendem Maß über die Wirtschaftlichkeit des Produktionsverfahrens. Nachfolgend wird ausschließlich die Einphasenernte mit selbstfahrenden Feldhäckslern zur Gewinnung von Hackschnitzeln detaillierter betrachtet, da dieses Verfahren auf mit Großtechnik befahrbaren Plantagen die größte Schlagkraft aufweist. Je nach Hersteller und Ausführung des Ernteaggregates können Bäume mit einem Wurzelhalsdurchmesser bis zu 15 cm geerntet werden. Die Erntekosten variieren zwischen 538–620 € ha^{-1} je

Erntemaßnahme [Pallast et al., 2006, Hüttmann, 2009; Hofmann, 2010; Eckhard, 2010; Engelbrechten, 2011], die Transportkosten schwanken je nach eingesetzter Technik zwischen 9–21 € t$_{atro}^{-1}$ für eine Transportentfernung von 20 km [Handler & Blumauer, 2010; Hofmann, 2010; Wagner, 2010; Engelbrechten, 2011].

Trocknung

Frisch geerntetes Plantagenholz weist je nach Baumart Wassergehalte von 40 bis 60 Masseprozent auf. Ist eine Verwertung in kleinen und mittleren Verbrennungsanlagen vorgesehen, sollte der Wassergehalt unter 30 Masseprozent liegen, was eine Trocknung der Holzhackschnitzel notwendig macht (Kapitel 3.5). Aufgrund der in der nachfolgenden Beispielkalkulation unterstellten Vermarktung der Hackschnitzel direkt zur Ernte sowie der sehr differenzierten Möglichkeiten der Trocknung soll an dieser Stelle auf eine Kostenangabe der Trocknungsvarianten verzichtet werden.

Düngung

Da die Plantagenernte im laublosen Zustand erfolgt und sich der höchste Anteil der Nährstoffe in den Blättern befindet, verbleiben diese somit auch nach der Beerntung auf der Fläche. Aus diesem Grund ist nach derzeitigen wissenschaftlichen Erkenntnissen eine Düngung bei Pappelbeständen nicht erforderlich. Einzig für die Baumart Weide wird eine Düngung empfohlen (s. Kapitel 2.1). Die Höhe der Düngergabe ist abhängig vom Versorgungszustand und der Ertragsfähigkeit des Bodens. Neben der Verwendung von Mineraldünger ist weiterhin eine organische Düngung möglich (Gülle, Kompost, Klärschlamm).

Rückwandlung

Soll die Bewirtschaftung der KUP beendet und die Fläche wieder ackerbaulich genutzt werden, ist eine Beseitigung der Wurzelstöcke notwendig. Je nach Standdauer und Baumart ergeben sich unterschiedliche Anforderungen an die benötigte Technik (s. Kapitel 3.4).

Bei älteren, stärker dimensionierten Wurzelstöcken sollte die Fläche im ersten Arbeitsgang mit einer Mulchfräse bearbeitet werden, um überstehende Stöcke und Holzreste zu zerkleinern. Anschließend erfolgt der Einsatz einer Rodungsfräse, welche den Boden etwa 25–35 cm tief fräst (Kosten: 1000–2832 € ha^{-1} [Becker, 2009; Hofmann, 2010; Wagner, 2010]).

Sonstige Kosten

Neben den Bewirtschaftungskosten sind bei einer Vollkostenbetrachtung weiterhin Flächenkosten und Gemeinkosten zu berücksichtigen. Unter dem Begriff Flächenkosten werden neben der Pacht weiterhin die Grundsteuer, Beiträge zur Berufsgenossenschaft und Kosten der Bodenverbesserung (Kalkung) zusammengefasst. In den Gemeinkosten enthalten sind die Kosten für Betriebsführung, Gebäude, Versicherungen, Energie/Wasser, PKW sowie die Sachkosten. Die Höhe beider Kostenblöcke richtet sich nach dem Produktionsstandort und der Struktur des landwirtschaftlichen Unternehmens.

5.1.3.2 Dendromasse-Erträge

Der erzielbare Dendromasse-Ertrag ist in erster Linie abhängig von der gewählten Baumart bzw. Sorte und dem Standort. Grundsätzlich spielt vor allem die Wasserversorgung eine entscheidende Rolle, weniger die Höhe der Ackerzahl. So sind vor allem Standorte mit hohen jährlichen Niederschlagssummen oder mit hoch anstehendem Grundwasserspiegel günstig für die Anlage von KUP. Aktuelle Ergebnisse der Beerntung von Versuchsstandorten in Thüringen zeigen, dass die Gehölzerträge von Pappelplantagen bei dreijährigem Umtrieb im Durchschnitt von Ernte zu Ernte ansteigen und das Ertragsmaximum scheint auch nach dem 6. Umtrieb, also einer Standzeit von 18 Jahren, noch nicht erreicht zu sein (Biertümpfel et al., 2012). Genauere Aussagen zum Ertragsverlauf über die gesamte Nutzungsdauer (24 Jahre und mehr) sind gegenwärtig nur näherungsweise möglich, da die Ertragshöhen für die folgenden Umtriebe erst in den nächsten Jahren

vorliegen werden (Röhle & Horn, 2012). Für die Berechnung wird ein Dendromasse-Ertragspotenzial der Pappelplantage von zehn bis zwölf Tonnen absolute Trockenmasse je Hektar und Jahr unterstellt (Steinke, 2009) (s. Kapitel 2.3).

5.1.3.3 Hackschnitzelpreise

Seit Anfang 2012 veröffentlicht C.A.R.M.E.N. e.V. vierteljährlich Preisangaben zu KUP-Hackschnitzeln. Aktuell bewegen sich die Preise zwischen 5–45 € je Tonne bei einem Wassergehalt von 35 % (inklusive Mehrwertsteuer), was Netto-Preisen von 0–200 € je Tonne absolute Trockenmasse entspricht (C.A.R.M.E.N. e.V., 2012; Preise im IV. Quartal 2012 [Abrufdatum: 21.01.2013]). Da in den neuen Bundesländern tendenziell geringere Preise von den Biomasseabnehmern gezahlt werden, wird für die Berechnung ein mittlerer Marktpreis von 110 € je Tonne Trockenmasse unterstellt. Aufgrund der Tatsache, dass sowohl die Energieholzpreise als auch die Preise für mit KUP um die Anbaufläche konkurrierende landwirtschaftliche Produkte »energiepreisgetrieben« sind, erfolgt keine Hackschnitzelpreisanpassung über die Nutzungsdauer der Plantage.

5.1.4 Wirtschaftlichkeitsbetrachtungen

Zunächst wird anhand einer Beispielkalkulation für einen Standort in Mittelsachsen die Wirtschaftlichkeit des Energieholzanbaus berechnet. Anschließend werden in Form einer Sensitivitätsanalyse jeweils einzelne Variablen des Ausgangsszenarios verändert und so deren Einfluss auf das ursprüngliche Ergebnis aufgezeigt. Zur Einordnung der Konkurrenzfähigkeit des Energieholzanbaus im Vergleich zu um die Anbaufläche konkurrierenden Marktfrüchten erfolgt abschließend ein Vergleich der Ergebnisse des Ausgangsszenarios mit einer standorttypischen Fruchtfolge.

5.1.4.1 Beispielkalkulation Energieholzanbau

Die durchgeführten Berechnungen unterliegen den folgenden Annahmen, die zum Großteil auf

Erfahrungen langjähriger Versuchsergebnisse sowie erster Praxisanlagen beruhen:

- Produktionsziel:
  Energieholz (Hackschnitzel)
- Baumart:
  Pappel
- Pflanzenzahl/-verband:
  10 000 Stecklinge ha^{-1}/Einzelreihe
- Pflanzung:
  maschinell
- Ertragsentwicklung:
  nicht-linear (Festlegung von Ertragsfaktoren: 1. Ernte: 0,44; 2. Ernte: 0,83; 3. Ernte: 1,11; 4./5./6. Ernte: 1,12; 7./8. Ernte: Ernte: 1,13)
- Nutzungsdauer:
  24 Jahre, dreijähriger Umtrieb, kein Zaunbau, keine Düngung
- Ernteverfahren:
  vollmechanisiert (Feldhäcksler mit Schwachholzvorsatz)
- Vermarktung:
  zur Ernte (keine Lagerung), inklusive Transport zum Abnehmer

- Standort:
  Mittelsachsen (mittleres bis hohes Energieholz-Ertragspotenzial)

Neben diesen für die Berechnung als fix unterstellten Eingangsgrößen existieren weiterhin viele unsichere Variablen, die das Ergebnis der Berechnung entscheidend beeinflussen. Hierbei handelt es sich neben den Produktionskosten weiterhin um die Dendromasse-Erträge sowie die erzielbaren Erlöse, die im Verlauf der Nutzung der Gehölzplantage anfallen. In die Beispielkalkulation finden die Erwartungswerte der jeweiligen Parameter Eingang, die aus einer Vielzahl von Quellen (Baumschulen, Dienstleister, Dendromasse-Abnehmer, aktuelle Literatur) zusammengestellt wurden. In Tabelle 5-2 sind diese mit dem jeweiligen Minimum, Maximum und Erwartungswert (Mittelwert) aufgelistet. Im Ergebnis der Berechnung auf der Grundlage der Erwartungswerte der Eingangsparameter ergibt sich bei einem unterstellten Zinssatz von 3,5 % ein kalkulatorischer jährlicher Gewinnbeitrag (Annuität) von rund 177 € je Hektar. In Tabelle 5-3 sind sämtliche Zahlungsströme aufgeführt,

Tab. 5-2: Datengrundlage der Wirtschaftlichkeitsberechnung – Energieholzanbau.

Variable	N[a)]	Einheit	Minimum	Maximum	Erwartungswert
Unkrautbekämpfung	1	€ ha^{-1}	39,00	55,00	45,33
Pflügen	1	€ ha^{-1}	50,00	137,00	94,75
Saatbettbereitung	1	€ ha^{-1}	27,00	70,00	48,25
Pflanzgut	1	€ ha^{-1}	1500,00	2300,00	1866,67
Pflanzung	1	€ ha^{-1}	595,00	1250,00	865,00
Pflege	1	€ ha^{-1}	95,00	1000,00	462,20
Ernte	8	€ ha^{-1}	538,00	620,00	570,60
Transport	8	€ t$_{atro}$$^{-1}$	9,00	21,00	15,00
Rückwandlung	1	€ ha^{-1}	1000,00	2832,00	1950,00
Flächenkosten	24	€ ha^{-1} a^{-1}	166,00	184,00	175,00
Gemeinkosten	24	€ ha^{-1} a^{-1}	146,00	162,00	154,00
Ertrag		t$_{atro}$ ha^{-1} a^{-1}	10,00	12,00	11,00
Hackschnitzelpreis		€ t$_{atro}$$^{-1}$	80,00	140,00	110,00

[a)] Häufigkeit während der Nutzungsdauer; € = Euro;
ha = Hektar; t = Tonne; atro = absolut trocken; a = Jahr

Quelle: eigene Darstellung (nach verschiedenen Autoren)

die im Verlauf der Bewirtschaftung der Plantage auftreten.

Anmerkungen:

- Alle Angaben beziehen sich auf einen Hektar Plantagenfläche, wobei mit einer Gesamtanlage von fünf Hektar Fläche kalkuliert wurde.

- Lohnkosten sind bei allen Aktivitäten der Plantagenetablierung und der Bewirtschaftung berücksichtigt.

- Bei der Pflanzung wurden Kosten für die Anfahrt der Pflanzmaschine in Höhe von 0,005 € je Steckling berücksichtigt (Anfahrtskosten: 250 €/5 ha = 50 € je Hektar und Einsatz).

Tab. 5-3: Darstellung der Zahlungsströme und Ermittlung der Annuität.

Stand-jahr	Etablierungs-kosten und Pflege	Flächen- und Gemein-kosten	Ernte- und Transport-kosten	Rückwand-lungskosten	Summe Kosten	Erlöse	Saldo Kosten und Erlöse	Abzinsung 3,5 %	Ertrags-faktor
0	-3382,20	-329,00			-3711,20		-3711,20	-3711,20	
1		-329,00			-329,00		-329,00	-317,87	
2		-329,00			-329,00		-329,00	-307,13	
3		-329,00	-788,40		-1117,40	1597,20	479,80	432,75	0,44
4		-329,00			-329,00		-329,00	-286,70	
5		-329,00			-329,00		-329,00	-277,01	
6		-329,00	-981,45		-1310,45	3012,90	1702,45	1384,94	0,83
7		-329,00			-329,00		-329,00	-258,59	
8		-329,00			-329,00		-329,00	-249,85	
9		-329,00	-1120,05		-1449,05	4029,30	2580,25	1893,21	1,11
10		-329,00			-329,00		-329,00	-233,23	
11		-329,00			-329,00		-329,00	-225,35	
12		-329,00	-1125,00		-1454,00	4065,60	2611,60	1728,31	1,12
13		-329,00			-329,00		-329,00	-210,36	
14		-329,00			-329,00		-329,00	-203,25	
15		-329,00	-1125,00		-1454,00	4065,60	2611,60	1558,84	1,12
16		-329,00			-329,00		-329,00	-189,74	
17		-329,00			-329,00		-329,00	-183,32	
18		-329,00	-1125,00		-1454,00	4065,60	2611,60	1405,98	1,12
19		-329,00			-329,00		-329,00	-171,13	
20		-329,00			-329,00		-329,00	-165,34	
21		-329,00	-1129,95		-1458,95	4101,90	2642,95	1283,34	1,13
22		-329,00			-329,00		-329,00	-154,35	
23		-329,00			-329,00		-329,00	-149,13	
24			-1129,95	-1950,00	-3079,95	4101,90	1021,95	447,57	1,13
						Kapitalwert		2841,39	
						Annuität		**176,94**	

- Die Pflege umfasst sowohl chemische als auch mechanische Maßnahmen, die sowohl einmalig als auch mehrmals im Etablierungsjahr notwendig sein können.
- Bei der Ernte, die im Intervall von drei Jahren stattfindet, wurden Kosten für die Anfahrt der Erntemaschine in Höhe von 100 € je Hektar und Ernteeinsatz berücksichtigt (Anfahrtskosten: 500 €/5 ha = 100 € je Hektar und Einsatz).

5.1.4.2 Sensitivitätsanalyse

Zur Darstellung des Einflusses einzelner Parameter auf das Gesamtergebnis werden die Eingangsvariablen (Kosten, Ertrag, Hackschnitzelpreis) um jeweils 10 % verändert. Den größten Einfluss auf den jährlichen kalkulatorischen Gewinn je Hektar haben die Veränderung des Hackschnitzelpreises und des Dendromasse-Ertrages (Tab. 5-4). Weitaus geringer wirken sich veränderte Ernte- und Transportkosten, Flächen- und Gemeinkosten sowie Pflanzgutkosten auf das Gesamtergebnis aus. Alle anderen Positionen sind mehr oder weniger vernachlässigbar niedrig.

5.1.4.3 Vergleich von Energieholzanbau und Marktfruchtproduktion

Der Standort in Mittelsachsen weist aufgrund seiner natürlichen Gegebenheiten (Bodengüte, Niederschlag) sowohl für die Energieholzproduktion als auch für den Marktfruchtanbau sehr günstige Voraussetzungen zur Erzielung hoher Biomasse-Erträge auf. Für die Ermittlung der Konkurrenzfähigkeit des Gehölzanbaus erfolgt ein Wirtschaftlichkeitsvergleich mit der standorttypischen Fruchtfolge Winterraps – Winterweizen – Winterweizen – Wintergerste auf der Grundlage einer Vollkostenbetrachtung. Als Datenbasis dienen einerseits die Erträge der Ernte 2011 sowie der Durchschnitt der Erzeugerpreise des dritten Quartals 2011 (Tab. 5-5). Im zweiten Fall erfolgt der Vergleich anhand der langjährigen Durchschnittserträge der Fruchtarten (Landkreis Mittelsachsen) sowie der durchschnittlichen Erzeugerpreise der Jahre 2006 bis 2010 (Tab. 5-6). Die Gesamtkosten ergeben sich durch Anpassung aktueller betriebswirtschaftlicher Richtwerte nach Degner (2010a; 2010b; 2011) an den untersuchten Standorten in Mittelsachsen (Tab. 5-7).

Tab. 5-4: Entwicklung der Annuität bei zehnprozentiger Veränderung des Erwartungswertes.

Variable	N	Einheit	Erwartungswert	Annuität [€ ha⁻¹]	Δ Annuität [€ ha⁻¹]
Unkrautbekämpfung	1	€ ha^{-1}	45,33	176,94	± 0,28
Pflügen	1	€ ha^{-1}	94,75	176,94	± 0,59
Saatbettbereitung	1	€ ha^{-1}	48,25	176,94	± 0,30
Pflanzgut	1	€ ha^{-1}	1866,67	176,94	± 11,63
Pflanzung	1	€ ha^{-1}	865,00	176,94	± 5,39
Pflege	1	€ ha^{-1}	462,20	176,94	± 2,88
Ernte	8	€ ha^{-1}	570,60	176,94	± 18,37
Transport	8	€ t$_{atro}$ $^{-1}$	15,00	176,94	± 15,24
Rückwandlung	1	€ ha^{-1}	1950,00	176,94	± 5,32
Flächenkosten	24	€ ha^{-1} a^{-1}	175,00	176,94	± 18,11
Gemeinkosten	24	€ ha^{-1} a^{-1}	154,00	176,94	± 15,94
Ertrag		t$_{atro}$ ha^{-1} a^{-1}	11,00	176,94	± 96,50
Hackschnitzelpreis		€ t$_{atro}$ $^{-1}$	110,00	176,94	± 111,73

Δ = Veränderung   *Quelle: eigene Darstellung*

Tab. 5-5: Durchschnittlicher kalkulatorischer Gewinnbeitrag der Fruchtfolge – Jahr 2011.

Variable	Einheit	Winterraps	Winterweizen	Wintergerste
Ertrag	dt ha⁻¹	36,00	72,00	72,00
Preis	€ dt⁻¹	43,63	19,32	17,45
Marktleistung	€ ha⁻¹	1570,68	1391,04	1256,40
Gesamtkosten	€ ha⁻¹	1348,00	1202,00	1148,00
Ergebnis	€ ha⁻¹	222,68	189,04	108,40
Fruchtfolgeanteil	%	25,00	50,00	25,00
Ergebnis Fruchtfolge	**€ ha⁻¹**			**177,29**

Quelle: eigene Darstellung (nach Degner [2010a, 2010b, 2011])

Unter Berücksichtigung der Erträge und Preise für das Jahr 2011 erzielt der Landwirt mit der gesamten Fruchtfolge im Durchschnitt einen jährlichen Gewinnbeitrag von rund 177 € je Hektar. Dieser Wert ist nahezu identisch mit der mittleren Annuität des Energieholzanbaus. Verengt der Landwirt seine Fruchtfolge weiter und baut anstatt von Wintergerste sofort wieder Winterraps an, erhöht sich der jährliche Gewinnbeitrag der Fruchtfolge, die nun aus einem Drittel Winterraps und zwei Drittel Winterweizen besteht, auf knapp 200 € je Hektar.

Fließen anstelle der Werte für die Ernte 2011 die durchschnittlichen Erträge und Preise (2006 bis 2010) in die Berechnung ein, erzielt der Landwirt mit der Fruchtfolge einen durchschnittlichen Gewinn von 96 € je Hektar und Jahr und damit rund 80 € je Hektar weniger als beim Energieholzanbau. Eine Verengung der Fruchtfolge durch die Herausnahme der Wintergerste erhöht den durchschnittlichen jährlichen Gewinnbeitrag auf rund 140 € je Hektar.

Allgemein kann festgestellt werden, dass geringere Biomasseerträge aufgrund ungünstiger Witterungsbedingungen oder niedrigere Erzeugerpreise für Marktfrüchte bzw. Hackschnitzel die jährlichen Gewinnbeiträge der Produktionsverfahren entsprechend verringern und gleichzeitig zu einer veränderten Konkurrenzsituation führen. Umgekehrt vergrößert sich die Vorzüglichkeit eines Verfahrens gegenüber dem anderen mit der Erzielung hoher Ernteerträge bei gleichzeitig hohem Erzeugerpreisniveau. Insgesamt unterliegt der Gewinnbeitrag beim Anbau von Energieholz geringeren Schwankungen als beim Marktfruchtanbau, da die Dendromasse-Erträge auch bei ungünstigen Witterungsbedingungen deutlich gleichmäßiger auftreten und sich weiterhin der Energieholzpreis auf einem recht einheitlichen Niveau (mit leicht steigender Tendenz) gefestigt hat.

Eine pauschale Beurteilung der Opportunität eines Produktionsverfahrens gegenüber einem anderen ist

Tab. 5-6: Durchschnittlicher kalkulatorischer Gewinnbeitrag der Fruchtfolge – 2006 bis 2010.

Variable	Einheit	Winterraps	Winterweizen	Wintergerste
Durchschnittsertrag	dt ha⁻¹	45,00	80,00	80,00
Durchschnittspreis	€ dt⁻¹	32,17	17,03	13,88
Marktleistung	€ ha⁻¹	1447,65	1362,40	1110,40
Gesamtkosten	€ ha⁻¹	1348,00	1202,00	1148,00
Ergebnis	€ ha⁻¹	99,65	160,40	-37,60
Fruchtfolgeanteil	%	25,00	50,00	25,00
Ergebnis Fruchtfolge	**€ ha⁻¹**			**95,71**

Quelle: eigene Darstellung (nach Degner [2010a, 2010b, 2011])

Tab. 5-7: Richtwerte für Kosten der Winterrapsproduktion.

Position	Unterposition	Einheit	Wert
Direktkosten	Saatgut	€ ha^{-1}	72
	Düngemittel	€ ha^{-1}	238
	Pflanzenschutzmittel	€ ha^{-1}	223
	Aufbereitung und Sonstiges	€ ha^{-1}	55
	Summe	€ ha^{-1}	588
Arbeitserledigungskosten	Unterhaltung Maschinen	€ ha^{-1}	85
	Kraft- und Schmierstoffe	l ha^{-1}	86
	Kraft- und Schmierstoffe	€ ha^{-1}	69
	Maschinenvermögen	€ ha^{-1}	1856
	Schlepperleistungsbesatz	kW ha^{-1}	0,49
	AfA Maschinen	€ ha^{-1}	169
	Arbeitszeitbedarf termingebunden	AKh ha^{-1}	5,4
	Arbeitszeitbedarf nicht termingebunden	AKh ha^{-1}	2,5
	Personalkosten	€ ha^{-1}	108
	Summe	€ ha^{-1}	431
Flächenkosten	Pacht, Bodenverbesserung	€ ha^{-1}	175
Gemeinkosten	Leitung/Verwaltung, allgemeiner Betriebsaufwand	€ ha^{-1}	154
Summe Kosten		**€ ha^{-1}**	**1348**

l = Liter; kW = Kilowatt; AKh = Arbeitskraftstunden   *Quelle: eigene Darstellung (nach Degner [2011])*

generell nicht möglich, sondern immer im Einzelfall an den gegebenen Bedingungen zu prüfen.

5.1.4.4 KUP-Kalkulator

Für eine eigenständige Berechnung der Wirtschaftlichkeit von KUP mit betriebseigenen Daten stellen die Autoren ein Kalkulationsprogramm für interessierte Landwirte bereit. Dieses ist unter folgendem Link abrufbar: www.energieholz-portal.de

5.2 Rechtlicher Rahmen für eine Kurzumtriebswirtschaft

Kathleen Michalk, Martina Marx, Martin Schulte

5.2.1 Einführung

Kurzumtriebsplantagen unterliegen einer Vielzahl europa-, bundes- und landesrechtlicher Regelungen. Da es sich hierbei um eine Bewirtschaftungsform handelt, die sich an der Schnittstelle von Forst- und Landwirtschaft bewegt, ist das hierfür geltende Rechtsregime nicht ohne Weiteres identifizierbar. Klarheit schaffen Regelungen, die KUP ausdrücklich als Regelungsgegenstand aufnehmen oder ausschließen. Die konkreten Anforderungen an die KUP hängen im Wesentlichen von der jeweiligen Anbaufläche und der Inanspruchnahme von Beihilfen bzw. von bestimmten Förderungen ab. Der folgende Beitrag soll daher zunächst die unterschiedlichen rechtlichen Definitionen von KUP und daran anknüpfend die vielfältigen rechtlichen Anforderungen an diese Bewirtschaftungsform vorstellen.

5.2.2 Rechtliche Qualifizierung von Kurzumtriebsplantagen

5.2.2.1 Kurzumtriebsplantagen nach dem europäischen Agrarbeihilfenrecht

In den Regelungen des europäischen Agrarbeihilfenrechts wird für KUP der Begriff »Niederwald im Kurzumtrieb« verwandt. Dabei handelt es sich um Flächen, die mit Gehölzarten des KN[1)]-Codes 0602 90 41 bestockt sind, deren Wurzelstock oder Baumstumpf nach der Ernte im Boden verbleibt und in der nächsten Saison wieder austreibt. Die für den Kurzumtrieb geeigneten Arten und deren maximaler Erntezyklus sind vom jeweiligen Mitgliedstaat festzulegen. In Deutschland sind bisher die in Tabelle 5-8 enthaltenen Baumarten zugelassen, wobei einheitlich ein maximaler Erntezyklus von 20 Jahren gilt. Das bedeutet, dass spätestens 20 Jahre nach Begründung der Anlage oder der letzten Ernte die Fläche beerntet, nicht aber notwendig umgewandelt werden muss, so dass eine KUP auch länger als 20 Jahre auf einer Fläche bestehen darf.

Da KUP, welche insbesondere die Voraussetzungen im Hinblick auf Umtriebszeit und Baumart einhalten, gemäß Verordnung (EG) Nr. 1120/2009 ausdrücklich als Dauerkultur definiert werden, gehören diese beihilferechtlich zur landwirtschaftlichen Fläche (Art. 2 lit. h) Verordnung (EG) Nr. 73/2009).

5.2.2.2 Kurzumtriebsplantagen nach dem Bundeswaldgesetz

Nach dem Bundeswaldgesetz (BWaldG) werden KUP definiert als Grundflächen, auf denen Baumarten mit dem Ziel baldiger Holzentnahme angepflanzt werden und deren Bestände eine Umtriebszeit von nicht länger als 20 Jahren haben. Entsprechende Grundflächen sind vom Waldbegriff und somit auch von hieran anknüpfenden waldrechtlichen Anforderungen (Erstaufforstungsgenehmigung usw.; s. jedoch Kapitel 5.2.3.1) ausgenommen. Die Herausnahme von KUP aus dem Waldbegriff wird nach der Novellierung des Bundeswaldgesetzes unabhängig von der Beihilfefähigkeit der Fläche und der tatsächlichen Beantragung der Beihilfe ausgelöst, so dass ein Verzicht auf die Beihilfe ohne Auswirkungen hierauf bleibt. Folgerichtig muss die im Bundeswaldgesetz vorgegebene maximale Umtriebszeit von 20 Jahren eingehalten werden; eine Beschränkung auf die in Tabelle 5-8 genannten Baumarten besteht jedoch nicht.

Landesrechtliche Regelungen, die KUP bereits vor Änderung des Bundeswaldgesetzes aus dem

Tab. 5-8: Bekanntmachung der Bundesanstalt für Landwirtschaft und Ernährung (BLE) Nr. 05/10/31 vom 12. Mai 2010 (eBAnz AT52 2010 B1), geändert durch Bekanntmachung Nr. 15/10/31 vom 17. Dezember 2010 (eBAnz AT135 2010 B1).

Lfd. Nr.	Gattung		Art		Max. Erntezyklus (Jahre)
	dt. Bezeichnung	bot. Bezeichnung	dt. Bezeichnung	bot. Bezeichnung	
1	Weiden	*Salix*	alle Arten		20
2	Pappeln	*Populus*	alle Arten		20
3	Robinien	*Robinia*	alle Arten		20
4	Birken	*Betula*	alle Arten		20
5	Erlen	*Alnus*	alle Arten		20
6	Eschen	*Fraxinus*	Gemeine Esche	*F. excelsior*	20
7	Eichen	*Quercus*	Stieleiche	*Q. robur*	20
8	Eichen	*Quercus*	Traubeneiche	*Q. petraea*	20
9	Eichen	*Quercus*	Roteiche	*Q. rubra*	20

[1)] *Die Kombinierte Nomenklatur (KN) ist eine EU-einheitliche achtstellige Warennomenklatur für den Außenhandel im Rahmen der gemeinsamen Handelspolitik, insbesondere für den gemeinsamen Zolltarif sowie die Statistik seitens Eurostat und der nationalen statistischen Ämter. Sie wurde mit der Verordnung (EWG) Nr. 2658/87 des Rates vom 23. Juli 1987 über die zolltarifliche und statistische Nomenklatur sowie über den Gemeinsamen Zolltarif eingeführt.*

Tab. 5-9: Regelungen zur Definition von Kurzumtriebsplantagen in einzelnen Landeswaldgesetzen.

Bundesland	Regelung
Bayern	Art. 2 Abs. 4 S. 1 i. V. m. Art. 4 Nr. 7 BayWaldG: Anpflanzungen mit schnellwachsenden Baumarten insbesondere zur Erzeugung von Holz zur Energiegewinnung, mit einer Umtriebszeit von höchstens 10 Jahren (Kurzumtriebskulturen) sind nicht Wald im Sinn dieses Gesetzes
Hessen	§ 1 Abs. 3 ForstG: Kurzumtriebsplantagen zur Holzproduktion für energetische und stoffliche Zwecke auf landwirtschaftlichen Nutzflächen mit einem Aufwuchsalter bis zu 20 Jahren sind nicht als Wald anzusehen
Mecklenburg-Vorpommern	§ 2 Abs. 3 LWaldG (novelliert mit Gesetz vom 20. Mai 2011, GVBl. S. 311 nach Novellierung des BWaldG): Grundflächen, auf denen Baumarten mit dem Ziel baldiger Holznahme angepflanzt werden und deren Bestände eine Umtriebszeit von nicht länger als 20 Jahren haben (Kurzumtriebsplantagen)
Niedersachsen	§ 2 Abs. 7 Nr. 3 NWaldLG: [Wald sind nicht] Flächen, auf denen Waldbäume mit dem Ziel baldiger Holzentnahme angepflanzt werden (Kurzumtriebsplantagen)
Schleswig-Holstein	§ 2 Abs. 1 S. 3 Nr. 4 LWaldG: [Wald sind nicht] Schnellwuchsplantagen
Thüringen	§ 2 Abs. 3 S. 2 ThürWaldG: Nicht zum Wald gehören ebenfalls Flächen nach dem Gesetz zur Gleichstellung stillgelegter und landwirtschaftlich genutzter Flächen vom 10. Juli 1995 (BGBl. I S. 910), die als Kurzumtriebsplantagen genutzt werden

Waldbegriff herausnahmen (vgl. Tab. 5-9), sind aus kompetenzrechtlichen Gründen nichtig (s. auch Schulte et al., 2010).

5.2.2.3 Kurzumtriebsplantagen nach der Biomasseverordnung

Die im Zusammenhang mit der Vergütung von Strom aus Biomasse nach dem Erneuerbare-Energien-Gesetz (EEG) relevante Definition von KUP in der Biomasseverordnung beschränkt sich zwar nicht auf ausgewählte Baumarten, da generell mehrjährige Gehölzkulturen in Frage kommen. Jedoch ist eine Mindestumtriebszeit von drei Jahren vorgeschrieben, so dass Strom aus KUP-Holz mit zweijähriger Umtriebszeit keine Zusatzvergütung erhält. Die maximale Umtriebszeit beträgt wiederum 20 Jahre.

5.2.2.4 Abgrenzung gegenüber Agroforstsystemen

Abzugrenzen sind KUP von Agroforstsystemen, da für diese zum Teil Besonderheiten zu beachten sind (Marx, 2011). Gemäß § 2 Abs. 2 Nr. 2 BWaldG, der ebenfalls einen Ausschluss von Agroforstsystemen aus dem Waldbegriff bewirkt, handelt es sich dabei um Flächen mit Baumbestand, die gleichzeitig dem Anbau landwirtschaftlicher Produkte dienen. Weil Agroforstsysteme häufig auf die Gewinnung von Wertholz gerichtet sind und damit gerade nicht auf die vorrangig mit dem Anbau von schnellwachsenden Baumarten verbundene Energieholzerzeugung, sind Flächen mit Agroforstsystemen nicht ohne Weiteres beihilfefähig. Soll die Beihilfefähigkeit erhalten bleiben, obwohl keine beihilfefähigen Baumarten angepflanzt werden, so dürfen nicht mehr als 50 Bäume pro Hektar, die gleichmäßig auf der Fläche verteilt sind und die dennoch die landwirtschaftliche Tätigkeit ermöglichen, angebaut werden (sog. Art. 34 – Dokument der Europäischen Kommission).

5.2.2.5 Zwischenfazit

Die Bestimmungen zur Qualifizierung von KUP als Dauerkultur und somit als landwirtschaftliche Fläche nach dem europäischen Agrarbeihilfenrecht sowie die Voraussetzungen für die Herausnahme dieser Anbauform aus dem Waldbegriff nach dem Bundeswaldgesetz und die Voraussetzungen für die Zahlung einer Zusatzvergütung nach dem

EEG sind unterschiedlich. Allen gemein ist die Einhaltung der maximalen Umtriebszeit von 20 Jahren. Landwirte, die eine Beihilfefähigkeit ihrer KUP sicherstellen wollen, müssen sich auf die in der o. g. Liste der BLE aufgeführten Baumarten beschränken. Wird die Zusatzvergütung nach dem EEG angestrebt, ist eine Mindestumtriebszeit von drei Jahren zu beachten.

5.2.3 Rechtliche Anforderungen an Kurzumtriebsplantagen

5.2.3.1 Erstanlage

Entscheidend für die Bestimmung der konkreten rechtlichen Anforderungen an die Erstanlage von KUP sind v. a. der konkrete Anbauort und die Inanspruchnahme von Förderungen, da diese an weitere Voraussetzungen gekoppelt sein können.

Waldrecht

Wegen der Herausnahme von KUP aus dem Waldbegriff ist eine Erstaufforstungsgenehmigung beim Anbau auf Ackerflächen grundsätzlich nicht notwendig. Besonderheiten gelten in Bayern, wo gemäß Art. 16 Abs. 1 S. 2 BayWaldG auch hierfür eine Aufforstungsgenehmigung eingeholt werden muss. Ebenso ist in Baden-Württemberg gemäß § 25a Abs. 2 Lw/KultG BW für die Anlage von KUP auf Flächen von mehr als 20 Ar (= 2000 m²) eine Aufforstungsgenehmigung erforderlich.

Umgekehrt ist gleichwohl eine Umwandlungsgenehmigung bei einer Erstanlage einer KUP im Wald erforderlich. Hierbei ist zu beachten, dass gemäß § 2 Abs. 1 S. 2 BWaldG auch Flächen dem Wald zugerechnet werden, obwohl diese nicht mit Forstpflanzen bestockt sind. Eine Genehmigung ist auf diesen Flächen allein dann nicht notwendig, wenn es sich nicht um eine klassische KUP, sondern um eine waldrechtlich zulässige Nutzung als Nieder- oder Mittelwald handelt.

Forstvermehrungsgutgesetz

Das Forstvermehrungsgutgesetz (FoVG) regelt die Erzeugung, das Inverkehrbringen sowie die Ein- und Ausfuhr von forstlichem Vermehrungsgut (Saatgut, Pflanzenteile, Pflanzgut), der im Gesetz genannten Baumarten bzw. Hybriden (einschließlich der Gattung Pappel und der Art Robinie, Trauben-, Stiel- und Roteiche, Esche, Sand- und Moorbirke sowie Schwarz- und Grauerle, jedoch nicht der Gattung Weide). Die eigentliche Biomasseproduktion sowie die Verwendung von forstlichem Vermehrungsgut sind nicht Gegenstand des Forstvermehrungsgutgesetzes. Zweck des Gesetzes ist es, den Wald mit seinen vielfältigen positiven Wirkungen durch die Bereitstellung von hochwertigem und identitätsgesichertem forstlichen Vermehrungsgut in seiner genetischen Vielfalt zu erhalten und zu verbessern. Zudem unterliegen Pflanzenteile und Pflanzgut dem Forstvermehrungsgutgesetz nur, wenn sie für forstliche Zwecke bestimmt sind.

Forstliche Zwecke werden im Forstvermehrungsgutgesetz nicht definiert. Lediglich in der Begründung zum Gesetzentwurf (Bundestags-Drucksache 14/7384, S. 17) heißt es dazu: »Forstliche Zwecke umfassen dabei die Verjüngung und Begründung von Wald einschließlich [...] Kurzumtriebs- und Schnellwuchsplantagen, da sich aus diesen oft Wald im Sinne des Bundeswaldgesetzes entwickelt und auch dort die Verwendung geeigneten Vermehrungsgutes von hoher Bedeutung für die Erzeugung und den Naturhaushalt ist.« Einerseits wird damit an den Waldbegriff des Bundeswaldgesetzes angeknüpft, nach dessen Novellierung jedoch generell KUP aus dem Waldbegriff herausgenommen wurden. Andererseits besteht nach wie vor die Möglichkeit, dass sich eine KUP nach 20 Jahren ohne Ernte zu Wald im Sinne des Bundeswaldgesetzes entwickelt. Zudem werden in einer KUP gerade Forstgehölze angepflanzt, woraus ein forstlicher Zweck hergeleitet werden könnte. Aus Gründen der Rechtsklarheit empfiehlt es sich daher, eine gesetzliche Konkretisierung des Begriffs »forstlicher Zweck« vorzunehmen.

Naturschutzrecht

Zunächst sind bei der Anlage einer KUP die Grundsätze der guten fachlichen Praxis, wie sie sich aus

§ 5 Abs. 2 BNatSchG und § 17 Abs. 2 BBodSchG ergeben, einzuhalten. Zwar handelt es sich hierbei überwiegend um Grundsatznormen ohne direkte Sanktionen (Rehbinder, 2011). Doch sind darin Anforderungen enthalten, die auch bei der Erstanlage einer KUP zu beachten sind. Dazu zählt eine standortangepasste Bewirtschaftung, die eine Beschränkung auf standorttypische Baumarten umfasst, so dass der Anbau der beihilfefähigen Robinie in diesem Zusammenhang problematisch erscheint (Möckel, 2011). Zudem ist ein Grünlandumbruch auf erosionsgefährdeten Hängen, in Überschwemmungsgebieten, auf Standorten mit hohem Grundwasserstand sowie auf Moorstandorten zu unterlassen (§ 5 Abs. 2 Nr. 5 BNatSchG). Wie der Katalog des § 5 Abs. 2 BNatSchG insgesamt sind die hier aufgezählten Standorte jedoch nicht abschließend, so dass auch auf anderen Flächen u. U. ein Grünlandumbruchsverbot besteht (Fischer-Hüftle, 2011). Wegen der hinreichenden Bestimmtheit dieser Regelung sind Anordnungen der zuständigen Behörde nach § 3 Abs. 2 BNatSchG möglich, um die Einhaltung der Vorschrift zu gewährleisten (Louis, 2010; Krohn, 2012). Ferner sind landesrechtliche Regelungen zu beachten, die den Grünlanderhalt auf ausgewählten Standorten gebieten (Bayern), den Grünlandumbruch auf artenreichen Grünlandstandorten verbieten (Hamburg) sowie zur Konkretisierung der Grundsätze der guten fachlichen Praxis durch Rechtsverordnung ermächtigen (Schleswig-Holstein).

Im Rahmen der Eingriffsregelung erhalten die Grundsätze der guten fachlichen Praxis über die sogenannte Landwirtschaftsklausel des § 14 Abs. 2 BNatSchG besondere Relevanz, da eine landwirtschaftliche Bodennutzung, welche den Anforderungen an die gute fachliche Praxis entspricht, in der Regel nicht den Zielen des Naturschutzes und der Landschaftspflege widerspricht und damit nicht als Eingriff anzusehen ist. Wird die Maßnahme dagegen als Eingriff qualifiziert, erwachsen für den Verursacher Pflichten zur Vermeidung, zum Ausgleich oder Ersatz oder zur Zahlung eines Ersatzgeldes. Gemäß § 14 Abs. 1 BNatSchG liegt ein Eingriff vor bei Veränderungen der Gestalt oder Nutzung von Grundflächen oder Veränderungen des mit der belebten Bodenschicht in Verbindung stehenden Grundwasserspiegels, die die Leistungs- und Funktionsfähigkeit des Naturhaushalts oder das Landschaftsbild erheblich beeinträchtigen können. Vollzogen wird die Eingriffsregelung durch Anzeige- und Zulassungspflichten nach anderen Vorschriften oder nachrangig durch die Genehmigungspflicht nach § 17 Abs. 3 BNatSchG.

Im Hinblick auf den Anbau einer KUP ist daher fraglich, ob eine landwirtschaftliche Bodennutzung i. S. d. § 14 Abs. 2 BNatSchG überhaupt vorliegt. Voraussetzung für die Qualifizierung als landwirtschaftliche Bodennutzung ist eine erwerbsmäßige Bewirtschaftung im Rahmen einer unmittelbaren landwirtschaftlichen Urproduktion (Lütkes, 2011). Umfasst ist lediglich die »tägliche Wirtschaftsweise«, so dass beispielsweise der Wechsel von der land- zur forstwirtschaftlichen Nutzung nicht der Privilegierung unterliegt (BVerwGE 67, 93, 94; BVerwG, Beschl. v. 4. Juni 2003, Az.: 4 BN 27/03). Eine landwirtschaftliche Bodennutzung wird jedoch auch bei einem Wechsel innerhalb der landwirtschaftlichen Nutzung verneint (Möckel, 2012; andere Ansicht Werner, 2000; Henneke, 1986). Ob ein Wechsel der landwirtschaftlichen Nutzung tatsächlich vorliegt, ist von der Würdigung der örtlichen landwirtschaftlichen Rahmenbedingungen und der herkömmlichen ackerbaulichen Nutzung der Flächen abhängig (BVerwG, Beschl. v. 4. Juni 2003, Az.: 4 BN 27/03). Bei KUP wird zum Teil eine landwirtschaftliche Bodennutzung i. S. v. § 14 Abs. 2 BNatSchG verneint (Möckel, 2011; im Hinblick auf die Umwandlung von Dauergrünland: VGH Kassel, Beschl. v. 6. September 1991, Az.: 3 TH 1077/91; VG Schleswig, Beschl. v. 22. Dezember 2006, Az.: 1 B 34/06; andere Ansicht OVG Münster, Urt. v. 15. September 1999, Az.: 7 A 1017/98). Da letztlich eine Betrachtung im Einzelfall notwendig ist, empfiehlt es sich, die Anlage einer KUP bei der zuständigen Behörde anzuzeigen. In Baden-Württemberg besteht ausdrücklich eine Anzeigepflicht für KUP mit einer Fläche bis 2000 m² gemäß § 25a Abs. 3 S. 2 Lw/KultG BW; für größere Flächen ist eine Aufforstungsgenehmigung erforderlich. Eine konkrete Regelung für den Anbau von KUP auf Dauergrünland in Baden-Württemberg enthält § 25a Abs. 3 Lw/KultG BW, wonach eine Anlage auf einer Fläche von mehr als 2000 m² nur bei hinreichendem Ausgleich des Dauergrünlandverlustes, bei überwiegenden Gründen des Allgemeinwohls oder bei einer unzumutbaren Belastung im Einzelfall genehmigt werden darf.

Zudem bestehen allgemeine landesrechtliche Regelungen zum Grünlandumbruch im Rahmen sog. Positivkataloge, wonach bestimmte Veränderungen regelmäßig als Eingriff anzusehen sind. So gilt in Sachsen der Umbruch von Dauergrünland zur Ackernutzung auf einer Fläche von mehr als 5000 m² als Eingriff. In Brandenburg und Mecklenburg-Vorpommern gilt die Änderung der Nutzungsart von Dauergrünland auf Niedermoorstandorten als Eingriff. Im Saarland gilt die Umwandlung von Dauergrünland in natürlichen Überschwemmungsgebieten und auf erosionsgefährdeten Flächen als Eingriff. Der Grünlandumbruch in Überschwemmungsgebieten, auf Moorböden, auf erosionsgefährdeten Hängen oder von Grünland mit tatsächlicher Lebensraumfunktion für besonders geschützte Tier- und Pflanzenarten sowie der Umbruch in Wiesentälern zum Zwecke der Nutzungsänderung gelten schließlich in Thüringen als Eingriff.

Die Anforderungen an KUP in Schutzgebieten hängen von der jeweiligen Schutzkategorie und der jeweiligen Schutzverordnung ab (Schulte et al., 2010; Glaser & Schmidt, 2010 b). In artenschutzrechtlicher Hinsicht ist das Ansiedeln gebietsfremder Baumarten (wie der Robinie) nicht genehmigungspflichtig, da der Anbau in der Landwirtschaft erfolgt (§ 40 Abs. 4 S. 4 Nr. 1 BNatSchG). Gleichwohl können Anforderungen des besonderen Artenschutzes, insbesondere die Zugriffsverbote hinsichtlich der in § 7 Abs. 2 Nr. 13 und 14 BNatSchG genannten Arten, greifen. Die Privilegierung der landwirtschaftlichen Bodennutzung nach § 44 Abs. 4 BNatSchG, wonach ein Verstoß gegen die Zugriffsverbote bei Einhaltung der guten fachlichen Praxis nicht vorliegt, hängt wiederum von der Qualifizierung der Anlage einer KUP als landwirtschaftliche Bodennutzung ab (vgl. oben). Sind europäische Vogelarten, in Anhang IV der FFH-RL oder in einer Rechtsverordnung nach § 54 Abs. 1 Nr. 2 BNatSchG aufgeführten Arten betroffen, gilt diese Privilegierung jedoch nur, soweit der Erhaltungszustand der lokalen Population der betreffenden Art durch die Bewirtschaftung nicht verschlechtert wird, § 44 Abs. 4 S. 2 BNatSchG.

Gewässerschutzrecht

Im Gewässerrandstreifen und in festgesetzten Überschwemmungsgebieten ist die Umwandlung von Grünland in Ackerland verboten. Aus dem Regelungswortlaut der §§ 38 Abs. 4 S. 2 Nr. 1, 78 Abs. 1 Nr. 8 WHG, der ausdrücklich nicht auf einen Grünlandumbruch abstellt, geht zunächst kein Verbot der Umwandlung in eine nicht ackerbauliche Nutzung hervor, selbst wenn dabei die bisherige Grünlanddecke beseitigt wird (Fröhlich, 2010; Berendes, 2011). Flächen mit KUP sind nicht Ackerland im klassischen Sinne, sondern Dauerkulturflächen. Fraglich ist daher, ob auch diese Flächen als Ackerland zu qualifizieren und vom Umwandlungsverbot erfasst sind. Zumindest aus der Regelung in § 4a S. 1 DirektZahlVerpflV, die zwischen einer Umwandlung von Dauergrünland in Ackerland einerseits und in eine Dauerkulturfläche andererseits unterscheidet, geht hervor, dass eine entsprechende Differenzierung auch im nationalen Recht existiert, so dass der Anbau von KUP nicht vom Umwandlungsverbot umfasst sein könnte. Hinzukommt, dass diese Flächen auch dem Zweck der gewässerschutzrechtlichen Regelungen entsprechen, der v. a. im Schutz vor Abschwemmungen von Bodenbestandteilen und vor dem daraus resultierenden Eintrag von Schadstoffen wie Nitraten und Phosphaten in das oberirdische Gewässer und das Grundwasser zu finden ist, wobei v. a. das Problem der Erosionsneigung von Ackergrund im Fokus steht (Bundestags-Drucksache 16/12275, S. 62; Czychowski & Reinhardt, 2010). Empfehlenswert wäre daher auch an dieser Stelle eine gesetzliche Präzisierung.

Ferner sind in Gewässerrandstreifen Neuanpflanzungen von nicht standortgerechten Bäumen und Sträuchern verboten. Schließlich kommen Gewässerrandstreifen wegen des Verbots, standortgerechte Bäume zu entfernen und somit zu fällen und zu roden (Czychowski & Reinhardt, 2010), kaum für die Anlage einer KUP in Betracht, obwohl deren fachliche Eignung gerade nicht per se verneint werden kann (Nitsch et al., 2008). In Überschwemmungsgebieten ist das der Fall, wenn die Baum- und Strauchpflanzungen nicht den Zielen des vorsorgenden Hochwasserschutzes gemäß § 6 Abs. 1 S. 1 Nr. 6 und § 75 Abs. 2 WHG entgegenstehen. In Sachsen ist zudem gemäß § 100d Abs. 1 Nr. 1 SächsWG auf Deichen das Pflanzen von Bäumen untersagt.

Im Bereich von Wasserschutzgebieten existieren in den Ländern länderübergreifende Nutzungsbeschränkungen, die ein Verbot des Grünlandumbruchs beinhalten (Niedersachsen: Verordnung über Schutzbestimmungen in Wasserschutzgebieten [SchuVO]; Baden-Württemberg: Schutzgebiets- und Ausgleichs-Verordnung [SchALVO]). Die Regelung der SchALVO unterscheidet dabei in § 4 Abs. 3 Nr. 1 zwischen einem Umbruch und einer Nutzungsänderung, wozu nicht die Veränderung innerhalb der Grünlandbewirtschaftung gehört. Ausdrücklich von dem Verbot des Dauergrünlandumbruchs und der Nutzungsänderung ausgenommen sind Pflanzungen standortgerechter Streuobstbestände und die standortgerechte Aufforstung ohne flächenhaften Umbruch.

Bodenschutzrecht

Wie bereits dargestellt, sind bei der landwirtschaftlichen Nutzung die in § 17 Abs. 2 BBodSchG enthaltenen Anforderungen einzuhalten. Dabei können KUP insbesondere im Hinblick auf Bodenerosion und -verdichtung, Reduzierung der Bearbeitungsintensität sowie als Strukturelemente im Einzelfall wichtige Beiträge zur nachhaltigen Sicherung der Bodenfruchtbarkeit und Leistungsfähigkeit des Bodens leisten.

Nachbarrecht

Bestimmungen zum Nachbarrecht sind in den Nachbarrechtsgesetzen der Bundesländer geregelt. In Bayern, Bremen, Hamburg und Mecklenburg-Vorpommern gibt es keine speziellen Nachbarrechtsgesetze, dort gelten die zivilrechtlichen Regelungen des Bürgerlichen Gesetzbuches (BGB). In den Nachbarrechtsgesetzen der übrigen Bundesländer ist der vorgeschriebene Abstand zu Baum- und Strauchpflanzungen meist an die Baumhöhe und die Nutzungsart der benachbarten Fläche gebunden (s. Tab. 5-10).

Agrarbeihilfenrecht

Da KUP i. S. d. europäischen Agrarbeihilfenrechts beihilfefähig sind (s. Abschnitt 5.2.2.1), können dem Landwirt im Rahmen der ersten Säule Direktzahlungen gewährt werden, die jedoch an die Einhaltung bestimmter Vorgaben geknüpft sind. So sind zunächst eine Mindestfläche des Betriebsinhabers von 1 ha und eine Mindestgröße des Schlags von 0,3 ha zu beachten.

Zudem müssen vom Betriebsinhaber die sogenannten anderweitigen Verpflichtungen, die Cross-Compliance-Anforderungen, eingehalten werden. Eine Nichtbeachtung führt zu einer Kürzung der Direktzahlungen. Zu den Verpflichtungen gehören zum einen die in Anhang II der Verordnung (EG) Nr. 73/2009 enthaltenen Vorschriften zu den Grundanforderungen an die Betriebsführung, wie beispielsweise die FFH-Richtlinie und die Vogelschutzrichtlinie. Zum anderen sind die Flächen in einem guten landwirtschaftlichen und ökologischen Zustand zu erhalten. Die im Rahmen von Anhang III der Verordnung (EG) Nr. 73/2009 festzulegenden Mindestanforderungen sind im Direktzahlungen-Verpflichtungengesetz (DirektZahlVerpflG) und in der Direktzahlungen-Verpflichtungenverordnung (DirektZahlVerpflV) enthalten.

Gemäß § 4a DirektZahlVerpflV sind hierbei bereits bestehende Regelungen im Fachrecht zum Schutz von Dauergrünlandflächen in Überschwemmungsgebieten, gesetzlich geschützten Biotopen und Naturschutzgebieten zu beachten. Diese betreffen Verbote, Genehmigungs- oder Anzeigevorbehalte, gesetzliche Bedingungen und Nebenbestimmungen, die im Zusammenhang mit der Genehmigung eines Umbruchs oder einer Umwandlung im Einzelfall in Überschwemmungsgebieten (§ 76 Abs. 2, Abs. 3 WHG sowie Landesrecht), gesetzlich geschützten Biotopen (§ 30 BNatSchG sowie Landesrecht) und Naturschutzgebieten (§ 23 BNatSchG sowie Landesrecht) angeordnet werden. Verstöße hiergegen können nunmehr auch zu einer Kürzung der Agrarzahlungen führen.

Tab. 5-10: Regelungen in den Nachbarrechtsgesetzen.

Bundesländer	Mindestabstände zum Nachbargrundstück
Baden-Württemberg	• Weide, jährlich genutzt und nicht höher als 1,80 m: Abstand 1 m • Weide, nicht jährlich genutzt und nicht höher als 4 m: Abstand 2 m • mittelgroße Baumarten (z. B. Robinie): Abstand 4 m • großwüchsige Arten (z. B. Pappeln): Abstand 8 m
Berlin	• großwüchsige Baumarten (z. B. Pappeln): Abstand 3 m • andere Baumarten: Abstand 1,5 m • Sträucher: Abstand 0,5 m
Brandenburg	• 4 m oder mind. 1/3 der Wuchshöhe der Bäume • Verdopplung des Abstandes bei angrenzenden landwirtschaftlichen Flächen
Hessen, Nordrhein-Westfalen, Rheinland-Pfalz, Saarland, Thüringen	• sehr stark wachsende Bäume (z. B. Pappel): Abstand 4 m • stark wachsende Bäume (z. B. Robinie): Abstand 2 m • Verdopplung des Abstandes bei angrenzenden landwirtschaftlichen Flächen (außer bei der Pappel im Saarland, in Thüringen und in Rheinland-Pfalz)
Niedersachsen	• bis zu 1,2 m Höhe: Abstand 0,25 m • bis zu 2 m Höhe: Abstand 0,50 m • bis zu 3 m Höhe: Abstand 0,75 m • bis zu 5 m Höhe: Abstand 1,25 m • bis zu 15 m Höhe: Abstand 3,00 m • über 15 m Höhe: Abstand 8,00 m • zu landwirtschaftlich genutztem Nachbargrundstück: 0,6 m freibleibender Streifen
Sachsen-Anhalt	• bis zu 1,50 m Höhe: Abstand 0,50 m • bis zu 3 m Höhe: Abstand 1 m • bis zu 5 m Höhe: Abstand 1,25 m • bis zu 15 m Höhe: Abstand 3 m • 15 m Höhe: Abstand 6 m • zu landwirtschaftlich genutzten Grundstücken: 0,5 m freibleibender Streifen
Schleswig-Holstein	• 1/3 der Baumhöhe • bei »Boden- und Klimaschutzpflanzungen« bis 7 m Höhe: kein Mindestabstand
Sachsen	• bei angrenzender landwirtschaftlicher Nutzung: Abstand 0,75 m • Bäume, Sträucher oder Hecken über 2 m: 3 m bei Beeinträchtigung durch Schattenwurf

Besondere Anforderungen bestehen nach dem Grünlanderhaltungsgebot. Gemäß Art. 6 Abs. 2 Verordnung (EG) Nr. 73/2009 in Verbindung mit Art. 3 und 4 Verordnung (EG) Nr. 1122/2009 ist sicherzustellen, dass der Dauergrünlandanteil gegenüber dem Referenzjahr 2003 nicht mehr als zehn Prozentpunkte abnimmt, wobei nach § 3 DirektZahlVerpflG die Länder verantwortlich sind und bei einer Verringerung des Dauergrünlandanteils um mehr als 5 % Verordnungen erlassen, die den Umbruch von Dauergrünland von einer Genehmigung abhängig machen. Entsprechende Genehmigungspflichten bestehen derzeit in Bremen, Hamburg, Niedersachsen, Schleswig-Holstein und Nordrhein-Westfalen. Verringert sich der Dauergrünlandanteil um mehr als 8 % kann, bei einer Verringerung um mehr als 10 % muss das Bundesland Zahlungsempfänger, die umgebrochenes Dauergrünland bewirtschaften, verpflichten, dieses wieder einzusäen oder auf anderen Flächen Dauergrünland neu anzulegen (s. Kapitel 6.2).

Der Anbau von KUP auf Dauergrünland führt zu einer Reduzierung des Dauergrünlandanteils, da diese als Dauerkultur den Status der Dauergrünlandfläche ändert. Zudem ergibt sich dieses Ergebnis im Umkehrschluss aus Art. 6 Abs. 2 UAbs. 3 Verordnung (EG) Nr. 73/2009, wonach der Anbau von schnellwachsenden Baumarten von der Regelung des Dauergrünlanderhaltungsgebotes ausdrücklich umfasst ist (vgl. ebenso die landesrechtlichen Regelungen in § 2 Abs. 1 S. 2 Hs. 2 DGL-VO SH, § 3 Abs. 3 DGLVO LSA). Somit ist der Anbau von KUP grundsätzlich – d. h. wenn keine anderen grünlandschützenden Vorschriften (z. B. Naturschutzgesetze der Länder, Agrarumweltmaßnahmen) eingreifen – möglich, solange sich landesweit der Dauergrünlandanteil nicht um mehr als 5 % verringert hat. Nach Überschreiten der 5 %-Grenze hängt die Möglichkeit von der jeweiligen landesrechtlichen Verordnung ab. So kann in Mecklenburg-Vorpommern die Anlage von Energieholzplantagen auf Dauergrünland mit schnellwachsenden Arten genehmigt werden, so-lange landesweit Energieholzplantagen auf nicht mehr als 3000 ha Grünland angelegt werden, § 3 Abs. 2 DGErhG M-V.

Im Rahmen von Agrarumweltmaßnahmen (s. Kapitel 5.3) besteht regelmäßig die Verpflichtung, den Umfang der Dauergrünlandfläche nicht zu verringern. Da der Anbau von KUP als Dauerkultur eine solche Verringerung jedoch bewirkt (vgl. oben), werden die Zuwendungsvoraussetzungen nicht eingehalten und gezahlte Zuwendungen können zurückgefordert werden. Die Möglichkeit einer sanktionslosen Umwandlung der Agrarumweltverpflichtung in eine Verpflichtung zur Erstaufforstung landwirtschaftlicher Flächen sollte in diesem Falle jedoch überprüft werden.

Förderung Erneuerbarer Energien

Soweit Holz aus KUP zu BtL-Kraftstoffen verarbeitet wird, welche im Sinne des BImSchG (Quotenpflicht) bzw. des Energiesteuergesetzes (Steuerentlastung) in Ansatz gebracht werden sollen, sind beim Anbau dieser KUP Anforderungen an den Schutz natürlicher Lebensräume und eine nachhaltige landwirtschaftliche Bewirtschaftung nach der Biokraftstoff-Nachhaltigkeitsverordnung (Biokraft-NachV) zu erfüllen. So ist ein Anbau auf Flächen mit hohem Naturschutzwert (bewaldete Flächen, Naturschutzzwecken dienende Flächen, Grünland mit großer biologischer Vielfalt), Flächen mit hohem Kohlenstoffbestand (Feuchtgebiete, kontinuierlich bewaldete Gebiete) und auf Torfmoorflächen nicht möglich. Hierbei ist der Status der Fläche im oder nach Januar 2008 (Referenzzeitpunkt) relevant. KUP sind weder bewaldete Flächen i. S. d. § 4 Biokraft-NachV (nur Primärwälder und naturbelassene Flächen ohne deutlich sichtbare Anzeichen für menschliche Aktivität) noch kontinuierlich bewaldete Gebiete i. S. d. § 5 Abs. 4 Biokraft-NachV (BLE, 2010). Biokraftstoffe aus KUP-Holz sind daher grundsätzlich gemäß der Biokraft-NachV anerkennungsfähig, wenn ein Anbau auf den besagten sensiblen Flächen nicht erfolgt. Zudem sind ausgewählte Anforderungen der in Anhang II der Verordnung (EG) Nr. 73/2009 enthaltenen Vorschriften zu den Grundanforderungen an die Betriebsführung und Mindestanforderungen an den guten landwirtschaftlichen und ökologischen Zustand einzuhalten. Die Cross-Compliance-Anforderungen des europarechtlichen Agrarbeihilfenrechts erhalten somit auch im Rahmen der Förderung der Biokraftstoffe Relevanz.

Die Anforderungen der Biomassestrom-Nachhaltigkeitsverordnung (BioSt-NachV) gelten nur für flüssige Biomasse, die zur Verstromung eingesetzt wird. Indirekte Steuerungswirkung entfaltet allerdings das ab 1. Januar 2012 geltende Erneuerbare-Energien-Gesetz, das bei Holz aus KUP nach Einsatzstoffvergütungsklasse I und II differenziert, da die Einhaltung der Anforderungen der jeweiligen Einsatzstoffvergütungsklasse über die Höhe der Zusatzvergütung entscheidet (Tab. 5-11).

5.2.3.2 Bewirtschaftung und Ernte

Die Anwendung von Pflanzenschutzmitteln hat nach dem Pflanzenschutzgesetz (PflSchG) immer auf Grundlage des jeweils aktuellen, jährlich neu erscheinenden Pflanzenschutzmittelverzeichnisses (Online-Datenbank des Bundesamtes für Verbraucherschutz und Lebensmittelsicherheit, www.bvl.bund.de) zu erfolgen. Sollte ein Pflanzenschutzmittel nicht

ausgewiesen sein, ist ein Antrag nach § 22 Abs. 2 PflSchG bei der nach Landesrecht zuständigen Stelle möglich, um eine Einzelfallgenehmigung zur Verwendung in KUP zu erhalten.

Die Beerntung der KUP ist vor dem Hintergrund dieser spezifischen Bewirtschaftungsform als tägliche Wirtschaftsweise und damit als landwirtschaftliche Bodennutzung zu qualifizieren. Bei Einhaltung der Grundsätze der guten fachlichen Praxis steht in der Regel die Bewirtschaftung nicht den Zielen des Naturschutzes und der Landschaftspflege entgegen und ist damit nicht als Eingriff anzusehen (Möckel, 2011). Einschränkungen können sich allerdings aus dem Artenschutzrecht ergeben. Das in § 39 Abs. 5 Nr. 2 BNatSchG enthaltene Schneideverbot vom 1. März bis 30. September erfasst explizit nicht Bäume auf KUP. Als landwirtschaftliche Bodennutzung kann die Beerntung im Bereich des besonderen Artenschutzes an der Privilegierung nach § 44 Abs. 4 BNatSchG partizipieren, so dass bei Einhaltung der Anforderungen der guten fachlichen Praxis kein Verstoß gegen die Zugriffs-, Besitz- und Vermarktungsverbote des besonderen Artenschutzes vorliegt. Besonderheiten gelten jedoch im Hinblick auf europäische Vogelarten sowie die in Anhang IV der FFH-Richtlinie oder in einer Rechtsverordnung nach § 54 Abs. 1 Nr. 2

Tab. 5-11: Höhe der Zusatzvergütung nach dem EEG in Abhängigkeit von der Einsatzstoffvergütungsklasse.

	Einsatzstoffvergütungsklasse I		Einsatzstoffvergütungsklasse II	
Definition von KUP	Anpflanzungen mehrjähriger Gehölzkulturen mit einer Umtriebszeit von mindestens drei und höchstens 20 Jahren auf landwirtschaftlichen Flächen, die allein oder im Rahmen einer agroforstlichen Nutzung der Energieholzgewinnung dienen, und die nicht Wald im Sinne des Bundeswaldgesetzes sind, einschließlich Rinde			
Ausdrücklich ausgeschlossene Anbauflächen			• Grünlandflächen (mit oder ohne Grünlandumbruch) • Naturschutzgebiete • Natura 2000-Gebiete • Nationalparks	
Maximale Größe der zusammenhängenden Anbaufläche			• 10 ha	
Höhe der Zusatzvergütung	bis 500 kW: bis 750 kW: bis 5 MW:	6 ct kWh^{-1} 5 ct kWh^{-1} 4 ct kWh^{-1}	bis 5 MW:	8 ct kWh^{-1}

BNatSchG aufgeführten Arten, da sich hierbei der Erhaltungszustand der lokalen Population nicht verschlechtern darf. Dazu sind gemäß § 44 Abs. 4 S. 3 und 4 BNatSchG neben kooperativen und informellen Instrumenten Bewirtschaftungsvorgaben durch die zuständige Behörde bzw. Allgemeinverfügungen oder Rechtsverordnungen möglich oder u. U. zwingend (Heugel, 2011).

In Gewässerrandstreifen ist gemäß § 38 Abs. 4 S. 2 Nr. 2 WHG das Entfernen standortgerechter Bäume und somit das Fällen und Roden (Czychowski & Reinhardt, 2010) verboten, so dass eine Beerntung der KUP, soweit diese im Gewässerrandstreifen überhaupt angelegt werden kann (s. oben Abschnitt 5.2.3.1), u. U. nicht möglich ist. Außerdem sind die auf der Grundlage von § 29 BNatSchG bzw. entsprechender landesrechtlicher Regelungen erlassenen gemeindlichen Baumschutzsatzungen zu berücksichtigen, wobei allerdings u. U. etwaige Beschränkungen in der Beerntung (bspw. vor Erreichen eines bestimmten Stammumfangs) gar nicht greifen.

Ohne Relevanz sind die Regelungen zu den Landschaftselementen in § 5 DirektzahlungenVerpflV, soweit KUP unter Beachtung der beihilferechtlichen Vorgaben bewirtschaftet werden. In diesem Fall liegt eine landwirtschaftliche Nutzung vor und das Beseitigungsverbot findet keine Anwendung. Zu beachten ist darüber hinaus, dass die Beihilfefähigkeit der Fläche erhalten bleiben muss. Dies kann bei der Lagerung des Ernteguts zur Trocknung auf der Fläche problematisch sein, da die landwirtschaftliche Tätigkeit nicht stark eingeschränkt werden darf. Innerhalb der Vegetationsperiode sollte daher die Unterbrechung des Beihilfestatus nicht länger als 14 Tage andauern; außerhalb der Vegetationsperiode wird ein längerer Zeitraum toleriert (SMUL, 2012).

Schließlich sollte durch eine rechtzeitige Beerntung die maximale Umtriebszeit von 20 Jahren eingehalten werden, um ein Durchwachsen zu einem Wald zu verhindern. Ansonsten liegt eine genehmigungspflichtige Aufforstung vor.

5.2.3.3 Rückwandlung

Bei der Rückwandlung einer KUP in Acker- oder Grünland wird im Gegensatz zur Ernte der Wurzelstock entfernt oder gefräst, um einen erneuten Stockausschlag zu verhindern. Soweit die Anlage für die Nutzung von Zahlungsansprüchen für die einheitliche Betriebsprämie angemeldet worden ist, steht dem Betriebsinhaber nach § 1 Abs. 3 S. 2 FGlG das Recht zu, die Fläche wie vor dem Anbau der KUP zu nutzen. Nach § 3 Abs. 2 S. 5 DGErhG M-V bzw. § 25a Abs. 4 S. 5 Lw/KultG BW ist zu beachten, dass nach Aufgabe der auf Grünland angelegten Energieholzplantage eine Rückwandlung in Dauergrünland erfolgen muss.

Bei einer Umwandlung in Wald, die in der Regel durch die bloße Nichtbeerntung erfolgen kann, ist eine Aufforstungsgenehmigung einzuholen. Die Länder können dabei über die in § 10 Abs. 1 BWaldG normierten Voraussetzungen hinausgehen, § 10 Abs. 2 Nr. 2 BWaldG.

5.2.4 Fazit

Die Anbauform der KUP ist in den vergangenen Jahren wiederholt Gegenstand von rechtlichen Novellierungen gewesen. Diese waren und sind erforderlich, um dieser besonderen Bewirtschaftungsform gerecht zu werden. So müssen aufgrund der Herausnahme von KUP aus dem Waldbegriff grundsätzlich forstrechtliche Genehmigungen nicht mehr eingeholt werden. Gleichwohl gelten die übrigen, insbesondere die Landwirtschaft betreffenden, umweltrechtlichen Vorschriften. Da jedoch KUP gegenüber der klassischen Ackernutzung in mehrfacher Hinsicht Vorteile bieten (Michel, 2012), sind unter Berücksichtigung naturwissenschaftlicher Erkenntnisse, weitere widerspruchsfreie rechtliche Präzisierungen und Differenzierungen notwendig.

5.2.5 Rechtsgrundlagen
Europarecht

Richtlinie 79/409/EWG des Rates vom 2. April 1979 über die Erhaltung der wildlebenden Vogelarten, Vogelschutzrichtlinie (ABl. L 103 vom 25. April 1979, S. 1).

Richtlinie 92/43/EWG des Rates vom 21. Mai 1992 zur Erhaltung der natürlichen Lebensräume sowie der wildlebenden Tiere und Pflanzen, Fauna-Flora-Habitat-Richtlinie (ABl. L 206 vom 22. Juli 1992, S. 7).

Richtlinie 1999/105/EG des Rates vom 22. Dezember 1999 über den Verkehr mit forstlichem Vermehrungsgut (ABl. L 11 vom 15. Januar 2000, S. 17).

Verordnung (EG) Nr. 1698/2005 des Rates vom 20. September 2005 über die Förderung der Entwicklung des ländlichen Raums durch den Europäischen Landwirtschaftsfonds für die Entwicklung des ländlichen Raums (ELER) (ABl. L 277 vom 21. Oktober 2005, S. 1)

Verordnung (EG) Nr. 73/2009 des Rates vom 19. Januar 2009 mit gemeinsamen Regeln für Direktzahlungen im Rahmen der gemeinsamen Agrarpolitik und mit bestimmten Stützungsregelungen für Inhaber landwirtschaftlicher Betriebe und zur Änderung der Verordnungen (EG) Nr. 1290/2005, (EG) Nr. 247/2006, (EG) Nr. 378/2007 sowie zur Aufhebung der Verordnung (EG) Nr. 1782/2003 (ABl. L 30 vom 31. Januar 2009, S. 16)

Verordnung (EG) Nr. 1120/2009 der Kommission vom 29.10.2009 mit Durchführungsbestimmungen zur Betriebsprämienregelung gemäß Titel III der Verordnung (EG) Nr. 73/2009 des Rates mit gemeinsamen Regeln für Direktzahlungen im Rahmen der gemeinsamen Agrarpolitik und mit bestimmten Stützungsregelungen für Inhaber landwirtschaftlicher Betriebe (ABl. L 316 vom 2. Dezember 2009, S. 1)

Verordnung (EG) Nr. 1122/2009 der Kommission vom 30. November 2009 mit Durchführungsbestimmungen zur Verordnung (EG) Nr. 73/2009 des Rates hinsichtlich der Einhaltung anderweitiger Verpflichtungen, der Modulation und des integrierten Verwaltungs- und Kontrollsystems im Rahmen der Stützungsregelungen für Inhaber landwirtschaftlicher Betriebe gemäß der genannten Verordnung und mit Durchführungsbestimmungen zur Verordnung (EG) Nr. 1234/2007 hinsichtlich der Einhaltung anderweitiger Verpflichtungen im Rahmen der Stützungsregelung für den Weinsektor.

Bundesrecht

BGB: Bürgerliches Gesetzbuch (BGB) in der Fassung der Bekanntmachung vom 2. Januar 2002 (BGBl. I S. 42, ber. S. 2909 und BGBl. 2003 I S. 738) FNA 400-2, zuletzt geändert durch Gesetz vom 20. Dezember 2012 (BGBl. I S. 2749).

BBodSchG: Gesetz zum Schutz vor schädlichen Bodenveränderungen und zur Sanierung von Altlasten (Bundes-Bodenschutzgesetz, BBodSchG) vom 17. März 1998 (BGBl. I S. 502), zuletzt geändert durch Gesetz vom 24. Februar 2012 (BGBl. I S. 212).

BNatSchG: Gesetz über Naturschutz und Landschaftspflege (Bundesnaturschutzgesetz, BNatSchG) vom 29. Juli 2009 (BGBl. I S. 2542), zuletzt geändert durch Gesetz vom 21. Januar 2013 (BGBl. I S. 95).

BWaldG: Gesetz zur Erhaltung des Waldes und zur Förderung der Forstwirtschaft (Bundeswaldgesetz) vom 2. Mai 1975 (BGBl. I S. 1037), zuletzt geändert durch Gesetz vom 31. Juli 2010 (BGBl. I S. 1050).

Biokraft-NachV: Verordnung über Anforderungen an eine nachhaltige Herstellung von Biokraftstoffen (Biokraftstoff-Nachhaltigkeitsverordnung, Biokraft-NachV) vom 30. September 2009 (BGBl. I S. 3182), zuletzt geändert durch Verordnung vom 26. November 2012 (BGBl. I S. 2363).

Biokraft-NachVwV: Verwaltungsvorschrift für die Anerkennung von Zertifizierungssystemen und Zertifizierungsstellen nach der Biokraftstoff-Nachhaltigkeitsverordnung (Biokraft-NachVwV) vom 12. März 2010 (eBAnz AT37 2010 B1), zuletzt geändert durch VwV vom 5. Januar 2012 (eBAnz AT4 2012 B1).

BioSt-NachV: Verordnung über Anforderungen an eine nachhaltige Herstellung von flüssiger Biomasse zur Stromerzeugung (Biomassestrom-Nachhaltigkeitsverordnung, BioSt-NachV) vom 23. Juli 2009 (BGBl. I S. 2174), zuletzt geändert durch Verordnung vom 26. November 2012 (BGBl. I S. 2363).

BioSt-NachVwV: Verwaltungsvorschrift für die Anerkennung von Zertifizierungssystemen und Zertifizierungsstellen nach der Biomassestrom-Nachhaltigkeitsverordnung (BioSt-NachVwV) vom 10. Dezember 2009 (eBAnz AT125 2009 B1), zuletzt geändert durch VwV vom 5. Januar 2012 (eBAnz AT4 2012 B1).

DirektZahlVerpflG: Direktzahlungen-Verpflichtungengesetz in der Fassung der Bekanntmachung vom 28. April 2010 (BGBl. I S. 588), zuletzt geändert durch Gesetz vom 22. Dezember 2011 (BGBl. I S. 3044).

DirektZahlVerpflV: Verordnung über die Grundsätze der Erhaltung landwirtschaftlicher Flächen in einem guten landwirtschaftlichen und ökologischen Zustand Direktzahlungen-Verpflichtungenverordnung vom 4. November 2004 (BGBl. I S. 2778), zuletzt geändert durch Verordnung vom 15. Dezember 2011 (eBAnz AT144 V1).

EEG: Gesetz für den Vorrang Erneuerbarer Energien (Erneuerbare-Energien-Gesetz, EEG) vom 25. Oktober 2008 (BGBl. I S. 2074), zuletzt geändert durch Gesetz vom 20. Dezember 2012 (BGBl. I S. 2730).

FoVG: Forstvermehrungsgutgesetz vom 22. Mai 2002 (BGBl. I S. 1658), zuletzt geändert durch Artikel 37 des Gesetzes vom 9. Dezember 2010 (BGBl. I S. 1934).

FGlG: Gesetz zur Gleichstellung stillgelegter und landwirtschaftlich genutzter Flächen vom 10. Juli 1995 (BGBl. I S. 910), zuletzt geändert durch Artikel 26 des Gesetzes vom 9. Dezember 2010 (BGBl. I S. 1934).

GAKG: Gesetz über die Gemeinschaftsaufgabe »Verbesserung der Agrarstruktur und des Küstenschutzes« (GAK-Gesetz, GAKG) in der Fassung der Bekanntmachung vom 21. Juli 1988 (BGBl. I 1988, S. 1055), zuletzt geändert durch Artikel 9 des Gesetzes vom 9. Dezember 2010 (BGBl. I S. 1934).

GG: Grundgesetz für die Bundesrepublik Deutschland vom 23. Mai 1949 in der im Bundesgesetzblatt Teil III, Gliederungsnummer 100-1, veröf-

fentlichten bereinigten Fassung, zuletzt geändert durch Gesetz vom 11. Juli 2012 (BFBl. I S. 1478).

InVeKoSV: Verordnung über die Durchführung von Stützungsregelungen und des Integrierten Verwaltungs- und Kontrollsystems (InVeKoS-Verordnung, InVeKoSV) vom 3. Dezember 2004 (BGBl. I S. 3194), zuletzt geändert durch Verordnung vom 15. Dezember 2011 (eBAnz AT144 V1).

PflSchG: Gesetz zum Schutz der Kulturpflanzen (Pflanzenschutzgesetz, PflSchG) vom 6. Februar 2012 (BGBl. I S. 148).

WHG: Gesetz zur Ordnung des Wasserhaushalts – Wasserhaushaltsgesetz (WHG) vom 31. Juli 2009 (BGBl. I S. 2585), zuletzt geändert durch Gesetz vom 21. Januar 2013 (BGBl. I S. 95).

Landesrecht
Grünlanderhaltungsverordnungen

Bayern: Verordnung zur Umsetzung der Reform der Gemeinsamen Agrarpolitik (BayGAPV) vom 2. Juni 2005 (GVBl. S. 184), zuletzt geändert durch Verordnung vom 21. März 2012 (GVBl. S. 85).

Hamburg: Verordnung zur Umsetzung der Reform der Gemeinsamen Agrarpolitik (GAP-ReformVO) vom 14. November 2006 (GVBl. S. 539), zuletzt geändert durch Verordnung vom 10. Mai 2011 (GVBl. S. 204).

Mecklenburg-Vorpommern: Gesetz zur Erhaltung von Dauergrünland im Land Mecklenburg-Vorpommern (Dauergrünlanderhaltungsgesetz – DGErhG M-V) vom 10. Dezember 2012 (GVOBl. S. 544).

Niedersachsen: Verordnung zur Erhaltung von Dauergrünland vom 6. Oktober 2009 (GVBl. S. 362).

Nordrhein-Westfalen: Verordnung zur Erhaltung von Dauergrünland (Dauergrünlanderhaltungsverordnung, DGL-VO NRW) vom 12. Januar 2011 (GV. S. 160).

Sachsen: Verordnung des Sächsischen Staatsministeriums für Umwelt und Landwirtschaft über bestimmte Anforderungen im Rahmen der Gemeinsamen Agrarpolitik (Sächsische GAP-Anforderungenverordnung, SächsGAPAnf-

VO) vom 11. Juni 2010 (GVBl. S. 162), zuletzt geändert durch Verordnung vom 8. Juli 2011 (GVBl. S. 297).

Sachsen-Anhalt: Verordnung zur Erhaltung von Dauergrünland (DGLVO LSA) vom 5. November 2009 (GVBl. S. 555).

Schleswig-Holstein: Landesverordnung zur Erhaltung von Dauergrünland (Dauergrünland-Erhaltungsverordnung, DGL-VO SH) vom 13. Mai 2008 (GVOBl. S. 233).

Thüringen: Thüringer Verordnung zur Umsetzung der Reform der Gemeinsamen Agrarpolitik vom 28. November 2005 (GVBl. S. 414), zuletzt geändert durch Verordnung vom 7. Dezember 2012 (GVBl. S. 574).

Landesnaturschutzgesetze

Baden-Württemberg: Gesetz zum Schutz der Natur, zur Pflege der Landschaft und über die Erholungsvorsorge in der freien Landschaft (Naturschutzgesetz, NatSchG) vom 13. Dezember 2005 (GBl. S. 745), zuletzt geändert durch Gesetz vom 17. Dezember 2009 (GBl. S. 809, 816).

Lw/KultG BW: Landwirtschafts- und Landeskulturgesetz vom 14.3.1972 (GBl. S. 74), zuletzt geändert durch Gesetz vom 20. März 2012 (GBl. S. 146).

Bayern: Gesetz über den Schutz der Natur, die Pflege der Landschaft und die Erholung in der freien Natur (Bayerisches Naturschutzgesetz, BayNatSchG) vom 23. Februar 2011 (GVBl. S. 82).

Berlin: Gesetz über Naturschutz und Landschaftspflege von Berlin (Berliner Naturschutzgesetz, NatSchGBln) vom 3. November 2008 (GVBl. S. 378), zuletzt geändert durch Gesetz vom 20. Mai 2011 (GVBl. S. 209).

Brandenburg: Gesetz über den Naturschutz und die Landschaftspflege im Land Brandenburg (Brandenburgisches Naturschutzgesetz, BbgNatSchG) vom 26. Mai 2004 (GVBl. I S. 350), zuletzt geändert durch Gesetz vom 15. Juli 2010 (GVBl. I Nr. 28).

Bremen: Bremisches Gesetz über Naturschutz und Landschaftspflege (BremNatG) vom 27. April 2010 (GBl. S. 315), zuletzt geändert durch Gesetz vom

schäftsverteilung des Senats vom 5. Juli 2011 und 13.12.2011 (GBl. 2012 S. 24).

Hamburg: Hamburgisches Gesetz zur Ausführung des Bundesnaturschutzgesetzes (HmbBNatSchAG) vom 11. Mai 2010 (GVBl. S. 350), zuletzt geändert durch Gesetz vom 23. Dezember 2011 (GVBl. 2012 S. 3).

Hessen: Hessisches Ausführungsgesetz zum Bundesnaturschutzgesetz (HAGBNatSchG) vom 20. Dezember 2010 (GVBl. I S. 629), geändert durch Gesetz vom 12. Dezember 2012 (GVBl. S. 590).

Mecklenburg-Vorpommern: Gesetz des Landes Mecklenburg-Vorpommern zur Ausführung des Bundesnaturschutzgesetzes (Naturschutzausführungsgesetz, NatSchAG M-V) vom 23. Februar 2010 (GVOBl. 2010, 66), geändert durch Gesetz vom 12. Juli 2010 (GVOBl. S. 383, 395).

Niedersachsen: Niedersächsisches Ausführungsgesetz zum Bundesnaturschutzgesetz (NAGBNatSchG) vom 19. Februar 2010 (GVBl. 2010, 104).

Nordrhein-Westfalen: Gesetz zur Sicherung des Naturhaushalts und zur Entwicklung der Landschaft (Landschaftsgesetz, LG) vom 21. Juli 2000 (GV. S. 568), zuletzt geändert durch Artikel 1 des Gesetzes vom 16. März 2010 (GV. S. 185).

Rheinland-Pfalz: Landesgesetz zur nachhaltigen Entwicklung von Natur und Landschaft (Landesnaturschutzgesetz, LNatSchG) vom 28. September 2005 (GVBl. S. 387), zuletzt geändert durch ÄndVO vom 22. Juni 2010 (GVBl. S. 106).

Saarland: Gesetz zum Schutz der Natur und Heimat im Saarland – Saarländisches Naturschutzgesetz (SNG) vom 5. April 2006 (ABl. 726), zuletzt geändert durch Artikel 3 des Gesetzes vom 28. Oktober 2008 (ABl. 2009 S. 3).

Sachsen: Sächsisches Gesetz über Naturschutz und Landschaftspflege (Sächsisches Naturschutzgesetz – SächsNatSchG) vom 03. Juli 2007 (GVBl. I S. 321), zuletzt geändert durch Gesetz vom 27. Januar 2012 (SächsGVBl. S. 130, 148).

Sachsen-Anhalt: Naturschutzgesetz des Landes Sachsen-Anhalt (NatSchG LSA) vom 10. Dezember 2010 (GVBl. S. 569).

Schleswig-Holstein: Gesetz zum Schutz der Natur (Landesnaturschutzgesetz, LNatSchG) vom 24. Februar 2010 (GVOBl. S. 301), zuletzt geändert durch Gesetz vom 13. Juli 2011 (GVOBl S. 225).

Thüringen: Thüringer Gesetz für Natur und Landschaft (ThürNatG) vom 30. August 2006 (GVBl. S. 421), zuletzt geändert durch Gesetz vom 25. Oktober 2011 (GVBl. S. 273, 282).

Landeswaldgesetze

Bayern: Waldgesetz für Bayern (BayWaldG) in der Fassung der Bekanntmachung vom 22. Juli 2005 (GVBl. S. 313), zuletzt geändert durch Gesetz vom 20. Dezember 2011 (GVBl. S. 689).

Baden-Württemberg: Waldgesetz für Baden-Württemberg (Landeswaldgesetz, LWaldG) vom 31. August 1995 (GBl. S. 685), zuletzt geändert durch Artikel 4 des Gesetzes vom 10. November 2009 (GBl. S. 645, 658).

Berlin: Gesetz zur Erhaltung und Pflege des Waldes (Landeswaldgesetz, LWaldG) vom 16. September 2004 (GVBl. S. 391), zuletzt geändert durch Artikel IX des Gesetzes vom 11. Juli 2006 (GVBl. S. 819).

Brandenburg: Waldgesetz des Landes Brandenburg (LWaldG) vom 20. April 2004 (GVBl. I S. 137), zuletzt geändert durch Artikel 3 des Gesetzes vom 27. Mai 2009 (GVBl. S. 175, 184).

Bremen: Waldgesetz für das Land Bremen (Bremisches Waldgesetz, BremWaldG) vom 31. Mai 2005 (GBl. S. 207), zuletzt geändert durch Artikel 2 Absatz 2 des Gesetzes vom 25. Mai 2010 (GBl. S. 349).

Hamburg: Landeswaldgesetz vom 13. März 1978 (GVBl. S. 74), zuletzt geändert durch Artikel 5 des Gesetzes vom 11. Mai 2010 (GVBl. S. 350).

Hessen: Hessisches Forstgesetz in der Fassung vom 10. September 2002 (GVBl. S. 582), zuletzt geändert durch Artikel 6 des Gesetzes vom 25. November 2010 (GVBl. I S. 434, 444).

Mecklenburg-Vorpommern: Waldgesetz für das Land Mecklenburg-Vorpommern (Landeswaldgesetz, LWaldG) vom 27. Juli 2011 (GVOBl. S. 870).

Niedersachsen: Niedersächsisches Gesetz über den Wald und die Landschaftsordnung (NWaldLG) vom 21. März 2002 (GVBl. S. 112), zuletzt geändert durch Gesetz vom 13. Oktober 2011 (GVBl. S. 353).

Nordrhein-Westfalen: Landesforstgesetz für das Land Nordrhein-Westfalen (Landesforstgesetz, LFoG) vom 24. April 1980 (GV. S. 546), zuletzt geändert durch Artikel 2 des Gesetzes vom 16. März 2010 (GV. NRW. S. 185).

Rheinland-Pfalz: Landeswaldgesetz (LWaldG) vom 30. November 2000 (GVBl. S. 504), geändert durch Artikel 1 des Gesetzes vom 5. Oktober 2007 (GVBl. S. 193).

Saarland: Waldgesetz für das Saarland (Landeswaldgesetz, LWaldG) vom 26. Oktober 1977 (ABl. S. 1009), zuletzt geändert durch Artikel 2 des Gesetzes vom 28. Oktober 2008 (ABl. 2009 S. 3).

Sachsen: Waldgesetz für den Freistaat Sachsen (SächsWaldG) vom 10. April 1992 (GVBl. S. 137), zuletzt geändert durch Gesetz vom 8. Juni 2012 (SächsGVBl. S. 308, 318).

Sachsen-Anhalt: Waldgesetz für das Land Sachsen-Anhalt vom 13. April 1994 (GVBl. S. 520), zuletzt geändert durch Gesetz vom 18. Dezember 2012 (GVBl. LSA S. 649, 651).

Schleswig-Holstein: Waldgesetz für das Land Schleswig-Holstein (Landeswaldgesetz, LWaldG) vom 5. Dezember 2004 (GVOBl. S. 461), zuletzt geändert durch Gesetz vom 13. Juli 2011 (GVOBl. S. 225).

Thüringen: Gesetz zur Erhaltung, zum Schutz und zur Bewirtschaftung des Waldes und zur Förderung der Forstwirtschaft (Thüringer Waldgesetz, ThürWaldG) in der Fassung der Bekanntmachung vom 18. September 2008 (GVBl. S. 327), zuletzt geändert durch Gesetz vom 25. Oktober 2011 (GVBl. S. 273, 280).

Landesnachbarrechtsgesetze

Baden-Württemberg: Gesetz über das Nachbarrecht (Nachbarrechtsgesetz, NRG) vom 8. Januar 1996 (GBl. S. 54), zuletzt geändert durch Artikel 63 des Gesetzes vom 1. Juli 2004 (GBl. S. 469, 507).

Berlin: Berliner Nachbarrechtsgesetz (NachbG Bln) vom 28. September 1973 (GVBl. S. 1654), zuletzt geändert durch Gesetz vom 17. Dezember 2009 (GVBl. S. 870).

Brandenburg: Brandenburgisches Nachbarrechtsgesetz (BbgNRG) vom 28. Juni 1996 (GVBl. I S. 226), zuletzt geändert durch Gesetz vom 30. November 2007 (GVBl. I S. 193).

Hessen: Hessisches Nachbarrechtsgesetz vom 24. September 1962 (GVBl. I S. 417), zuletzt geändert durch Artikel 1 des Gesetzes vom 10. Dezember 2009 (GVBl. I S. 631).

Niedersachsen: Niedersächsisches Nachbarrechtsgesetz (NNachbG) vom 31. März 1967 (GVBl. S. 91), zuletzt geändert durch Gesetz vom 3. April 2012 (GVBl. S. 46).

Nordrhein-Westfalen: Nachbarrechtsgesetz (NachbG NRW) vom 15. April 1969 (GV. S. 190), zuletzt geändert durch Gesetz vom 24. Mai 2011 (GV. S. 272).

Rheinland-Pfalz: Landesnachbarrechtsgesetz (LNRG) vom 15. Juni 1970 (GVBl. S. 198), zuletzt geändert durch Gesetz vom 21. Juli 2003 (GVBl. S. 209).

Saarland: Saarländisches Nachbarrechtsgesetz vom 28. Februar 1973 (ABl. S. 210), zuletzt geändert durch Artikel 3 Absatz 23 des Gesetzes vom 18. Februar 2004 (ABl. S. 822).

Sachsen: Sächsisches Nachbarrechtsgesetz (SächsN-RG) vom 11. November 1997 (GVBl. S. 582), zuletzt geändert durch Artikel 3 des Gesetzes vom 8. Dezember 2008 (SächsGVBl. S. 940).

Sachsen-Anhalt: Nachbarschaftsgesetz (NbG) vom 13. November 1997 (GVBl. S. 958), zuletzt geändert durch Artikel 6 des Gesetzes vom 18. Mai 2010 (GVBl. S. 340, 341).

Schleswig-Holstein: Nachbarrechtsgesetz für das Land Schleswig-Holstein (NachbG Schl.-H.) vom 24. Februar 1971 (GVOBl. S. 54), zuletzt geändert durch Artikel 4 des Gesetzes vom 15. Februar 2005 (GVOBl. S. 168).

Thüringen: Thüringer Nachbarrechtsgesetz (ThürN-RG) vom 22. Dezember 1992 (GVBl. S. 599), zuletzt geändert durch Artikel 11 des Gesetzes vom 9. September 2010 (GVBl. S. 291, 292).

5.3 Förderung von Kurzumtriebsplantagen

Martina Marx, Kathleen Michalk, Martin Schulte, Lukas Sieberth

5.3.1 Einleitung

Die Förderung von KUP und Agroforstsystemen trägt dazu bei, die im Vergleich zum Anbau einjähriger Kulturen verhältnismäßig hohen Etablierungskosten, denen aufgrund der Umtriebszeiten keine jährlichen Zahlungsströme gegenüberstehen, abzumildern und das betriebswirtschaftliche Ergebnis zu verbessern.

Das Kapitel »Förderung von Kurzumtriebsplantagen« gibt – ausgehend von allgemeinen Darstellungen zur Agrarpolitik – einen Überblick über die Fördermöglichkeiten von KUP und Agroforstsystemen in Deutschland, zeigt derzeitige Ursachen für die unzureichende Inanspruchnahme der Förderangebote auf und legt Möglichkeiten zur Neuausrichtung der Förderung dar.

5.3.2 Agrarpolitik

Die Reform der Gemeinsamen Agrarpolitik (GAP) führte zur Schaffung eines Modells für die europäische Landwirtschaft, das derzeit im Wesentlichen aus folgenden Komponenten besteht:

- den Maßnahmen zur Stützung der Märkte (erste Säule) und
- der Politik zur Entwicklung des ländlichen Raums (zweite Säule).

Während die Maßnahmen der ersten Säule der Ausrichtung der Agrarproduktion dienen und zur Stabilisierung der Märkte beitragen sollen, sind die Maßnahmen der zweiten Säule auf die Entwicklung des ländlichen Raums gerichtet (z. B. Verbesserung der Wettbewerbsfähigkeit des Agrar- und Forstsektors, von Umwelt und Landwirtschaft und der Lebensqualität im ländlichen Raum, Förderung der Diversifizierung).

5.3.2.1 Erste Säule – Direktzahlungen

Direktzahlungen an landwirtschaftliche Betriebsinhaber wurden ursprünglich eingeführt, um Stützpreissenkungen für bestimmte Produkte teilweise ausgleichen zu können. Die heutige EU-Agrarförderung basiert grundsätzlich auf diesen Direktzahlungen (Verordnung (EG) Nr. 1782/2003). Mit der Verordnung (EG) Nr. 73/2009 wurde die gekoppelte Stützung (erzeugungsbezogene Beihilfen) schrittweise aufgehoben und in die Betriebsprämienregelung einbezogen. Diese Änderungen dienten dem Ziel, dass Landwirtschaftsbetriebe ihre Erzeugung künftig an der Nachfrage am Markt ausrichten.

Die Direktzahlungen tragen zur Einkommenssicherung und Risikoabsicherung der Betriebe bei und ermöglichen einen finanziellen Ausgleich für die hohen Umweltschutz-, Tierschutz- und Verbraucherschutzstandards in der EU im Vergleich zu den Produktionsauflagen in Drittstaaten. Dem Allgemeinwohl dienende, nicht über den Markt honorierte Leistungen der Landwirtschaft werden pauschal honoriert.

Die Direktzahlungen sind Bestandteil der Betriebsprämienregelung, wobei die Höhe der Betriebsprämie sich an der Flächenausstattung des Betriebes und der Verfügbarkeit sogenannter Zahlungsansprüche und deren Wert bemisst. Der Wert der Zahlungsansprüche ist wiederum davon abhängig, ob in die Ermittlung ein flächenbezogener Betrag für Ackerland oder Dauergrünland sowie betriebsindividuelle Beträge (historische Tierprämien, Prämien für Milch, Zucker, Tabak) eingeflossen sind.

Seit 2010 werden die Zahlungsansprüche schrittweise zu regional einheitlichen Werten angepasst. Derzeit reichen die Durchschnittswerte der Zahlungsansprüche je Hektar und Jahr von 259 € im Saarland bis zu 359 € in Nordrhein-Westfalen, Schleswig-Holstein und Hamburg.

Nur unter der Voraussetzung, dass der jeweilige Landwirtschaftsbetrieb die im Kapitel 5.2 aufgeführten Vorgaben hinsichtlich Beihilfefähigkeit beim Anbau von schnellwachsenden Baumarten bzw. der Anlage eines Agroforstsystems erfüllt, erhält er Direktzahlungen für die jeweilige Fläche. Diese Zahlungen sind wiederum erforderlich, damit sich der Anbau schnellwachsender Baumarten wirtschaftlich darstellen lässt.

5.3.2.2 Zweite Säule – Maßnahmen zur Unterstützung des ländlichen Raums

Grundlage für die EU-Förderperiode 2007 bis 2013 ist die Verordnung (EG) Nr. 1698/2005 über die Förderung der Entwicklung des ländlichen Raums durch den Europäischen Landwirtschaftsfonds für die Entwicklung des ländlichen Raums (ELER). Die ELER-Verordnung bildet den Rahmen für die 2. Säule der GAP und soll einen Beitrag zur Umsetzung von Wachstum, Beschäftigung und Nachhaltigkeit in ländlichen Räumen leisten.

Mit der sogenannten Politik für ländliche Räume werden EU-weit folgende, übergeordnete Ziele verfolgt:

- Steigerung der Wettbewerbsfähigkeit der Land- und Forstwirtschaft durch Förderung der Umstrukturierung, der Entwicklung und der Innovation,
- Verbesserung der Umwelt und der Landschaft,
- Verbesserung der Lebensqualität im ländlichen Raum und Förderung der Diversifizierung der ländlichen Wirtschaft.

Basierend auf den vom Rat erlassenen strategischen Leitlinien legen die Mitgliedstaaten einen Nationalen Strategieplan vor. In Deutschland setzen die einzelnen Bundesländer diese Strategie (BMELV, 2011b) über die jeweiligen Entwicklungsprogramme für den ländlichen Raum (EPLR) um, in denen die geplanten und durchzuführenden Maßnahmen beschrieben werden wie z. B. in den Handlungsfeldern:

- Agrarumweltprogramme,
- Investitionen und
- Integrierte ländliche Entwicklung.

Bund-Länder-Gemeinschaftsaufgabe »Verbesserung der Agrarstruktur und des Küstenschutzes«

Die Maßnahmen der Bund-Länder-Gemeinschaftsaufgabe »Verbesserung der Agrarstruktur und des Küstenschutzes« (GAK) können je nach Bedarf und finanziellen sowie sachlichen Gegebenheiten Bestandteile der Länderprogramme sein und Maßnahmen der 2. Säule ergänzen. Sie beruhen auf dem vom Planungsausschuss für Agrarstruktur und Küstenschutz (PLANAK) beschlossenen Rahmenplan, der die entsprechenden Förderungsgrundsätze (Maßnahmen) enthält und der ebenfalls von der Europäischen Kommission genehmigt wird.

Die Förderungsgrundsätze des Rahmenplans stellen lediglich das Grundgerüst für die Mitfinanzierung des Bundes dar. Eine Umsetzung der genannten Förderungsgrundsätze und Maßnahmen erfolgt durch die jeweiligen Förderrichtlinien der Länder.

Der GAK-Rahmenplan 2011–2014 (BMELV, 2011a) umfasst folgende Förderungsgrundsätze:
- Förderung der integrierten ländlichen Entwicklung:
  A.   Integrierte Ländliche Entwicklung (ILE)
  B.   Integrierte Ländliche Entwicklung (ILE) – Breitbandversorgung ländlicher Räume
- Förderung wasserwirtschaftlicher Maßnahmen
- Einzelbetriebliche Förderung landwirtschaftlicher Unternehmen:
  A.   Agrarinvestitionsförderprogramm (AFP)
  B.   Investitionen zur Diversifizierung (DIV)
  C.   Einzelbetriebliche Beratung in Verbindung mit Managementsystemen (FMS)
  D.   Beratungsförderung neue Herausforderungen (Klimawandel, erneuerbare Energien, Wasserwirtschaft, biologische Vielfalt und Maßnahmen zur Begleitung der Umstrukturierung des Milchsektors)
- Marktstrukturverbesserung
- Betriebe in benachteiligten Gebieten (Ausgleichszulage)
- Markt- und standortangepasste Landbewirtschaftung (MSL)
- Forstwirtschaftliche Maßnahmen
- Maßnahmen zur Verbesserung der genetischen Qualität landwirtschaftlicher Nutztiere

- Förderung der Erhaltung genetischen Ressourcen in der Landwirtschaft
- Küstenschutz
- Sonderrahmenplan Küstenschutz

Maßnahmen, die nicht in die Gemeinschaftsaufgabe aufgenommen werden, können daher nur aus Landesmitteln gegebenenfalls unter Beteiligung der EU über ELER-Mittel finanziert werden. Durch die Ergänzung der GAK-Maßnahmen mit landeseigenen Maßnahmen ergibt sich eine länderspezifische Schwerpunktsetzung mit einem sehr unterschiedlichen Maßnahmen- bzw. Fördermix (BMELV, 2011c).

5.3.3 Förderung von Kurzumtriebsplantagen und Agroforstsystemen

Derzeit bieten folgende Bundesländer und Stadtstaaten eine Förderung an:
- Baden-Württemberg
- Berlin
- Brandenburg
- Bremen
- Mecklenburg-Vorpommern
- Niedersachsen
- Nordrhein-Westfalen
- Saarland
- Sachsen
- Thüringen

Dabei ist zu unterscheiden zwischen den im Förderungsgrundsatz »Einzelbetriebliche Förderung landwirtschaftlicher Unternehmen« angebotenen Agrarinvestitionsförderprogramm sowie den Investitionen zur Diversifizierung und der Förderung außerhalb der GAK auf der Grundlage länderspezifischer Förderprogramme.

Tabelle 5-12 gibt einen Überblick über die jeweiligen Programme und Fördermodalitäten in den Bundesländern. Auf Möglichkeiten der Förderung, die außerhalb der 2. Säule z. B. die Landwirtschaftliche Rentenbank anbietet, wird im Abschnitt 5.3.3.3 eingegangen.

Tab. 5-12: Förderung von KUP in den Bundesländern.

Bundesland	Förderprogramm / Richtlinie	Mindestinvestitionsvolumen	Förderung	Was wird gefördert?	zusätzliche Voraussetzungen	Link
Baden-Württemberg	DIV	20000 €	25 %	Pflanzgut, Pflanzungskosten, Bodenvorbereitung	Anzeige bei der unteren Landwirtschaftsbehörde	www.foerderdatenbank.de
	Förderung einzelbetrieblicher Investitionen in der Landwirtschaft (Teil B: DIV)					
Berlin	landes-spezifisch	10000 €	25 %	Pflanzgut	–	www.mil.brandenburg.de
	Richtlinie über die Gewährung von Zuwendungen für einzelbetriebliche Investitionen in landwirtschaftlichen Unternehmen, Ziffer III (Grundsätze für die Förderung von Investitionen zur Diversifizierung außerhalb der Gemeinschaftsaufgabe »Verbesserung der Agrarstruktur und des Küstenschutzes«)					
Brandenburg	landes-spezifisch	10000 €	45 %	Pflanzgut	–	www.mil.brandenburg.de
	Richtlinie über die Gewährung von Zuwendungen für einzelbetriebliche Investitionen in landwirtschaftlichen Unternehmen, Ziffer III (Grundsätze für die Förderung von Investitionen zur Diversifizierung außerhalb der Gemeinschaftsaufgabe »Verbesserung der Agrarstruktur und des Küstenschutzes«)					
Niedersachsen und Bremen	AFP	50000 €	20 %	Pflanzgut	–	www.recht-niedersachsen.de
	Richtlinie über die Gewährung von Zuwendungen für investive Maßnahmen landwirtschaftlicher Unternehmen in Niedersachsen und Bremen					
Mecklenburg-Vorpommern	DIV	10000 €	25 %	Pflanzgut, Pflanzungskosten, Bodenvorbereitung	–	www.landesrecht-mv.de
	Richtlinie zur Förderung von Investitionen landwirtschaftlicher Unternehmen zur Diversifizierung, Teil B					
Nordrhein-Westfalen	DIV	10000 €	20 %	Pflanzgut, Pflanzungskosten, Bodenvorbereitung	–	www.recht.nrw.de
	Richtlinien über die Gewährung von Zuwendungen zur Förderung der Diversifizierung der Tätigkeiten im landwirtschaftlichen und landwirtschaftsnahen Bereich					
Saarland	landes-spezifisch	500 €	1000 € ha^{-1}	Kosten gemäß Kostenvoranschlag/Angebote	• keine Förderung von Quercus Arten und Robinien; • maximaler Erntezyklus: 5 Jahre; • Mindestschlaggröße = 0,5 ha und maximale Schlaggröße = 7,5 ha; mindestens 7500 Bäume ha^{-1}.	http://www.saarland.de
	Richtlinie für die Förderung von Maßnahmen aus dem Sondervermögen Zukunftsinitiative II im Klimaschutz »Klima Plus Saar«					
Sachsen	landes-spezifisch	20000 €	30 %	Bodenvorbereitung, Unkrautbekämpfung, Pflanzgut, Pflanzungskosten, Pflege (Wildschutzzaun)	Anzeige des Vorhabens bei der unteren Naturschutzbehörde	www.revosax.sachsen.de
	Richtlinie des Sächsischen Staatsministeriums für Umwelt und Landwirtschaft zur Förderung der Land- und Ernährungswirtschaft im Rahmen des Entwicklungsprogramms für den ländlichen Raum im Freistaat Sachsen (Förderrichtlinie Land- und Ernährungswirtschaft – RL LuE/2007)					
Thüringen	AFP	20000 €	25 %	Pflanzgut	–	www.thueringen.de
	Agrarinvestitionsförderprogramm (Code 121) im Rahmen der FILET (Förderinitiative ländliche Entwicklung Thüringen)					
Bundesländer, die keine Förderung für KUP anbieten	Bayern, Hamburg, Hessen, Rheinland-Pfalz, Sachsen-Anhalt, Schleswig-Holstein					

5.3.3.1 Möglichkeiten zur investiven Förderung im Rahmen der ELER-Förderung

Gemäß ELER-Verordnung (vgl. Erwägungsgrund 39 der Verordnung [EG] Nr. 1698/2005) wird eingeschätzt, dass Agroforstsysteme einen hohen ökologischen und gesellschaftlichen Wert besitzen, weil sie extensive land- und forstwirtschaftliche Verfahren kombinieren, die auf die Produktion von hochwertigem Holz und anderen forstwirtschaftlichen Erzeugnissen ausgerichtet sind. Deshalb sollte – gemäß o. g. Verordnung – die Einrichtung von Agrarforstsystemen gefördert werden.

Art. 44 der ELER-Verordnung ermöglicht grundsätzlich die Förderung einer Ersteinrichtung von Agrarforstsystemen auf landwirtschaftlichen Flächen. Die Beihilfe, die zu 70 % die Anlagekosten deckt, wird Landwirten gewährt, die extensive land- und forstwirtschaftliche Bewirtschaftungssysteme kombinieren. Weihnachtsbaumkulturen und schnellwachsende Baumarten mit kurzer Umtriebszeit erhalten keine Beihilfe.

Bislang wurde dieser Artikel in Deutschland nicht umgesetzt.

5.3.3.2 Was gilt es bei der Inanspruchnahme der Förderung zu beachten?

Auch wenn einige Förderprogramme nicht zwingend den Anbau beihilfefähiger Baumarten im Sinne der Direktzahlungen vorschreiben und KUP mit einer Umtriebszeit von max. 20 Jahren sowie Agroforstsysteme unabhängig davon, welche Baumarten verwendet werden, seit Juli 2010 kein Wald im Sinne des Bundeswaldgesetzes sind, sollten dennoch nur beihilfefähige Baumarten (derzeit Weiden, Pappeln, Robinien, Birken, Erlen, Eschen, Stieleiche, Traubeneiche und Roteiche; vgl. dazu Kapitel 2.1 und Abschnitt 5.2.2.1) angebaut werden. Geschieht dies nicht, verliert der Landwirtschaftsbetrieb seinen Anspruch auf Direktzahlungen für die jeweilige KUP- oder Agroforstsystem-Fläche.

Tabelle 5-13 gibt einen Überblick über maßgebliche Förderkriterien des Agrarinvestitionsförderprogramms sowie des Programms zur Förderung von Investitionen zur Diversifizierung, an denen sich die entsprechenden länderspezifischen Programme ausrichten müssen, wenn diese Programme in den Ländern angeboten werden sollen.

Gemäß PLANAK-Beschluss vom 13. Januar 2011 wurde vom BMELV dem PLANAK ein Bericht über die Wirtschaftlichkeit und die Perspektiven der Nutzung und Förderung der Gewinnung von nachwachsenden Rohstoffen auf landwirtschaftlichen Flächen (u. a. KUP) vorgelegt.

Der Bericht wurde ausgewertet und der Planungsausschuss für Agrarstruktur und Küstenschutz (PLANAK) beschloss im Dezember 2012, die Förderung von KUP ab 2014 in dem Förderungsgrundsatz »Investitionen zur Diversifizierung« zu geänderten Bedingungen fortzuführen.

Der künftige Förderungsgrundsatz zur DIV enthält – mit Bezug auf die KUP-Förderung – folgende Eckpunkte:

- Die KUP-Förderung ist bis zum 31. Dezember 2018 befristet.
- Von der Förderung sind ausgeschlossen, Investitionen zur Begründung von Kurzumtriebsplantagen, deren Biomasse im Betrieb des Antragstellers zur Stromproduktion verwendet wird, und/oder für die Vergütungen nach EEG in Anspruch genommen werden.
- Eine KUP-Förderung ist unter Berücksichtigung folgender Auflagen möglich:
  - die Flächenobergrenze je Antragsteller beträgt 10 ha,
  - die Mindestbaumzahl beträgt 3000 Bäume ha^{-1},
  - die Mindeststandzeit beläuft sich auf 12 Jahre.
- Art, Umfang und Höhe der Förderung:
  - das Mindestinvestitionsvolumen beträgt 7500 €.

Der Zuschuss für KUP wird einmalig gewährt und kann max. 1200 € ha^{-1}, jedoch höchstens bis zu 40 % der zuwendungsfähigen Kosten betragen.

Tab. 5-13: Grundsätze für die einzelbetriebliche Förderung landwirtschaftlicher Unternehmen gemäß AFP und DIV (s. auch BMELV, 2010).

Agrarinvestitionsförderprogramm (AFP)	Förderung von Investitionen zur Diversifizierung (DIV)
Zuwendungszweck	
Investive Förderung zur Unterstützung einer wettbewerbsfähigen, nachhaltigen, umweltschonenden, tiergerechten und multifunktionalen Landwirtschaft	Investive Förderung zur Schaffung zusätzlicher Einkommensquellen aus selbständiger Arbeit
Gegenstand der Förderung	
1. Investitionen in langlebige Wirtschaftsgüter gemäß Vorgaben Art. 26 der ELER-VO, die der Erzeugung, Verarbeitung oder Direktvermarktung von Anhang-I-Erzeugnissen dienen und durch Schaffung baulicher und technischer Voraussetzungen zur Verbesserung der Punkte 2 und 3 beitragen 2. Verbesserung der Wettbewerbsfähigkeit (Verbesserung der Produktions- und Arbeitsbedingungen, Rationalisierung und Senkung der Produktionskosten) 3. Erfüllung besonderer Anforderungen (Tierschutz, Tierhygiene)	Investitionen gemäß Art. 53 der ELER-Verordnung, die die Bedingungen der Verordnung (EG) Nr. 1998/2006 (De-minimis-Beihilfen) erfüllen: 1. Errichtung, Erwerb oder Modernisierung von unbeweglichem Vermögen 2. Erstanschaffung von neuen Maschinen und Anlagen im Rahmen der Schaffung zusätzlicher Einkommensquellen 3. Allgemeine Aufwendungen (Architektur- und Ingenieurleistungen, Beratung, Betreuung von baulichen Investitionen usw.; max. 12 % der förderfähigen Ausgaben

Zuwendungsempfänger

- Kleine und mittlere Unternehmen[b], die durch Bodenbewirtschaftung oder Tierhaltung pflanzliche oder tierische Erzeugnisse gewinnen und diese Geschäftstätigkeit mehr als 25 % der Umsatzerlöse ausmacht oder
- wenn das Unternehmen einen landwirtschaftlichen Betrieb bewirtschaftet und unmittelbar kirchliche, gemeinnützige oder mildtätige Zwecke verfolgt.
- Gilt nur für DIV: Inhaber landwirtschaftlicher Einzelunternehmen, deren Ehegatten sowie mitarbeitende Familienangehörige gem. § 1 Abs. 8 ALG, soweit sie in räumlicher Nähe zum landwirtschaftlichen Betrieb erstmalig eine selbständige Existenz gründen oder entwickeln.

Zuwendungsart/Höhe der Zuwendung

- In Form von Zuschüssen und Bürgschaften - Mindestinvestitionsvolumen: 20000 € - Förderung ist begrenzt auf ein förderfähiges Investitionsvolumen von 2 Mio. € - Staatliche Beihilfen dürfen im Zeitraum von 3 Wirtschaftsjahren den Betrag von max. 400000 € nicht überschreiten. - Zuschusshöhe reicht von 25 % (Maßnahmen zur Verbesserung der Wettbewerbsfähigkeit) bis zu 35 % (Maßnahmen zur Erfüllung besonderer Anforderungen).	- In Form von Zuschüssen und Bürgschaften - Mindestinvestitionsvolumen: 10000 € - Gesamtwert der einem Unternehmen gewährten De-minimis-Beihilfen darf 200000 € (bezogen auf einen Zeitraum von 3 Jahren) nicht übersteigen. - Zuschusshöhe max. 25 % der Bemessungsgrundlage, bei Anlagen zur Erzeugung von EEG-Strom max. 10 % und bis zu 100000 €.

Kumulierbarkeit

- Keine AFP- oder DIV-Förderung von Vorhaben, die bereits aus Mitteln anderer öffentlicher Förderprogramme gefördert werden.
- Kumulation mit Mitteln der Landwirtschaftlichen Rentenbank oder der Förderbanken der Länder ist unter Berücksichtigung der beihilferechtlichen Förderhöchstgrenzen möglich (Verordnung (EG) Nr. 1857/2006).

Förderung von KUP

- AFP schließt die Förderung des Erwerbs von Produktionsrechten und Gesellschaftsanteilen, Tieren, Pflanzrechten oder Pflanzen aus, es sei denn, sie dienen der Anlage von Dauerkulturen. Weil schnellwachsende Baumarten zu den Dauerkulturen gehören, ist die Anlage einer KUP förderfähig.	- DIV schließt eine Förderung von Investitionen, die ausschließlich die Erzeugung von Anhang-I-Erzeugnissen (= landwirtschaftliche Primärproduktion) betreffen, aus. Holz aus KUP gehört nicht zu den Anhang-I-Erzeugnissen, deshalb ist die Anlage einer KUP förderfähig.

[b] *Die gemäß § 1 Abs. 2 des Gesetzes über die Alterssicherung der Landwirte (ALG) genannte Mindestgröße des KMU muss erreicht oder überschritten sein.*

Die Aufnahme der KUP-Förderung in den Förderungsgrundsatz Diversifizierung ab dem Jahr 2014 und die damit verbundene Optimierung der gegenwärtigen Förderbedingungen für KUP (Erhöhung der Zuschusshöhe auf 40 % (max. 1200 € ha^{-1}), Absenkung des Mindestinvestitionsvolumens auf 7500 €) stellen einen wesentlichen Schritt dar, um den derzeit bestehenden Hemmnissen beim Anbau schnellwachsender Baumarten (vgl. Kapitel 5.3.4) entgegenwirken zu können.

5.3.3.3 Förderangebote der Landwirtschaftlichen Rentenbank (Förderbank für die Agrarwirtschaft und die ländliche Entwicklung)

Die Landwirtschaftliche Rentenbank bietet Förderprogramme für Unternehmen der Landwirtschaft, Aquakultur und Fischwirtschaft, Agrar- und Ernährungswirtschaft sowie Neue Energien in Form von Darlehen an. Eine Übersicht zu den einzelnen Programmen ist Abbildung 5-2 zu entnehmen.

Es wird darauf hingewiesen, dass zwar in dem Förderprogramm »Wachstum«, welches Unternehmen der Landwirtschaft zur Verfügung steht, auch die Anlage von Dauerkulturen gefördert wird. Bei den Dauerkulturen muss es sich aber um Primärprodukte[2] i. S. d. Anhangs I zu Art. 38 AEUV handeln, zu denen KUP nicht gehören.

Eine Förderung von KUP ist für Unternehmen der Agrar- und Ernährungswirtschaft über das Programm »Umwelt und Verbraucherschutz« möglich. Dieses Programm besteht aus folgenden Förderschwerpunkten:
- Energieeffizienz und Emissionsminderung,
- Verarbeitung ökologisch erzeugter Produkte,
- Verbraucherschutz und regionale Vermarktung,
- Nachwachsende Rohstoffe.

Unter letztgenanntem Schwerpunkt ist aufgeführt, dass die Aufforstung von Flächen sowie die Anlage

von KUP mit schnellwachsenden Bäumen (Weiden, Pappeln usw.) zur energetischen und stofflichen Verwertung förderfähig sind. Es werden kleine und mittlere Unternehmen (KMU) der Agrar- und Ernährungswirtschaft (unabhängig von der gewählten Rechtsform) gefördert. Dazu zählen agrargewerbliche Handels- und Dienstleistungsunternehmen, Unternehmen der Ernährungswirtschaft einschließlich des Ernährungshandwerks und forstwirtschaftliche Unternehmen.

Es können bis zu 100 % der förderfähigen Investitionskosten finanziert werden. Soweit beihilferechtliche Vorgaben dies zulassen, können Kredite bis max. 10 Mio. € je Kreditnehmer und Jahr (im Einzelfall auch höher) ausgereicht werden. Die Rentenbank vergibt die Darlehen nicht direkt, sondern über die vom Kreditnehmer gewählte Hausbank. Die Darlehen aus diesem Programm dürfen mit anderen öffentlichen Fördermitteln kombiniert werden. Dabei sind je nach Vorhaben und Kreditnehmer unterschiedliche Beihilfeobergrenzen einzuhalten.

Das Programm ist seit dem 17. November 2008 in Kraft und bis längstens 30. Juni 2014 befristet. Die aktuellen (Zins-)Konditionen sowie Merkblätter und weiterführende Informationen sind über das Internet unter www.rentenbank.de abrufbar.

5.3.3.4 Förderung im Rahmen von Agrarumweltmaßnahmen

In der EU bildet die ELER-Verordnung die Rechtsgrundlage für die Förderung der Agrarumweltmaßnahmen. Rechtlicher Anknüpfungspunkt in Deutschland ist auch für diesen Bereich das Gesetz über die Gemeinschaftsaufgabe »Verbesserung der Agrarstruktur und des Küstenschutzes«.

Mit der Teilnahme an genannten Maßnahmen verpflichten sich Landwirte für einen festgelegten Zeitraum (i. d. R. 5–7 Jahre), besonders umweltfreundliche Bewirtschaftungsverfahren bzw. um-

---

[2] *Primärprodukte: Pflanzen, Tiere und daraus gewonnene Erzeugnisse der Primärproduktion, die zur Verwendung als Lebensmittel oder Futtermittel bestimmt sind.*

welt- und tiergerechte Haltungsverfahren auf ihrem Betrieb einzuhalten. Dabei müssen die jeweiligen Auflagen über die gesetzlich vorgeschriebenen Mindestanforderungen hinausgehen. Weil die Erfüllung dieser besonderen Anforderungen an die Bewirtschaftungs- oder Haltungsverfahren mit zusätzlichen Kosten und Einkommensverlusten verbunden ist, erhalten die Landwirtschaftsbetriebe für die Teilnahme an Agrarumweltmaßnahmen eine Förderung (hierzu www.bmelv.de).

Der GAK-Rahmenplan für den Zeitraum 2011–2014 (BMELV, 2011a) beinhaltet folgende Grundsätze für die Förderung einer markt- und standortangepassten Landbewirtschaftung:

A.   Förderung extensiver Produktionsverfahren im Ackerbau oder bei Dauerkulturen

B.   Förderung extensiver Grünlandnutzung

C.   Förderung ökologischer Anbauverfahren

D.   Förderung mehrjähriger Stilllegung

E.   Förderung umwelt- und tiergerechter Haltungsverfahren

Der Grundsatz »Förderung extensiver Produktionsverfahren im Ackerbau oder bei Dauerkulturen« verfolgt als Ziele die Einführung oder Beibehaltung extensiver Produktionsverfahren im Ackerbau oder bei Dauerkulturen sowie die extensive Bewirtschaftung von Blühflächen oder Blühstreifen im Ackerbau zur nachhaltigen Verbesserung der natürlichen und wirtschaftlichen Produktionsbedingungen, die mit den Belangen des Schutzes der Umwelt und der Einhaltung des natürlichen Lebensraums vereinbar sind (Abb. 5-3).

Folgende Maßnahmen werden aktuell (2011–2014) vom Bund (Bundesministerium für Ernährung, Landwirtschaft und Verbraucherschutz) für eine Umsetzung und Anwendung durch die Bundesländer zur Mitfinanzierung und Förderung angeboten:

Abb. 5-2: Förderprogramme der Landwirtschaftlichen Rentenbank für Unternehmen.   *Quelle: Landwirtschaftliche Rentenbank (modifiziert)*

1. der Anbau von jährlich mindestens vier/fünf verschiedenen Hauptfruchtarten auf der Ackerfläche des Betriebes,
2. der Anbau von Zwischenfrüchten oder Untersaaten im Ackerbau oder die Begrünung von Dauerkulturen,
3. die Anwendung von Mulch- oder Direktsaat oder Mulchpflanzverfahren im Ackerbau;
4. das Ausbringen von flüssigem Wirtschaftsdünger auf Acker- und Grünland mit besonders umweltfreundlichen Ausbringungsverfahren,
5. die Anwendung von bodenschonenden Produktionsverfahren des Ackerfutterbaus,
6. der Verzicht auf die Anwendung von Herbiziden im Betriebszweig Dauerkulturen,
7. die Anlage von Blühflächen oder Blüh- bzw. Schonstreifen auf den Ackerflächen des Betriebes,
8. die Anwendung von biologischen oder biotechnischen Maßnahmen des Pflanzenschutzes.

Abb. 5-3: Geförderte Blühstreifen am Rande einer KUP im Landkreis Mittelsachsen. *Foto: David Butler Manning*

Der Förderungsgrundsatz »Grundsätze für die Förderung forstwirtschaftlicher Maßnahmen« enthält folgende Maßnahmen:

A. Förderung der Erstaufforstung
B. Förderung einer naturnahen Waldbewirtschaftung
C. Förderung forstwirtschaftlicher Zusammenschlüsse
D. Förderung der forstwirtschaftlichen Infrastruktur

Von der Förderung der Erstaufforstung sind Weihnachtsbaum- und Schmuckreisigkulturen sowie KUP (bis 15 Jahre) ausgeschlossen, weil das Ziel der Erstaufforstung die Begründung von Wald ist. Gemäß § 2 Abs. 1 des Bundeswaldgesetzes (BWaldG) bzw. § 2 Abs. 3 BWaldG sind Weihnachtsbaum- und Schmuckreisigkulturen sowie KUP jedoch kein Wald.

Bei einer Erstaufforstung tritt die Waldeigenschaft bereits dann ein, wenn die gepflanzten Bäume angewachsen sind (Brockmann & Sann, 2008). Der Status »landwirtschaftliche Nutzfläche« geht dabei verloren. Ferner wird darauf hingewiesen, dass gemäß § 10 BWaldG die Erstaufforstung von Flächen der Genehmigung der nach Landesrecht zuständigen Behörde bedarf.

Auch wenn KUP Dauerkulturen sind, lassen sich diese derzeit nur unzureichend in die Agrarumweltmaßnahmen einordnen, weil i. d. R. die bestehenden Maßnahmen in erster Linie auf die Primärproduktion abzielen und nicht auf die Erzeugung von Holz. Bestandteil der Notifizierung der EPLR der einzelnen Länder ist für bestimmte Maßnahmen auch die Festschreibung einer Liste der Kulturarten, die sich für die jeweilige Maßnahme eignen und demzufolge für eine Förderung infrage kommen. Eine Einordnung von KUP ist im Zuge der Notifizierung des EPLR 2007 bis 2013 nicht erfolgt, weil eine entsprechende Nachfrage zur damaligen Zeit noch nicht ausreichend gegeben war. Deshalb sind aktuell auch keine Beispiele aus Deutschland oder Europa für Agrarumweltmaßnahmen bekannt, die im direkten Zusammenhang mit der Anlage einer KUP stehen.

Aussagen, ob und in welchem Umfang die derzeitig angebotenen Maßnahmen auch in der bevorstehenden Förderperiode 2014 bis 2020 zum Zuge kommen werden, sind zum gegenwärtigen Zeitpunkt noch nicht möglich.

5.3.3.5 Marktstrukturverbesserung

Die Förderung zur Marktstrukturverbesserung zielt darauf ab, die Gründung und das Tätigwerden von Zusammenschlüssen zu unterstützen sowie die Wettbewerbsfähigkeit von Unternehmen der Verarbeitung und Vermarktung landwirtschaftlicher Erzeugnisse zu verbessern. Auf diese Weise soll zur Absatzsicherung oder zur Schaffung von Erlösvorteilen auf der Erzeugerebene beigetragen werden. Ziel ist es, die Erfassung, Verarbeitung und Vermarktung von landwirtschaftlichen Erzeugnissen im Hinblick auf Art, Menge und Qualität des Angebotes an die Erfordernisse des Marktes anzupassen.

Die Förderung umfasst folgende Bereiche:
* Gründung und Tätigwerden von Zusammenschlüssen
* Investitionen
* Vermarktungskonzeptionen

Die Gründung einer Erzeugergemeinschaft gemäß Marktstrukturgesetz ist nur für landwirtschaftliche Unternehmen möglich. In den Durchführungsverordnungen zum Marktstrukturgesetz ist geregelt, für welche Erzeugnisse Erzeugergemeinschaften gebildet werden können.

In der 22. Durchführungsverordnung (Pflanzliche Erzeugnisse zur technischen Verwendung oder Energiegewinnung) sind folgende Erzeugnisse aufgeführt:
* KN[3]-Code 07
  Gemüse, Pflanzen und Knollen (u.a. Kartoffeln)
* KN-Code 10
  Getreide
* KN-Code 12
  Ölsamen und ölhaltige Früchte, verschiedene Samen und Früchte,
  Pflanzen zum Gewerbe- und Heilgebrauch,
  Stroh und Futter
* KN-Code 1404
  Pflanzliche Erzeugnisse, anderweit weder genannt noch inbegriffen
* KN-Code 5301
  Flachs, roh oder bearbeitet, jedoch nicht versponnen, Abfälle davon
* KN-Code 5302
  Hanf, roh oder bearbeitet, jedoch nicht versponnen, Abfälle davon

KUP-Holz lässt sich keinem KN-Code der 22. Durchführungsverordnung zuordnen. Somit fehlen die Voraussetzungen, Erzeugergemeinschaften nach Marktstrukturgesetz für KUP-Holz gründen zu können.

Auch eine investive Förderung von Maßnahmen, die im Zusammenhang zur Verarbeitung von KUP-Holz stehen (Lagerung, Trocknung) ist derzeit noch nicht möglich, weil die Fördervoraussetzung nach den GAK-Fördergrundsätzen zur Marktstrukturverbesserung (Ausgangs- und Endprodukt müssen ein Erzeugnis i. S. v. Anhang I des Vertrages über die Arbeitsweise der Europäischen Union sein) nicht erfüllt ist.

5.3.4 Bestehende Förderhemmnisse

Trotz der bestehenden Förderangebote in zahlreichen Bundesländern wurden diese bislang kaum oder gar nicht angenommen. Ursache dafür ist u. a. die auf eine breite Inanspruchnahme der KUP-Förderung nur unzureichende Ausrichtung der Programme und Richtlinien. Allerdings ist diese nicht die einzige

---

[3] *Die Kombinierte Nomenklatur (KN) ist eine EU-einheitliche achtstellige Warennomenklatur für den Außenhandel im Rahmen der gemeinsamen Handelspolitik, insbesondere für den gemeinsamen Zolltarif sowie die Statistik seitens Eurostat und der nationalen statistischen Ämter. Sie wurde mit der Verordnung (EWG) Nr. 2658/87 des Rates vom 23. Juli 1987 über die zolltarifliche und statistische Nomenklatur sowie über den Gemeinsamen Zolltarif eingeführt.*

Ursache für die fehlende Inanspruchnahme der Förderung, die vor allem auch auf die fehlende Marktdurchdringung zurückzuführen ist.

Weitere Gründe für eine bislang fehlende Marktdurchdringung, die neben der unzureichenden Förderausrichtung zum Tragen kommen:

- Beim Anbau von KUP gilt es, eine Vielzahl rechtlicher Vorgaben zu beachten, die beim Anbau annueller Kulturen keine Rolle spielen.
- Die Anlage einer KUP ist mit einer längerfristigen Flächenbindung verbunden. Demzufolge hat der Landwirt keine Möglichkeit, zeitnah der Nachfrage des Marktes nach anderen Kulturen nachkommen zu können, mit denen sich aufgrund der Marktsituation höhere Erlöse/Gewinne erzielen lassen.
- Momentan kommen noch zu wenige innovative Geschäftsmodelle zum Tragen (vgl. Kapitel 4.1), wobei die Ursache dieses Defizits wiederum in der geringen Anbaufläche in Deutschland zu sehen ist.
- Technisch ausgereifte Lösungen zur KUP-Ernte sind zwar am Markt verfügbar, allerdings ist die Technik noch sehr kostenintensiv. Gelingt es, den KUP-Anbau im nennenswerten Umfang auszuweiten, dürfte damit auch eine Weiterentwicklung kostengünstiger Ernteverfahren einhergehen.
- Unsicherheiten bei den Ertragserwartungen sowie schwer einzuschätzende Risiken (Ausfallraten, Wildschäden) führen ebenfalls zu Bedenken hinsichtlich des KUP-Anbaus. Diese werden durch die hohen Investitionskosten noch weiter verstärkt, so dass die Bereitschaft der Betriebe, größere Flächen für den KUP-Anbau zur Verfügung zu stellen, gering ist.

Die Vorbehalte gegenüber KUP sind groß (s. Kapitel 1.3). Deshalb sind Landwirte eher daran interessiert, KUP auf kleineren Flächen anzubauen.

Die bestehenden Förderinstrumentarien der GAK sind aber nicht auf kleinere Flächen ausgerichtet. Beispielsweise wäre aufgrund des im Agrarinvestitionsförderprogramm festgelegten Mindestinvestitionsvolumens von 20 000 €[4] (und hierunter fallen nur die lt. Programm förderfähigen Kosten!) und der Annahme, dass die förderfähigen Kosten ca. 2500 € ha^{-1} betragen, eine Fläche von mindestens 8 ha erforderlich. Unter der Maßgabe, dass einige Bundesländer lediglich das Pflanzgut fördern und demzufolge ggf. lediglich ca. 1000 € ha^{-1} zu Buche schlagen, wären mindestens 20 ha erforderlich, um eine Förderung in Anspruch nehmen zu können. Die Förderung von Investitionen zur Diversifizierung sieht zwar ein Mindestinvestitionsvolumen von 10 000 € vor, aber auch diese Untergrenze stellt noch eine zu hohe Hürde dar.

Analog zum Agrarinvestitionsförderprogramm und zur Förderung von Investitionen zur Diversifizierung sind auch in den länderspezifischen Programmen Mindestinvestitionsvolumina verankert, die sich zwischen 10 000 € und 20 000 € bewegen und auch hier die Ursache für die fehlende Inanspruchnahme der Förderung darstellen. Darüber hinaus haben auch die Regelungen zu staatlichen Beihilfen[5] und De-minimis-Beihilfen[6] einen Einfluss auf die Inanspruchnahme der KUP-Förderung, die somit in »Konkurrenz« zu anderen Fördermaßnahmen steht, weil sie auf die jeweiligen unternehmensbezogenen Obergrenzen angerechnet werden.

Nur wenn es gelingt, den Anbau schnellwachsender Baumarten in Deutschland flächenmäßig auszudehnen, können sich auf diesem Gebiet Wertschöpfungsketten entwickeln, die sich positiv auf die Rentabilität der Betriebe auswirken. Um diese

---

[4] Das AFP in Niedersachsen sieht sogar ein Mindestinvestitionsfördervolumen von 50 000 € vor.

[5] AFP: Staatliche Beihilfen dürfen im Zeitraum von drei Wirtschaftsjahren den Betrag von max. 400 000 € nicht überschreiten.

[6] DIV: Gesamtwert der einem Unternehmen gewährten De-minimis-Beihilfen darf 200 000 € (bezogen auf einen Zeitraum von drei Jahren) nicht übersteigen.

Entwicklung zu unterstützen, bedarf es allerdings einer Neuausrichtung der Förderung.

5.3.5 Ausblick

5.3.5.1 Agrarpolitik ab dem Jahr 2014

Mit der GAP-Reform von 2003 und dem GAP-Gesundheitscheck von 2008 wurden bereits die Direktzahlungen von der landwirtschaftlichen Produktion entkoppelt und die Einhaltung der Cross-Compliance-Anforderungen als Zahlungsvoraussetzung eingeführt. Mit dem Verordnungsvorschlag der EU-Kommission vom 19. Oktober 2011 zur künftigen Ausrichtung der GAP ab 2014[7] soll nunmehr die Stützung der landwirtschaftlichen Unternehmen an zusätzliche Umweltauflagen (Greening) sowie noch besser auf bestimmte Maßnahmen, Gebiete oder Begünstigte ausgerichtet werden. Die Betriebsprämie wird künftig unter anderem aufgeteilt in eine Basisprämie mit einer Ökologisierungskomponente, die 30 % der Direktzahlungen ausmachen. Die Ökologisierungskomponente umfasst drei Greening-Maßnahmen (= dem Klima- und Umweltschutz förderliche Landbewirtschaftungsmethoden[8]).

Das Greening gilt für Betriebe mit einer Fläche ab 3 ha und umfasst folgende Vorgaben, die in ihrer Gesamtheit eingehalten werden müssen:

1. Dauergrünland-Erhalt: Der Betrieb darf (mit Bezug auf den gemäß Kommissionsvorschlag festgelegten Referenzzeitpunkt 1. Januar 2014) nur max. 5 % seines DGL umbrechen[9]. Die bisherigen Regelungen hinsichtlich des DGL-Erhalts für den jeweiligen Mitgliedstaat bzw. in Deutschland für das jeweilige Bundesland gelten zunächst auch 2014 und 2015 weiter. Allerdings muss ab 2014 jeder Betrieb die genannten Vorgaben zum DGL-Erhalt auf einzelbetrieblicher Ebene einhalten.

2. Anbaudiversifizierung[10]: Jeder Betrieb muss jährlich mindestens 3 Früchte anbauen. Der Anteil jeder Frucht muss mindestens 5 % betragen und ist auf maximal 70 % beschränkt.

3. Ökologische Vorrangflächen: Mindestens 7 % der betrieblichen Acker- und Dauerkulturflächen müssen als im Umweltinteresse[11] genutzte Flächen ausgewiesen sein. Hierzu gehören zum Beispiel Brachflächen, Terrassen, Landschaftselemente, Pufferstreifen sowie Erstaufforstungsflächen. Die konkrete Ausgestaltung der Regelung, welche Flächen zu dem 7 %-igen Flächenumfang gehören bzw. welche Flächen mit bestimmten Agrarumweltmaßnahmen angerechnet werden dürfen, ist derzeit in Diskussion und noch offen.

Weil KUP im Verordnungsvorschlag der EU-Kommission als Greening-Maßnahme vorerst keine Berücksichtigung finden, hat die Bund-Länder-Arbeitsgruppe (BLAG) »Weiterentwicklung der GAP« Vorschläge zur Konkretisierung der Greening-Maßnahmen erarbeitet und in einem Bericht[12] zusammengefasst. Demzufolge schlagen Bund und Länder vor, die Vorschriften zu der Einzelkomponente ökologische Vorrangflächen unter anderem um den Tatbestand »Flächen mit streifigen Kurzumtriebsplantagen mit schnellwachsenden Baumarten sowie Agroforstsystemen mit flächig verteiltem Baumbestand oder streifiger Anlage von Gehölzen und Ackerkulturen« zu erweitern. Die Agrarministerkonferenz stimmte diesem Bericht im Herbst 2012 zu.

---

[7] Vorschlag für eine Verordnung des Europäischen Parlaments und des Rates mit Vorschriften über Direktzahlungen an Inhaber landwirtschaftlicher Betriebe im Rahmen von Stützungsregelungen der Gemeinsamen Agrarpolitik KOM (2011) 625 endgültig/2.

[8] Vgl. Art. 29 des Verordnungsvorschlages KOM (2011) 625 endgültig/2.

[9] Vgl. Art. 31 des Verordnungsvorschlages KOM (2011) 625 endgültig/2.

[10] Vgl. Art. 30 des Verordnungsvorschlages KOM (2011) 625 endgültig/2.

[11] Vgl. Art. 32 des Verordnungsvorschlages KOM (2011) 625 endgültig/2.

[12] www.bmelv.de

Die Mitgliedstaaten haben gemäß Art. 38 ff. KOM(2011) 625 endg. grundsätzlich auch die Möglichkeit, eine gekoppelte Stützung für »Niederwald im Kurzumtrieb« zu gewähren. Diese gekoppelte Stützung darf allerdings nur an Sektoren und Regionen eines Mitgliedstaates gewährt werden, in denen sich spezifische Landwirtschaftsformen bzw. Agrarsektoren in Schwierigkeiten befinden und ihnen aus wirtschaftlichen und/oder sozialen und/oder ökologischen Gründen eine ganz besondere Bedeutung zukommt.

Weil jedoch die gekoppelte Stützung nur in dem Umfang gewährt werden darf, der erforderlich ist, um einen Anreiz zur Beibehaltung des derzeitigen Produktionsniveaus in den betreffenden Regionen zu schaffen, dürfte diese Stützung für Deutschland nicht infrage kommen, weil nicht die Beibehaltung des Produktionsniveaus, sondern eine flächenmäßige Zunahme des KUP-Anbaus das Ziel ist.

5.3.5.2 ELER-Förderung ab dem Jahr 2014

Gemäß Art. 4 des Vorschlags der Europäischen Kommission für eine neue ELER-Verordnung (KOM(2011) 627 endgültig/2) soll die künftige Förderung der Entwicklung des ländlichen Raums zur Verwirklichung folgender Ziele beitragen:

- Wettbewerbsfähigkeit der Landwirtschaft,
- nachhaltige Bewirtschaftung der natürlichen Ressourcen und Klimaschutzpolitik,
- ausgewogene räumliche Entwicklung der ländlichen Gebiete.

Dabei müssen die künftigen Förderprioritäten, die sich im GAK-Rahmenplan widerspiegeln sollen (z. B. investive Förderung, Agrarumweltmaßnahmen usw.), den übergreifenden Zielsetzungen Innovation, Umweltschutz, Eindämmung des Klimawandels und Anpassung an seine Auswirkungen Rechnung tragen.

Auch der Anbau schnellwachsender Baumarten trägt diesen Zielsetzungen Rechnung. Mit dem PLANAK-Beschluss, die Förderung von KUP ab 2014 in dem Förderungsgrundsatz »Investitionen zur Diversifizierung« zu deutlich verbesserten Bedingungen fortzuführen, wird die Voraussetzung geschaffen, ab 2014 ein wesentliches Hemmnis, das unter anderem für die bisher sehr verhaltene Inanspruchnahme der Förderung verantwortlich war, abzubauen. Bedingung dafür ist allerdings, dass der Förderungsgrundsatz der Diversifizierung und die in diesem Grundsatz verankerten Maßnahmen in den Ländern durch entsprechende Programme/Richtlinien umgesetzt werden.

Mit Bezug auf die Förderung von Agrarforstsystemen bieten Art. 22 und 24 des Verordnungsvorschlags zur ELER-Verordnung folgende Möglichkeiten:

- Gem. Art. 22 sind Investitionen für die Entwicklung von Waldgebieten und zur Verbesserung der Lebensfähigkeit von Wäldern förderfähig. Die Beihilfen im Rahmen dieser Maßnahmen betreffen unter Buchstabe b) die Einrichtung von Agrarforstsystemen.
- Gemäß Art. 24 wird die Unterstützung zur Einrichtung von Agrarforstsystemen privaten Landbesitzern und Pächtern, Gemeinden und deren Zusammenschlüssen gewährt und deckt die Einrichtungskosten und eine jährliche Hektarprämie für die Bewirtschaftungskosten während eines Höchstzeitraums von drei Jahren[13]. Die Förderung beträgt 80 % der förderfähigen Investitionen für die Einrichtung von Agrarforstsystemen.

Nur wenn diese genannten Artikel künftig in Deutschland aktiviert und in den GAK-Rahmenplan aufgenommen werden, ist eine Förderung von Agrarforstsystemen über die GAK oder ELER möglich. Ansonsten bleibt den Ländern lediglich die

---

[13] Mitgliedstaaten legen unter Berücksichtigung der örtlichen Boden- und Klimaverhältnisse, der Waldbaumarten und der Notwendigkeit der Sicherstellung der landwirtschaftlichen Nutzung die Höchstzahl der je Hektar zu pflanzenden Bäume fest.

Option, eine Förderung in den Länderprogrammen zu verankern.

5.3.6 Fazit

Die bestehenden Fördermöglichkeiten für KUP in Deutschland (AFP, DIV und länderspezifische Programme) wurden bislang – aufgrund der Vorgaben in den Programmen – nur marginal in Anspruch genommen und konnten aus diesem Grund auch noch keinen Beitrag zur nennenswerten, flächenmäßigen Ausdehnung des KUP-Anbaus leisten.

Doch wie im Abschnitt 5.3.4 dargelegt, ist die derzeit unzureichende Ausrichtung der Forderprogramme und Richtlinien nicht die alleinige Ursache für die fehlende Inanspruchnahme von Fördermitteln. Denn weitere Faktoren, wie z. B. die mit dem KUP-Anbau einhergehende längerfristige Flächenbindung, der zu beachtende umfassende Rechtsrahmen, die hohen Kosten der Ernte u. a., führen zu Vorbehalten hinsichtlich der Anlage einer KUP und beeinflussen die Entscheidungsfindung des Landwirts. Mit den im Förderungsgrundsatz Diversifizierung beschlossenen deutlich verbesserten Rahmenbedingungen zur Förderung von KUP ab dem Jahr 2014 verbindet sich zwar die Hoffnung, dass aufgrund dieser Anreizwirkung der KUP-Anbau in Deutschland an Fahrt gewinnt. Eine Ausweitung des KUP-Anbaus im größeren Umfang wird allerdings nur möglich sein, wenn sich die derzeit bestehenden Hemmnisse abbauen lassen.

KUP tragen nicht nur dazu bei, die entstehende »Holzlücke« zu schließen, sondern führen auch zu positiven Effekten, die Flora und Fauna zugute kommen, wenn eine Plantage standortangepasst etabliert und bewirtschaftet wird. In ausgeräumten Landschaften ist mit der Anlage einer KUP der Vorteil der Strukturierung der Landschaft verbunden. Darüber hinaus können Lebensräume und Verbindungselemente zwischen Einzelbiotopen für Tier- und Pflanzenarten geschaffen werden (Jennemann et al., 2012).

Auch diese Synergieeffekte lassen sich nur im größeren Umfang nutzen, wenn es aufgrund der Neuausrichtung der Förderung gelingt, den KUP-Anbau auszudehnen.

5.3.7 Rechtsgrundlagen
Europarecht

Vertrag über die Arbeitsweise der Europäischen Union in der Fassung der Bekanntmachung vom 9. Mai 2008 (ABl. C 115 vom 9. Mai 2008, S. 47).

Verordnung (EG) Nr. 1782/2003 des Rates vom 29. September 2003 mit gemeinsamen Regeln für Direktzahlungen im Rahmen der Gemeinsamen Agrarpolitik und mit bestimmten Stützungsregelungen für Inhaber landwirtschaftlicher Betriebe und zur Änderung der Verordnungen (EWG) Nr. 2019/93, (EG) Nr. 1452/2001, (EG) Nr. 1453/2001, (EG) Nr. 1454/2001, (EG) Nr. 1868/94, (EG) Nr. 1251/1999, (EG) Nr. 1254/1999, (EG) Nr. 1673/2000, (EWG) Nr. 2358/71 und (EG) Nr. 2529/2001 (ABl. L 270 vom 21. Oktober 2003, S. 1).

Verordnung (EG) Nr. 1698/2005 des Rates vom 20. September 2005 über die Förderung der Entwicklung des ländlichen Raums durch den Europäischen Landwirtschaftsfonds für die Entwicklung des ländlichen Raums (ELER) (ABl. L 277 vom 21. Oktober 2005, S. 1).

Verordnung (EG) Nr. 1857/2006 der Kommission vom 15. Dezember 2006 über die Anwendung der Artikel 87 und 88 EG-Vertrag auf staatliche Beihilfen an kleine und mittlere in der Erzeugung von landwirtschaftlichen Erzeugnissen tätige Unternehmen und zur Änderung der Verordnung (EG) Nr. 70/2001 (ABl. L 358 vom 16. Dezember 2006, S. 3).

Verordnung (EG) Nr. 1998/2006 der Kommission vom 15. Dezember 2006 über die Anwendung der Artikel 87 und 88 EG-Vertrag auf »De-minimis«-Beihilfen (ABl. L 379 vom 28. Dezember 2006, S. 5).

Verordnung (EG) Nr. 73/2009 des Rates vom 19. Januar 2009 mit gemeinsamen Regeln für Direktzahlungen im Rahmen der gemeinsamen Agrarpolitik und mit bestimmten Stützungsregelungen für Inhaber landwirtschaftlicher Betriebe und zur Änderung der Verordnungen (EG) Nr. 1290/2005, (EG) Nr. 247/2006, (EG) Nr. 378/2007 sowie zur Aufhebung der Verordnung (EG) Nr. 1782/2003 (ABl. L 30 vom 31. Januar 2009, S. 16).

Nationales Recht

ALG: Gesetz über die Alterssicherung der Landwirte (ALG) vom 29. Juli 1994 (BGBl. I S. 1890, 1891), zuletzt geändert durch Gesetz vom 12. April 2012 (BGBl. I S. 579).

BWaldG: Gesetz zur Erhaltung des Waldes und zur Förderung der Forstwirtschaft (Bundeswaldgesetz) vom 2. Mai 1975 (BGBl. I S. 1037), zuletzt geändert durch Gesetz vom 31. Juli 2010 (BGBl. I S. 1050).

GAKG: Gesetz über die Gemeinschaftsaufgabe »Verbesserung der Agrarstruktur und des Küstenschutzes« (GAK-Gesetz, GAKG) in der Fassung der Bekanntmachung vom 21. Juli 1988 (BGBl. I 1988, 1055), zuletzt geändert durch Artikel 9 des Gesetzes vom 9. Dezember 2010 (BGBl. I S. 1934).

Baden-Württemberg: Verwaltungsvorschrift des Ministeriums für ländlichen Raum, Ernährung und Verbraucherschutz zur einzelbetrieblichen Förderung landwirtschaftlicher Unternehmen 2010 vom 20. Mai 2010 (GABl. S. 186), zuletzt geändert durch Verwaltungsvorschrift des Ministeriums für Ländlichen Raum und Verbraucherschutz vom 30. März 2012 (GABl. S. 305).

Brandenburg: Richtlinie des Ministeriums für Infrastruktur und Landwirtschaft über die Gewährung von Zuwendungen für einzelbetriebliche Investitionen in landwirtschaftlichen Unternehmen vom 14. März 2011 (ABl. S. 1119).

Mecklenburg-Vorpommern: Richtlinie zur Förderung von Investitionen landwirtschaftlicher Unternehmen zur Diversifizierung Teil B (Div-B-RL M-V), vom 12. September 2007 (ABl. S. 470), zuletzt geändert durch Verwaltungsvorschrift vom 25. April 2010 (ABl. S. 268).

Niedersachsen: Richtlinie über die Gewährung von Zuwendungen für investive Maßnahmen landwirtschaftlicher Unternehmen in Niedersachsen und Bremen (Agrarinvestitionsförderungsprogramm) vom 10. April 2007 (MBl. S. 358), zuletzt geändert durch Erl. d. ML vom 3. April 2012 (MBl. S. 478).

Nordrhein-Westfalen: Richtlinien über die Gewährung von Zuwendungen zur Förderung der Diversifizierung der Tätigkeiten im landwirtschaftlichen und landwirtschaftsnahen Bereich vom 21. Mai 2007 (MBl. S. 398), zuletzt geändert durch Erl. vom 8. Mai 2009 (MBl. S. 279).

Sachsen: Richtlinie des Sächsischen Staatsministeriums für Umwelt und Landwirtschaft zur Förderung der Land- und Ernährungswirtschaft im Rahmen des Entwicklungsprogramms für den ländlichen Raum im Freistaat Sachsen (Förderrichtlinie Land- und Ernährungswirtschaft – RL LuE/2007) vom 9.10.2007 (ABl. S. 1495), zuletzt geändert durch Richtlinie vom 27. September 2011 (ABl. S. 1479, 1510).

Sachsen-Anhalt: Richtlinie über die Gewährung von Zuwendungen im Rahmen der einzelbetrieblichen Förderung vom 29. Januar 2008 (MBl. S. 143), zuletzt geändert durch Erl. vom 12. März 2012 (MBl. S. 345).

Thüringen: Förderrichtlinie für die einzelbetriebliche Investitionsförderung ab 2007, Agrarinvestitionsförderungsprogramm Thüringen (AFP 2007) vom 25. April 2008 (StAnz S. 723), zuletzt geändert durch Richtlinie vom 20. Juli 2009 (StAnz S 1383).

5.4 Zertifizierung von Kurzumtriebsplantagen – Chancen und Herausforderungen

Florian P. Neubert, Jürgen Pretzsch

5.4.1 Einleitung

Für die steigende Bioenergieproduktion ist es das Ziel der deutschen Bundesregierung, ein einheitliches und abgestimmtes Gesamtkonzept unter Berücksichtigung gültiger Nachhaltigkeitsstandards und -kriterien zu formulieren (BMU & BMELV, 2010). Im Hinblick auf die Zunahme des Handels mit Bioenergie auf nationaler, europäischer als auch internationaler Ebene, ist es notwendig für alle Beteiligten verbindliche Rahmenbedingungen und Instrumente zu entwickeln (Magar et al., 2011). Mittel- bis langfristig führen diese zu einem fairen und wettbewerbsfähigen Markt und sichern damit einen Beitrag der Biomasse zum Klima- und Ressourcenschutz, einer lokaler Wertschöpfung und einer gesicherten Nahrungsmittelversorgung (BMU & BMELV, 2010; Magar et al., 2011). Für den weiteren nachhaltigen Ausbau der Bioenergie (unabhängig ob fest, flüssig und gasförmig), sind die zunehmenden Kopplungen und damit verbundene Synergieeffekte an den Märkten (Agrar, Energie, Forst) zu berücksichtigen (Fritsche et al., 2010). Dies betrifft auch Dendromasse aus KUP.

5.4.2 Zertifizierungen im Forst-, Agrar- und Biokraftstoffsektor

Die Verwendung einheitlicher Nachhaltigkeitsstandards beim Biomasseanbau führen zu einer effizienten Verwendung der Produkte unter Bezug auf gesellschaftliche Akzeptanz, ökonomische Tragfähigkeit und ökologische Nachhaltigkeit (Diaz-Chavez, 2011). Unter Berücksichtigung dieser Faktoren ist es möglich, den globalen Einfluss der Biomasseproduktion auf die Gesellschaft und Umwelt anhand vollständiger Herstellungs- und Lieferketten und damit verbundener Ökobilanzen zu erfassen und sicherzustellen, dass sie einen Beitrag zur Treibhausgasreduzierung leisten.

Unter Einhaltung der oben genannten Voraussetzungen können beispielsweise Vergütungen, Steuerentlastungen und Quotenerfüllungen[14] gewährt werden. Dies ist bei Biokraftstoffen in der Biokraftstoff-Nachhaltigkeitsverordnung (BiokraftNachV) und Biomassestrom-Nachhaltigkeitsverordnung (BioStNachV) verankert. Beide Verordnungen regeln die Herstellung von Pflanzenölen (Palm-, Soja-,

Rapsöl usw.) und flüssigen wie auch gasförmigen Biokraftstoffen (Biodiesel, Pflanzenölkraftstoff, Bioethanol, Biogas usw.). Die BiokraftNachV und BioStNachV sind auf Grundlage der Europäischen Richtlinie für Erneuerbare Energien 2009/28/EC (EP 2009) das erste gesetzlich verankerte und damit verpflichtende Regelwerk zur Einhaltung von Nachhaltigkeitsanforderungen von Biomasse (Fritsche et al., 2010).

Diese Förderinstrumente und Marktzugangsregelungen gelten als erster Schritt zu einheitlichen Nachhaltigkeitsstandards und Zertifizierungsschemata. Da KUP für eine Vielzahl stofflicher und energetischer Verwertungen genutzt werden können, kommt der Entwicklung eines Zertifizierungssystems besondere Bedeutung zu.

Für ein solches Zertifizierungssystem lassen sich partiell bestehende Anordnungen und Methoden aus dem Forst-, Agrar- und Biokraftstoffsektor anwenden. Im Folgenden sind daher die wichtigsten Zertifizierungen und Initiativen auf nationaler, europäischer und internationaler Ebene aufgeführt.

Im Forstsektor weltweit etablierte Nachhaltigkeitsstandards werden anhand des FSC (Forest Stewardship Council) und des PEFC (Progamme for the Endorsement of Forest Certification) Zertifikates bescheinigt. Beide Labels liefern ein Gütesiegel für eine vorbildliche Waldbewirtschaftung und deren Holzprodukte, sind jedoch nicht explizit auf die energetische Verwendung von Holz ausgerichtet. Sie erfüllen damit nicht die EU Richtlinie (2009/28/EC) für Erneuerbare Energien (Fritsche et al., 2010). Deshalb können die vom FSC entwickelten Prinzipien und Kriterien für forstliche Plantagen (vgl. FSC Deutschland 2012) nicht auf KUP angewendet werden.

FSC beabsichtigt derzeit nicht, KUP Zertifizierungen durchzuführen. Dagegen führte PEFC Deutschland bereits erste Diskussionen mit KUP Akteuren durch und wird sich auch in Zukunft aktiv dieser Thematik widmen (Fritz, 2012). PEFC

---

[14] Vgl. z. B. Quotenregelung für Biokraftstoffe

kann weiterhin auf Erfahrungen des italienischen PEFC-Zertifizierungsschemas für Pappelplantagen (Sustainable Poplar Plantation Management Standard, SPMS) zurückgreifen (Indufor, 2007).

In der Landwirtschaft existieren zahlreiche Standards, Zertifikate und Labels für den ökologischen Ackerbau, nachhaltigen Anbau oder Fair Trade Produkte. Diese Zertifikate sind jedoch alle auf annuelle Kulturen zur Futter- und Lebensmittelproduktion ausgelegt und nur teilweise bei perennierenden Anpflanzungen zur Holzerzeugung verwendbar (Fehrenbach et al., 2011). Auch der von der Deutschen Landwirtschaftsgesellschaft (DLG) erstellte Nachhaltigkeitsstandard »Nachhaltige Landwirtschaft« ist nicht für KUP geeignet. Hingegen werden KUP im »Kriteriensystem Nachhaltige Landwirtschaft« (KSNL) der Thüringer Landesanstalt für Landwirtschaft berücksichtigt. Für KUP sind unter diesen Bedingungen insbesondere die Cross-Compliance Reglungen der Gemeinsamen Agrarpolitik (GAP) relevant (s. Kapitel 5.2).

Im weitaus größeren Stil existieren Zertifizierungssysteme im Biokraftstoffsektor. Von der Bundesanstalt für Landwirtschaft und Ernährung (BLE) wurden 2010 die Systeme REDcert (Gesellschaft zur Zertifizierung nachhaltig erzeugter Biomasse) und ISCC (International Sustainability & Carbon Certification) akkreditiert. REDcert legt den Focus dabei auf in Deutschland und Europa produzierte Biomasse für Biokraftstoffe. ISCC findet hingegen weltweit Anwendung und ist für jegliche Biomasse aus dem Forst- und Agrarbereich anwendbar. Aufgrund der gesonderten Stellung (Anbau, Umtriebszeiten und Ernte im Vergleich zur konventionellen Landwirtschaft) von KUP befasst sich das Technische Komitee Holz (TK3 Holz) des ISCC mit deren Implementierung in das erweiterte »ISCC Plus«-System. Hierzu wurden bereits mehrere Workshops und Stakeholdertreffen durchgeführt, eine öffentliche Konsultationsphase endete im Mai 2012. Auf internationaler Ebene behandeln mehrere Initiativen den Bereich der Biokraftstoffzertifizierung, u. a. der »Roundtable

on Sustainable Biofuels« (RSB), welcher internationale Nachhaltigkeitsstandards entwickelt. Ferner ist die »Global Bioenergy Partnership« (GBEP) zu nennen, deren Ziel die Forcierung von Biomasse und Biokraftstoffen im internationalen Kontext und deren Zertifizierung darstellt.

Neben den genannten Zertifizierungsinitiativen verfolgen auch Normungsorganisationen wie das DIN (Deutsches Institut für Normung), das CEN (European Committee for Standardisation) und die ISO (International Standard Organisation) die Harmonisierung von Nachhaltigkeitskriterien für Biomasse, die gleichfalls für KUP gültig wären. Das CEN bearbeitet im Technischen Komitee 383 »Nachhaltig produzierte Biomasse für Energieanwendungen« europäische Standards sowie deren Auditierung und Verifizierung. Die von der ISO im Entwurf befindliche Norm ISO 13 065 beschreibt »Nachhaltigkeitskriterien für Bioenergie«.

In einer weltweiten Studie (van Dam et al., 2010) wurden insgesamt 67 Initiativen untersucht, die sich mit der Biomassezertifizierung (fest, flüssig, gasförmig) auseinandersetzen. Dies zeigt, welche Relevanz dieses Thema für Biomasse und damit auch für KUP besitzt.

5.4.3 Herausforderungen der Zertifizierung im Spannungsfeld zwischen Märkten, Politik und Ökologie

Zur erfolgreichen Umsetzung von Projekten im Bereich der Bioenergie, müssen neben optimalen Anbau- und Erntebedingungen nicht zuletzt logistische, technische, finanzielle und juristische Fragestellungen mit einer Vielzahl an unterschiedlichen Akteuren und Behörden behandelt werden. Dies birgt Risiken, die ein Scheitern des Projektes verursachen können (Elghali et al., 2007). Obwohl diese mit einer Zertifizierungen bewertet und eingegrenzt werden können, wird der Prozess von allen Beteiligten mit unterschiedlichem Interesse verfolgt (vgl. Tab. 5-14).

Im Zuge des weltweiten Handels mit Biomasse (z. B. Holzpellets) und des zu erwartenden ansteigenden KUP-Anbaus, kann eine Zertifizierung allen beteiligten Akteuren Nutzen bringen. Bisher ist jedoch nicht absehbar, ob eine Zertifizierung kurzfristig im Rahmen von freiwilligen Standards oder mittel- bis langfristig mit gesetzlich verankerten Richtlinien erfolgen wird. Der weltweite Boom an Zertifizierungen für Biomasse (Kaffee, Textilien, Papier, Tee, energetische und stoffliche Nutzung) zeigt jedoch eine klar steigende Tendenz.

Deshalb muss versucht werden, ein für alle Marktteilnehmer einheitliches Vorgehen zu finden und Doppel- und Mehrfachzertifizierungen zu vermeiden. Nimmt die Zahl an unterschiedlichen Zertifizierungssystemen im gegenwärtigen Tempo zu, wird ein Vergleich für die Produzenten zunehmend schwieriger (Cramer, 2007). Für Verwerter hingegen bieten sich »Shopping Möglichkeiten« zwischen Standards an, die zu Marktverzerrungen, Intransparenz und fehlender Glaubwürdigkeit führen können (van Dam & Junginger, 2011). Der Wunsch nach einer Harmonisierung und Vereinheitlichung der Systeme ist daher weit verbreitet (Scarlat & Dallemand, 2011).

Folglich wird eine konsequente Anwendung von Nachhaltigkeitsstandards gefordert. In Tabelle 5-15 werden maßgebende Kriterien für eine nachhaltige Dendromasseproduktion dargestellt. Es wird deutlich, dass einige Kriterien neu zu entwickeln sind. Hierfür ist neben weiterer Forschung ein intensiver Abstimmungsprozess mit allen beteiligten Akteuren erforderlich. Dies betrifft insbesondere die

an die Wertschöpfungskette geknüpften finanziellen Kriterien sowie Kriterien zu den ökologischen und sozialen Wirkungen. Einige Bedenken hierzu konnten durch Untersuchungen in den vergangenen Jahren ausgeräumt werden (vgl. Bemmann & Knust, 2010; Skodawessely et al., 2010). Finden die Kriterien flächendeckend, z. B. in Europa Anwendung, sind eine nachhaltige wirtschaftliche und regionale Entwicklung, die Abmilderung des Klimawandels und die Sicherung der Nahrungsmittel- als auch die Energieversorgung gewährleistet.

Aktuelle Forschungsschwerpunkte aus Tabelle 5-15 finden sich derzeitig in allen Bereichen für KUP wieder. Damit wird die Zertifizierung auch für diese Art des Biomasseanbaus immer relevanter. Wie viel, wo und wie die zukünftige Biomasse produziert wird, hängt dabei aber maßgeblich von politischen Rahmenbedingungen ab (Thrän et al., 2012). Für die Europäische Union sollen diese bis Ende 2012 erarbeitet werden (DNR, 2012).

Es stellt sich für den Landwirt die Frage, wie Klein- und Kleinstflächen für die Anlange von KUP in diesem Prozess berücksichtigt werden können. Ferner müssen Aspekte, die den Eigenverbrauch, Verkauf oder Export der Biomasse behandeln, diskutiert werden.

In diesem Fall können jedoch Regularien greifen, die beispielsweise eine Gruppenzertifizierung mit angrenzenden Betrieben gestattet. Weiterhin ist es möglich, die Anbaufläche erst ab einer bestimmten Größe in den Zertifizierungsprozess einfließen zu

Tab. 5-14: Interessen verschiedener Akteure an einer Zertifizierung.

Akteure	Interesse an einer Zertifizierung
Hersteller und Produzenten	Stärkt das Vertrauen der Verbraucher, Bestätigung nachhaltig erzeugter Biomasse, Instrument des Marktzugangs, Einhaltung Emissionsgrenzwerte, Anrecht auf Subventionen bei Anbau, Preis- und Marktstabilität, Managementoptimierung, Effizienzsteigerung
Industrie, Handel und Verwerter	Instrument des Umweltmarketings und Marktzugangs, Herkunftsbescheinigung und Rückverfolgung, Anrecht auf Subventionen bei Nutzung, Exportmöglichkeiten, Rechtfertigung von Preisspitzen
Behörden und Legislative	Politisches Instrument zur bewussten Förderung des Anbaus und Verwendung nachhaltig erzeugter Biomasse (sog. Leitmarktförderung über Standards, Audits und Akkreditierungsprozesse), reduzierte Monitoringkosten

(angepasst nach Bass, 2003; Lewandowski & Faaij, 2006; Rametsteiner & Simula, 2003; van Dam et al., 2012).

Tab. 5-15: Mögliche Nachhaltigkeitskriterien für Kurzumtriebsplantagen.

Ökologie	Ökonomie	Soziales
• Ökobilanzierung von Treibhausgasemissionen	• Produktivität (z. B. Produktionskosten pro Tonne)	• Flächenanteile Dendromasseproduktion
• Bodenqualität (z. B. Anteil org. Kohlenstoff, Verdichtung)	• Nettoenergiebilanzen (z. B. Wirkungsgrad)	• Preise der Lebensmittelversorgung (z. B. nationale Warenkörbe)
• Jährliche Erntemenge	• Bruttowertschöpfung (z. B. pro Tonne Dendromasse)	• Einkommensveränderungen
• Emissionen von nicht Treibhausgasschadstoffen (z. B. Schimmelsporen bei Trocknung)	• Veränderungen im Primärenergieverbrauch fossiler Treibstoffe	• Nettoarbeitsplatzschaffung (z. B. gelernt/ungelernt und Teilzeit/Vollzeit)
• Wasserqualität (z. B. N und P Konzentration in Gewässern)	• Vorhandene Infrastruktur und Logistik zur Distribution	• Arbeitssicherheit und -unfälle
• Biodiversität und Landschaftsbild		
• Landnutzungsänderung		
• Rückwandlung von KUP Flächen		

(angepasst nach GBEP, 2011)

lassen, die Erntemenge zur Bewertung heranzuziehen oder die Dimensionierung der Kraftwerksanlage (z. B. 1 MW thermisch/elektrisch) als Maßstab anzusetzen. Dass KUP Flächen für die Eigenverwendung von einer Zertifizierung ausgeschlossen werden, ist ebenfalls vorstellbar.

Zur Kontrolle und Umsetzung dieser Maßnahmen und zur Verfolgung der Produktkette (Chain of Custody, CoC) existieren verschiedene Mechanismen, die in Tabelle 5-16 dargestellt sind.

Die genannten Themen müssen schnellstmöglich in einem breiten Rahmen mit allen Marktakteuren geklärt werden (Fritsche et al., 2010; Diaz-Chavez, 2011; van Dam & Junginger, 2011). Erst dann ist ein schneller und sicherer Ausbau von KUP umzusetzen und Risiken einheitlich bewertbar.

Tab. 5-16: Zertifizierungsmechanismen zur Rückverfolgung der Produktkette (Chain of Custody).

Verfahren	Beschreibung
Buchverfahren (book & claim)	Die Biomasse wird unabhängig von Zertifikaten gehandelt. Zertifizierungsmöglichkeiten bestehen über den Zukauf entsprechender Zertifikate. Der Handel ist damit von der Zertifizierung vollständig separiert. Abhängig von Preis und Menge der verfügbaren Zertifikate wird die nachhaltige Produktion stimuliert.
Massenbilanz (mass balance)	Nachhaltig und nicht nachhaltig erzeugte Biomasse darf im Verlauf der Produktkette miteinander vermischt werden. Das ursprüngliche Mischungsverhältnis muss jedoch bekannt sein und ausgewiesen werden.
Herkunftsnachweis (track & trace)	Zertifizierte und nicht zertifizierte Biomasse muss während des Verarbeitungsprozesses von Anfang bis zum Endprodukt physisch voneinander getrennt werden.
Identitätsverfahren (identity preserved)	Die zertifizierte Biomasse ist vollständig bis zum Anbauort zurückzuverfolgen. Mischungen mit nicht zertifizierter Biomasse sind unzulässig.

6 Besonderheiten bei der Anlage von Kurzumtriebsplantagen

6.1 Kurzumtriebsplantagen und Biodiversität

Michael Grunert, Eckehard-Gunter Wilhelm

6.1.1 Einleitung

Unter Biodiversität (syn. für Biologische Vielfalt) wird die Eigenschaft lebender Systeme verstanden, unterschiedlich, d. h. von anderen spezifisch verschieden und andersartig zu sein (Solbrig, 1994). »Biodiversität« ist ein sehr komplexes, erst seit 1986 existierendes Kunstwort. Ursprünglich als Schlagwort gedacht, um auf die zunehmende Geschwindigkeit des Artensterbens weltweit aufmerksam zu machen (Wilson, 1992) wird Biodiversität heute sehr unterschiedlich und vielfältig in Politik, Wirtschaft aber auch in der ökologischen Forschung angewendet.

Für KUP als relativ neuartiges Landbewirtschaftungssystem gegenüber herkömmlich bewirtschafteten landwirtschaftlichen Flächen werden häufig ausgewählte Elemente der Biodiversität als Maßstab herangezogen und als Indikator der Veränderungen von Flora und Fauna genutzt. Langfristige floristisch-vegetationsökologische und faunistische Untersuchungen bilden eine wichtige Grundlage für die Beurteilung von KUP im Zusammenhang mit Biodiversität. Es existiert zwar schon eine Fülle von Ergebnissen für ausgewählte Artengruppen (z. B. Busch & Lamersdorf, 2010). Es mangelt jedoch an Ergebnissen von längerfristigen Untersuchungen, die aus Projektlaufzeit- und anderen Gründen ausgesprochen selten durchgeführt werden können (Glaser & Schmidt, 2010a).

Von zwei sächsischen Standorten mit KUP (Krummenhennersdorf bei Freiberg und Köllitsch bei Torgau) liegen jedoch Ergebnisse längerfristiger vegetationsökologischer Untersuchungen und

zoologischer Erfassungen vor. Diese stehen im Mittelpunkt des vorliegenden Beitrages.

6.1.2 Entwicklung der Biodiversität in Kurzumtriebsplantagen am Beispiel der Kurzumtriebsplantagen Krummenhennersdorf

Im Rahmen der Kartierung und ökologischen Bewertung einer etwa 2 ha großen im Jahre 2005 angelegten Versuchsfläche mit schnellwachsenden Baumarten in Krummenhennersdorf bei Freiberg wurden längerfristig die Veränderungen der Biodiversität – hier insbesondere der Flora[1], Vegetation[2] und Fauna (Abb. 6-1) – einer KUP untersucht.

Abb. 6-1: Der nach Bundesartenschutzverordnung (BArtSchV) »besonders geschützte« Moschusbock (*Aromia moschata*) an einer Weide in Köllitsch.

Foto: Michael Grunert

---

[1] Flora = Gesamtheit der Pflanzensippen
[2] Vegetation = Gesamtheit der Pflanzengesellschaften in einem Gebiet

6.1.2.1 Ergebnisse

Artenvielfalt

Die Entwicklung der Artenzahlen der Bodenvegetation nach Anlage der KUP im Jahr 2005 bis 2011 in der Versuchsfläche Krummenhennersdorf geht aus der Abbildung 6-2 hervor. Die Bodenvegetation erreicht in den ersten drei Jahren nach Anlage mit Artenzahlen zwischen 62 bzw. 59 Arten hohe Werte. Nach dem ersten Umtrieb im Jahr 2008 stieg die Artenzahl sogar auf 68 Arten an, ging jedoch im Jahr 2009 wieder stark zurück (40 Arten) (Böhnert et al., 2009) und sank dann bis 2011 weiter auf 34 Arten.

Nach Dietzsch (2011) ist die Gesamtartenzahl und die durchschnittliche Artenzahl pro Sortenstreifen im Vergleich zu konventionell bewirtschafteten Äckern an diesem Standort als relativ hoch zu bewerten. Dies bestätigt die Aussagen von Glaser & Schmidt (2010a), dass die Artenzahlen für Kurzumtriebsplantagen nicht zum Verlust von Artenvielfalt

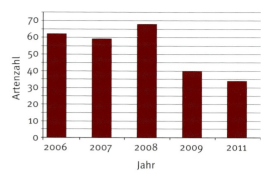

Abb. 6-2: Gesamtartenzahl der Blütenpflanzen auf der KUP-Fläche Krummenhennersdorf. *Quelle: Schmidt et al., 2012*

führen, sondern sich eine im Vergleich zur ackerbaulichen Nutzung höhere Artenzahl einstellt.

Ökologische Gruppenzuordnung

Die Zuordnung der Arten zu den ökologischen Gruppen erfolgt stark zusammengefasst in Anlehnung an Böhnert et al. (2009). Die Ergebnisse in Abbildung 6-3 zeigen, dass wesentliche Entwicklungen

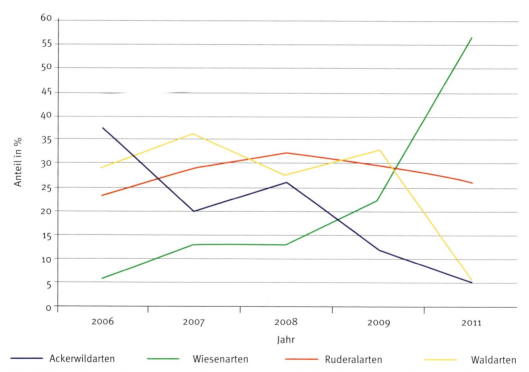

Abb. 6-3: Entwicklung des Anteils an Samenpflanzen geordnet nach ökologischen Gruppen und bezogen auf die Gesamtartenzahl auf der KUP-Fläche Krummenhennersdorf. *Quelle: Schmidt et al., 2012*

Abb. 6-4: Die gemeine Streckerspinne (*Tetragnatha extensa*) an einer Weide in Fremdiswalde (Sachsen).   *Foto: Michael Grunert*

und Veränderungen sich erst durch langfristige Untersuchungen offenbaren. So sind die Zunahme der Waldarten und die Abnahme des Anteils an Ruderal-, Wiesen- und Ackerwildarten erst nach sechsjährigen Untersuchungen deutlich nachweisbar.

Ökologische Zeigerwerte

Die Auswertung der Zeigerwerte von Pflanzen nach Ellenberg et al. (2001) ermöglicht, Tendenzen der standörtlichen Veränderungen nach Anlage von Kurzumtriebsplantagen aufzuzeigen. Für die Auswertung der ökologischen Zeigerwerte wurden hier die jeweiligen Mittelwerte aller Arten berechnet (Böhnert et al., 2009). Die in Tabelle 6-1 abgebildeten Ergebnisse belegen eine deutliche Abnahme

der Lichtzahl (von 7 auf 5,4). Das bedeutet, dass sich die Bedingungen vor allem für schattenertragende Arten verbessern, während sie sich für lichtliebende Arten, meist kurzlebige Ackerwildkräuter, verschlechtern. Bei Temperatur-, Feuchte-, Reaktions- und Stickstoffzahlen sind dagegen nur leichte Veränderungen nachweisbar.

Zoologische Untersuchungen

Für zoologische Bewertungen von Kulturpflanzenbeständen werden oftmals die Artenzahlen von Webspinnen herangezogen. Die Ergebnisse der vierjährigen Erhebungen in der KUP Krummenhennersdorf (Abb. 6-5) belegen hier eine positive Entwicklung in den Artenzahlen.

Tab. 6-1: Mittlere Zeigerwerte der Samenpflanzen auf der KUP-Fläche Krummenhennersdorf.

	Mittelwert				
Jahr					
Zeigerwert	2006	2007	2008	2009	2011
Lichtzahl	7,0	6,8	6,7	6,4	5,4
Temperaturzahl	5,6	5,5	5,6	5,3	5,2
Feuchtzahl	5,3	5,1	5,5	5,7	5,3
Reaktionszahl	6,9	6,0	6,3	5,6	6,5
Nährstoffzahl	6,0	6,0	6,2	6,3	6,6

Quelle: Schmidt et al., 2012

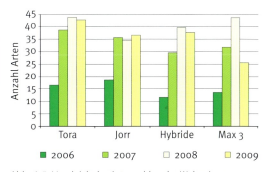

Abb. 6-5: Vergleich der Artenzahlen der Webspinnen (Araneae) am Versuchsstandort Krummenhennersdorf in den Jahren 2006 bis 2009.   *Quelle: Al Hussein, 2009*

Abb. 6-6: Der heute in Deutschland gefährdete Feld-Hase (*Lepus europaeus*) in einer halbseitig beernteten Streifen-KUP in Köllitsch (Sachsen).

Foto: Michael Grunert

6.1.3 Phytodiversität in Gehölzstreifen mit schnellwachsenden Baumarten als Feldstreifen im Versuchsgut Köllitsch

Im Vordergrund der floristisch-vegetationskundlichen Untersuchungen im Versuchsgut Köllitsch stand die Beurteilung der Vegetation in einem Gehölzstreifen mit schnellwachsenden Baumarten im Hinblick auf mögliche Unterschiede der Kulturarten bzw. Sorten, saisonalen Veränderungen, Vegetationsentwicklung über die Standzeit der Kurzumtriebsplantage und Effekte der Umtriebsbewirtschaftung.

Als Vergleichsfläche dienten eine 1998 angelegte Naturschutzhecke mit gebietstypischer Gehölzpflanzung, ein 2002 ähnlich angelegter Feldstreifen mit Pappel- und Weidenpflanzungen, ein Getreideacker und eine flächige, 10 ha große Energieholzplantage (Zöphel, 2010; Röhricht et al., 2011).

Die Artenzahlen im Feldstreifen mit Pappel und Weide sind hier in allen Varianten signifikant höher als in konventionellen Ackerkulturen am Standort und einem relativ artenarmen Ackerrain im Übergang von konventionellem Acker zu einem Gehölz am Standort Köllitsch (Abb. 6-7).

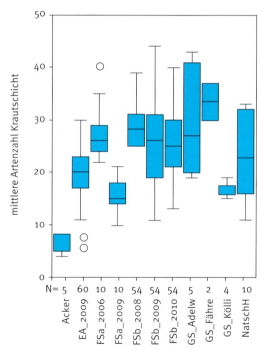

EA – Energieholzanlage, FSa – Feldstreifen Anlage 2006,
FSb – Feldstreifen Anlage 2007, NatschH – Naturschutzhecke,
GS – Gehölzsaum, Aufnahme Mai/Juni.

Abb. 6-7: Artenzahlen der Krautschicht – Vergleichsflächen.

Quelle: Zöphel, 2010

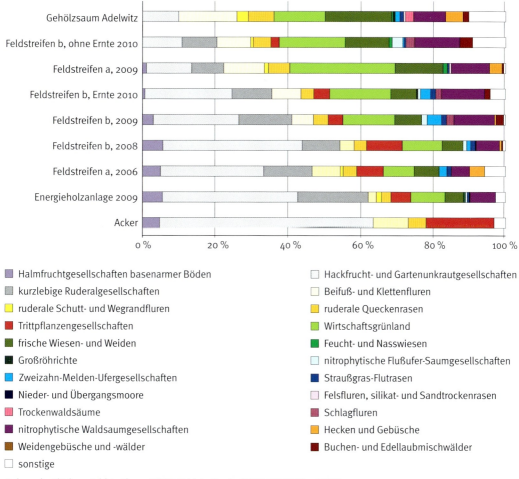

Halmfruchtgesellschaften basenarmer Böden
Hackfrucht- und Gartenunkrautgesellschaften
kurzlebige Ruderalgesellschaften
Beifuß- und Klettenfluren
ruderale Schutt- und Wegrandfluren
ruderale Queckenrasen
Trittpflanzengesellschaften
Wirtschaftsgrünland
frische Wiesen- und Weiden
Feucht- und Nasswiesen
Großröhrichte
nitrophytische Flußufer-Saumgesellschaften
Zweizahn-Melden-Ufergesellschaften
Straußgras-Flutrasen
Nieder- und Übergangsmoore
Felsfluren, silikat- und Sandtrockenrasen
Trockenwaldsäume
Schlagfluren
nitrophytische Waldsaumgesellschaften
Hecken und Gebüsche
Weidengebüsche und -wälder
Buchen- und Edellaubmischwälder
sonstige

Anlage der Flächen: Feldstreifen a: 2002; Feldstreifen b: 2007; KUP 10 ha: 2007.

Abb. 6-8: Pflanzenartenspektrum nach soziologischer Bindung in den Feldstreifen und den Vergleichsflächen in Köllitsch.

Quelle: Zöphel, 2010.

Schon bei erster Analyse der in Abbildung 6-8 zusammengefassten Ergebnisse wird deutlich, dass auf den untersuchten KUP-Gehölzflächen eine größere Anzahl pflanzensoziologischer Einheiten vertreten ist als auf den Ackerflächen. Insbesondere nehmen die Anteile von Grünland-, Saum-, Gebüsch- und Waldarten zu. Diese Ergebnisse korrespondieren mit den in Abschnitt 6.1.2 festgestellten Sachverhalten.

Zöphel (2010, in Feldwisch, 2011) weist insbesondere auf eine festgestellte bewirtschaftungsabhängige Vegetationsentwicklung hin. Deutlich erkennbar ist aber auch der von der Naturschutzhecke abweichende Charakter, der aus dem Mangel an einheimischen Gehölzarten resultiert.

6.1.4 Fazit

Wichtig für die Beurteilung der Biodiversität und für naturschutzfachliche Bewertungen von KUP ist neben den bloßen Artenzahlen vor allem die Artenzusammensetzung. Diese kann sich je nach Art der Landnutzung (KUP, Acker, Grünland), der Entwicklungsphase der KUP aber auch nach der Anlagenart und Bewirtschaftungsweise und -rotation der KUP beträchtlich unterscheiden.

In diesem Zusammenhang erwiesen sich insbesondere bei Dauerkulturen längerfristige Untersuchungen als besonders wertvoll (Abschnitt 6.1.2). Vorhergesagte Vegetationsentwicklungen können bei sich verändernden Umwelt- und Bewirtschaftungsbedingungen auch anders verlaufen und ohne Berücksichtigung längerfristiger Erkenntnisse zu Fehleinschätzungen führen.

Mit Kurzumtriebsplantagen können in Abhängigkeit von der Anlage, den Standortsbedingungen vor Ort sowie von Art und Weise der Bewirtschaftung sowohl positive als auch negative Wirkungen auf Artenvielfalt und Artenzusammensetzung auf der Fläche erreicht werden.

Folgende Beispiele für positive und negative Wirkungen von KUP auf die Biodiversität können benannt werden (Denner et al., 2012, ergänzt u. verändert):

Positiv:
- Im Vergleich zu Intensivacker und -grünland in der Regel artenreicher
- Artenvielfalt wird vor allem in strukturarmen, monotonen Agrargebieten gefördert
- Teilweise bzw. zeitweise auch Habitat für seltene, gefährdete Arten
- Besiedlung stark abhängig von der Anlagendiversität (Randstrukturen, Lücken) und der umgebenden Landnutzung, Biotopanbindung

Negativ:
- Durch flächige, einheitlich strukturierte KUP werden vor allem Allerwelts-Arten gefördert
- Anlage von KUP auf zuvor extensiv genutzten Flächen kann Arten und Biotope gefährden (z. B. bodenbrütende Vogelarten, Beschattung)

Abb. 6-9 (v.l.n.r.): Typische Vertreter der Ruderalarten: *Cirsium arvense*, *Epilobium angustifolium* und *Urtica dioica*.

Fotos (v.l.n.r.): Jones, Frank Xaver, Shyamal; Creative Commons

Nach Möglichkeit sollten diese Aspekte bereits bei der Auswahl von Standort und Bewirtschaftungsverfahren berücksichtigt werden. Gerade aus Sicht der Artenvielfalt und des Landschaftsbildes ist eine Erweiterung der derzeit für die Anlage von KUP erlaubten Arten (s. Kapitel 5.2) insbesondere für den Streifenanbau unbedingt anzustreben. Dabei könnten auch Straucharten aufgenommen werden, die die Feldstreifen auflockern und bereichern ohne den Ertrag wesentlich zu verringern.

Mit dem Streifenanbau von KUP (Abschnitt 6.1.3) kann es gelingen, die oft objektiv bedingten manchmal aber auch subjektiv beeinflussten unterschiedlichen Zielstellungen von landwirtschaftlicher Produktion und naturschutzfachlichem Handeln in einem sinnvollen Vorhaben zu vereinigen und hier einen wirtschaftlichen Anbau von schnellwachsenden Baumarten mit positiven Auswirkungen auf die Artenvielfalt und Artenzusammensetzung zu erreichen.

Für die Anlage und Bewirtschaftung von KUP ergeben sich aus Sicht der Biodiversität aus den Untersuchungen und Schlussfolgerungen folgende Empfehlungen (Auswahl, vgl. auch Denner et al., 2012):

Für die Anlage von Kurzumtriebsplantagen

- Standortwahl so, dass Synergien genutzt werden (Gebietskulissen, gezielte Förderung, Ackerflächen, Berücksichtigung Landschaftsbild),
- kleinflächige oder streifenweise KUP,
- Verwendung unterschiedlicher Arten, Sorten, Klone,
- Schaffung von Randstrukturen und Begleitbiotopen (Gehölz- und Staudensaum, Blühstreifen), Toleranz von (kleineren) Lücken durch Ausfälle.

Für die Bewirtschaftung von Kurzumtriebsplantagen

- Verzicht auf Düngung und chemischen Pflanzenschutz (soweit möglich),
- Erhaltung einer gewissen strukturellen Vielfalt bei der Bewirtschaftung, z. B. durch räumlich gestaffelte Erntetermine,

- Beerntung außerhalb der Vegetationsperiode (Vogelbrut, Aufzucht),
- besondere Anforderungen, wenn KUP zur Biotopvernetzung beitragen soll,
- Zulassen der Entwicklung spontaner Begleitbiotope auch innerhalb von KUP (Lücken).

6.2 Kurzumtriebsplantagen auf Grünland

Albrecht Bemmann, Andreas Gurgel, Karoline Schua, Karl-Heinz Feger

Während die Anlage und Nutzung von Kurzumtriebsplantagen auf Ackerflächen aus juristischer Sicht möglich ist (s. Kapitel 5.2), gibt es für deren Anbau auf Grünlandflächen gesetzliche Beschränkungen. So gilt für alle Mitgliedsstaaten der Europäischen Union (EU) das »Dauergrünlanderhaltungsgebot« (VO/EG/ Nr. 73/2009, Artikel 6; VO/EG/ Nr. 1122/2009, Artikel 3). Danach dürfen diese Länder den »… Umbruch von Grünland … verbieten oder … beschränken, … wenn sich der Anteil des Dauergrünlandes bezogen auf das Referenzjahr 2003 um 5 % verringert hat. Verringert sich der Anteil um mehr als 8 % kann, um mehr als 10 % muss das Bundesland den Zahlungsempfänger verpflichten, das umgebrochene Grünland wieder einzusäen oder auf anderen Flächen Dauergrünland anzulegen« (Schulte & Michalk, 2011). Neben diesen EU-Regelungen haben die Bundesländer eine Reihe von speziellen juristischen Verordnungen zum Erhalt von Dauergrünland erlassen und weitere diesbezügliche Regelungen in Naturschutzgesetze eingebracht.

Das Grünlanderhaltungsgebot ist vor allem darin begründet, das Grünland im Vergleich zu Ackerland einen höheren Vorrat an Kohlenstoff (C) und Stickstoff (N) sowie eine größere Biodiversität besitzt, geringer erosionsgefährdet ist und häufig extensiver als vergleichbare Ackerstandorte bewirtschaftet wird. Die Zerstörung der Grasnarbe und eine Bodenbearbeitung insbesondere durch Pflügen führen zu einem starken Abbau der organischen Substanz und damit zu einer Verringerung des Humusgehaltes. Der Abbau organischer Substanz geht dabei etwa drei- bis viermal so schnell vonstatten wie ihr Aufbau (Billen, 1996). Ein Schutz von Grünlandflächen vor dem Pflügen und der Umwandlung in Ackerland verringert die Emission der klimarelevanten Spurengase CO_2 und N_2O (Osterburg et al., 2009).

Da KUP ähnliche ökologische Vorteile wie Grünland aufweisen, wird deren Anlage auf Grünlandflächen mit geringem Naturschutzwert seit einiger Zeit zunehmend aber kontrovers diskutiert. Das Bestreben, landwirtschaftliche Flächen zur Produktion von Dendromasse zu nutzen, ordnet sich als eine von vielen Möglichkeiten in die Zielstellungen der EU zur Steigerung der Produktion von Wärme, Strom und Treibstoffen aus regenerativen Energieträgern ein.

KUP sind eine Form der extensiven landwirtschaftlichen Bodennutzung. Das ermöglicht eine Akkumulation von organischer Substanz im Boden. Ähnliche Voraussetzungen liegen auch bei Dauergrünlandstandorten vor. Es gibt eine Reihe von Gründen, warum die Anlage von KUP auf ausgewählten Grünlandstandorten mit geringem Naturschutzwert als möglich und sinnvoll erscheint:

- Da wie auf Grünlandstandorten in KUP die Bodenbearbeitung (etwa) 20 Jahre weitgehend unterbleibt, könnte der gegenüber Ackerstandorten höhere Anteil an organischer Substanz (z. B. C- und N-Vorrat im Boden) auch bei der Nutzungsänderung hin zu KUP erhalten bleiben. Das vermeidet die Emission der klimarelevanten Spurengase CO_2 und N_2O und senkt damit den Treibhauseffekt. Die Kohlenstoffentnahme aus der Atmosphäre übersteigt bei KUP die der einjährigen Kulturarten bei weitem. So wurden bei Pappeln mit einem durchschnittlichen Jahrestrockenmasseertrag von 13 t ha^{-1} eine CO_2-Bindung von 27 t ha^{-1} kalkuliert, während es bei einjährigen Kulturen etwa 15–20 t ha^{-1} sind (Gurgel et al., 2007).
- Die Bereitschaft der Landwirte, auf Ackerstandorten KUP anzulegen, ist in der Regel relativ gering. Die Gründe dafür sind vielfältig (Bemmann et al., 2010). Ein Ausweichen

auf ausgewählte Grünlandstandorte könnte die Bereitschaft zur KUP-Anlage erhöhen.
- In vielen Regionen Deutschlands ist in den vergangenen Jahren die Zahl der viehhaltenden Betriebe stark gesunken, wobei die Zahl der Tiere je Betrieb und die Leistung je Tiere angestiegen ist. Die hohen Qualitätsanforderungen an das Grobfutter können aus Grünlandaufwüchsen nicht immer erfüllt werden, so dass einige Standorte, teilweise auch mit geringer ökologischer Wertigkeit, ihre Produktionsfunktion verlieren. Eine nicht mehr standorttypische Nutzung führt außerdem zu einer meist unerwünschten Veränderung des Artenspektrums. Die Nutzungsänderung solcher Grünlandflächen in Richtung KUP würde also dem Nutzungsaspekt durchaus Rechnung tragen.
- Die Wasserretention auf KUP-Flächen dürfte die von Grünlandflächen deutlich übersteigen, weshalb KUP-Flächen in Grünland dominierten Wassereinzugsgebieten einen Beitrag zum dezentralen Hochwasserschutz leisten können (vgl. Petzold et al., 2010; Wahren et al. 2010, 2012).
- Mit der Anlage von KUP auf ausgewählten Grünlandstandorten würden Ackerflächen der Nahrungsgüterproduktion nicht entzogen, was immer wieder einen Kritikpunkt der energetischen Biomassenutzung darstellt (Nationale Akademie der Wissenschaften Leopoldina, 2012). Mit KUP könnten ähnliche ökologische Leistungen erbracht werden, wie mit Grünland (C-Speicherung, geringer Nitrat-Austrag, hohe Biodiversität, extensive Bewirtschaftung, Erosionsschutz) und gleichzeitig könnte das betriebswirtschaftliche Ergebnis des landwirtschaftlichen Unternehmens verbessert werden.
- Bei der Anlage von KUP auf ausgewählten Grünlandstandorten sollten bodenschonende Verfahren ohne Umbruch angewandt werden. So kann bei dieser Anlage der Boden nur »geschlitzt« und darin können Pappelruten in einer großen Verbandsweite eingebracht werden

(300–1000 Ruten pro Hektar; Abb. 6-10). Mit der Rutenausbringung werden der Unkrautdruck bzw. die Unkrautverdämmung vermindert und die Anwuchschancen erhöht (Abb. 6-11). Für eine derartige weitständige Anlage von KUP gibt es erste Erfahrungen im Ausland. Eine streifenweise Bodenbearbeitung ist auch möglich. Hierbei sind zwar im Vergleich zur »Schlitzungsvariante« etwas höhere CO_2-Emissionen zu erwarten, die Unkrautverdämmung ist aber geringer und die Anwuchsraten höher.

Bei einer Erhöhung der Rotationsdauer von weitständigen KUP auf ausgewählten Grünlandstandorten könnten – bei ähnlich hohen Zuwachsleistungen wie bei KUP mit hohen Pflanzenzahlen – Holzsortimente für eine stoffliche Nutzung erzeugt, der Grünlandcharakter erhalten bleiben sowie eine weitere Grasnutzung ermöglicht werden. Zu dem Wachstumsverhalten derart weitständig angelegter KUP auf Grünland gibt es noch keine Untersuchungen; gleiches gilt für alle ökologischen und ökonomischen Parameter.

Zu einer Rückwandlung von KUP in Grünland nach einer Standdauer von 20–30 Jahren gibt es ebenfalls noch keine Erfahrungen. Aus den Untersuchungen der Rückwandlung von KUP auf Ackerstandorten (s. Kapitel 3.4) kann aber die Schlussfolgerung gezogen werden, dass diese Rückwandlung ohne tiefgreifende Einwirkungen in den Boden (CO_2-Emission) möglich ist, indem die Stöcke oberirdisch abgefräst werden und danach wieder Gras eingesät wird.

Da der Bedarf an Holz mittelfristig steigt und in den kommenden Jahrzehnten ein Holzdefizit prognostiziert wird, erscheint diese Form der Holzproduktion als ein optimaler Kompromiss zwischen Energieeffizienz (Bemmann & Große, 2011), Ökologie und Ökonomie.

Die zeitweise Nutzungsänderung von Dauergrünlandflächen ist ein tiefgreifender Einschnitt in den Naturhaushalt der betreffenden Fläche, darum steht der Anlage von KUP auf Grünlandstandorten auch eine Reihe von Argumenten entgegen:

• Vor allem bedeutet die Nutzungsänderung eine deutliche Veränderung der Artenzusammensetzung auf dem Grünland innerhalb kürzester Zeiträume, weshalb häufig die Anlage von KUP auf Grünlandstandorten aus naturschutzfachlicher Sicht sehr kritisch gesehen wird. Grünlandflächen sind häufig auf nassen

Abb. 6-10: Flächenvorbereitung zur Anlage einer KUP in weiten Abständen auf Grünland.

Foto: Andreas Bitter, TU Dresden

Abb. 6-11: Pappelrute wenige Wochen nach der Flächenanlage.

Foto: Andreas Bitter, TU Dresden

(z. B. Gleye, Niedermoore) oder sehr trockenen, flachgründigen Standorten (Trocken- und Magerrasen auf Ranker und Rendzinen) bzw. anderen ökologisch wertvollen Flächen vorzufinden. Es handelt sich bei Grünlandflächen häufig um schützenswerte Biotope, die einen Schutzstatus genießen. Die Nutzungsänderung verbietet sich deshalb hier aus Gründen des Naturschutzes wie bei Trockenstandorten auch aus Gründen der Standortansprüche der KUP-Baumarten. Allerdings gibt es auch eine Reihe von Grünlandstandorten, die sowohl aus standortskundlicher als auch naturschutzfachlicher Sicht ein Anbaupotenzial für KUP besitzen (vgl. Schua & Feger, 2011).

- Dem Argument der weitgehend CO_2-neutralen Produktion von Wärme, Strom und Kraftstoffen mittels KUP wird häufig entgegengehalten, dass die Umwandlung von Grünlandflächen in KUP mit einem starken Humusverzehr einhergeht. Die Freisetzung von Humuskohlenstoff bedeutet aber eine Erhöhung des CO_2-Gehaltes in der Atmosphäre und somit eine Verstärkung des Treibhauseffektes. Die Erkenntnisgrundlage bezüglich des Grünlandumbruchs bezieht sich aber auf die Umwandlung von Grünland in konventionell bewirtschaftetes Ackerland (z. B. Untersuchungen von Strebel et al., 1988), nicht aber in die Nutzungsform KUP. Die oben angeführten bodenschonenden Verfahren bei der KUP-Anlage lassen diese CO_2-Emissionen nicht zwingend erwarten.
- In den meisten Bundesländern gibt es u. a. aus den hier angeführten Gründen eine Grünlanderhaltungsverordnung, die eine Veränderung der Nutzungsart von Grünlandflächen grundsätzlich verbietet.

Aus den zahlreichen Argumenten pro und contra Nutzungsänderung ergibt sich gegenwärtig noch ein großer Diskussions- und auch Forschungsbedarf. So sind zahlreiche Fragen der Umnutzung von Grünlandstandorten wie auch der Kurzumtriebsplantagen noch nicht geklärt. Das betrifft juristische, naturwissenschaftliche und sozioökonomische Fragen genauso wie die in den einzelnen Bundesländern vorhandenen, sicherlich aber sehr unterschiedlichen Flächenpotenziale.

Wichtig ist es, eine Umwandlung von Grünland in KUP immer im Einzelfall (d. h. standörtlich-naturräumlich, aber auch betriebswirtschaftlich-technologisch) zu entscheiden. Dabei sollten z. B. folgende Aspekte in die Entscheidung einbezogen werden:

- Handelt es sich um artenreiches, also ökologisch wertvolles Grünland?
- Gibt es andere Nutzungsalternativen für die betreffenden Grünlandstandorte?
- Ist die Umwandlung mit einer Verbesserung der relativen ökonomischen Vorzüglichkeit verbunden?
- Führt die Verringerung der Grünlandfläche im Landwirtschaftsbetrieb zu eventuellen Engpässen in der betrieblichen Futterversorgung für die Tiere und in Biogasanlagen?
- Welche Nutzungsmöglichkeiten bestehen für das Erntegut der KUP? Kann man fossile Energieträger innerbetrieblich substituieren, in kommunalen Einrichtungen nutzen oder müssen die Hackschnitzel auf dem derzeit noch sehr volatilen Markt angeboten werden?

6.2.1 Öffnung der Grünlanderhaltungsverordnung in Mecklenburg-Vorpommern

Mecklenburg-Vorpommern verfügt über eine Grünlandfläche von 261 200 ha, das sind etwa 19,5 % der landwirtschaftlich genutzten Fläche (Statistisches Landesamt MV, 2012). Besonders die flächengebundene Tierhaltung ist im Lande aber in den letzten Jahren stark zurückgegangen. Die Nutzung von Grünlandbeständen für Biogasanlagen kann diesen Rückgang nicht in jedem Fall kompensieren.

Als erstes und bisher einziges Bundesland hat Mecklenburg-Vorpommern seine Grünlanderhaltungsverordnung in Bezug auf die Anlage von KUP geöffnet. Das bezieht sich auf eine Gesamtgrößenordnung von 3000 ha, also gut 1 % der Grünlandfläche. Die Größenordnung ist insgesamt also vergleichsweise sehr gering. Diese Öffnung der Grünlanderhaltungsverordnung erfolgte per Ministererlass (Anonym, 2010). Es muss ausdrücklich betont werden, dass eine Umwandlung nur auf Basis eines Einzelantrages möglich ist. Naturschutzfachliche Bewertungen werden also in jedem Fall in die Entscheidung einbezogen. Der Antrag ist von den Landwirten jeweils im Januar bei dem zuständigen Staatlichen Amt für Landwirtschaft und Umwelt (StALU) zu stellen, das weitere Behörden und Institutionen in die Entscheidungsfindung einbeziehen kann. Im Ministerium für Landwirtschaft und Umwelt des Landes Mecklenburg-Vorpommern wurde in Zusammenarbeit mehrerer Partner eine Übersichtskarte des Landes erstellt, die die zunächst für eine Umwandlung in Frage kommenden Grünlandstandorte enthält.

Im Jahr 2011 wurde ein solcher Antrag auf Umwandlung von Grünlandflächen in KUP von 10 Betrieben in einem Flächenumfang von etwa 135 ha gestellt. Davon wurden drei Anträge für insgesamt etwa 24 ha positiv beschieden.

6.2.2 Ökologische Auswirkungen der Umwandlung von Grünlandflächen in Kurzumtriebsplantagen

Wenn eine Grünlandfläche in eine Kurzumtriebsplantage umgewandelt wird, kann dies mit gravierenden Veränderungen des Ökosystems verbunden sein.

- Mit dem Rückgang des Gräseranteils ist ein erheblicher Artenrückgang der Organismen zu unterstellen, die Gräser als Futtergrundlage nutzen und deren Lebensraum die Grasbestände darstellen.
- Demgegenüber erfahren Organismen, die auf Bäume angewiesen sind, eine Förderung. Das betrifft nicht nur den Pflanzenbestand, sondern auch Tiere oder Pilze. Es bilden sich im Zusammenhang mit der Etablierung der Bäume auch Mykorrhizen heraus.
- Bei einem Umbruch von Grünland verändert sich der Kohlenstoffhaushalt stark. Während

der Humushaushalt auf Grünlandstandorten ein gewisses Gleichgewicht aufweist, stellt der Umwandlungsprozess einen extremen Einschnitt in das Ökosystem dar. Um dies zu vermeiden, sollte ein derartiger Umbruch unterbleiben, die Fläche nur »geschlitzt« oder streifenweise für das Einbringen der Stecklinge oder Ruten vorbereitet werden. Bei Bedarf kann auch eine Herbizidbehandlung erfolgen, um den Unkrautdruck zu mindern und um die Bäume entsprechend zu fördern. Außerdem können in der Etablierungsphase sogenannte Mulchmatten (z. B. aus Naturfasern, Papier, Kunststoffen oder Verbundmaterialien daraus) zur Eindämmung der Graskonkurrenz Anwendung finden.

- Grünlandstandorte werden in der Regel mehrmals im Jahr befahren (Pflege, Ernte). KUP dagegen werden nur in Rotationen von zwei bis 15 Jahren beerntet, d. h., in diesem Zeitraum auch nur einmal befahren. Dies führt zu einer geringeren Bodenverdichtung.
- Während auf Grünlandstandorten in der Regel eine standortangepasste Düngung erfolgt, unterbleibt diese nach der Umwandlung in KUP. Die Bäume entziehen zwar dem Boden auch Nährstoffe, können diese jedoch auch aus größeren Bodentiefen als andere Pflanzen mobilisieren. Eine Verarmung an Makro- und Mikronährstoffen ist darum in der Regel nach zehn Jahren KUP-Nutzung kaum nachweisbar. Besonders der Stickstoffhaushalt wird stark verändert. Bäume sind zum einen effizienter in der Stickstoffausnutzung als Gräser, zum anderen ist auch das von der Fläche entnommene Holz stickstoffärmer als Gras.

6.2.3 Auswahlkriterien für Grünlandstandorte, die in Kurzumtriebsplantagen umgewandelt werden können

Prinzipiell müssen auch auf Grünlandstandorten, die in KUP umgewandelt werden sollen, die gleichen Ansprüche von KUP-Baumarten erfüllt werden wie auf vergleichbaren Ackerstandorten. Wenn also mit der Anlage von KUP auf Grünlandstandorten wirtschaftliche Ziele verfolgt werden, muss das wirtschaftliche Ergebnis höher sein als bei der Weiterbewirtschaftung des bestehenden Grünlandes. Die relative Vorzüglichkeit der KUP muss also über der des Grünlandes liegen. Dieser Grundsatz kann nur erfüllt werden, wenn der Standort auch über eine gewisse Bonität verfügt. Kompromisse bei der Wahl der Baumart sind auch immer mit ertraglichen Zugeständnissen verbunden. Es geht also vorrangig um die möglichen standortbezogenen Nutzungsalternativen und die damit erzielbaren Naturalerträge und wirtschaftlichen Erfolge, wenn eine Entscheidung zur Nutzungsänderung getroffen werden soll.

Sind Grünlandstandorte für die Umwandlung in KUP vorgesehen, sind u. a. folgende Kriterien zu beachten:

- Für einen hohen Holz-Zuwachs in KUP ist der Wasserfaktor ein existenzieller Faktor. Gegenüber einjährigen Pflanzen können KUP mit ihrem etablierten Wurzelsystem Trockenperioden gut überdauern, aber auch viele Pflanzenarten auf dem Grünland besitzen diesen Vorteil.
- Standorte mit langanhaltender Staunässe sind für die meisten Baumarten ungeeignet.
- Böden mit geringer Sorptionsfähigkeit scheiden für die Etablierung von KUP aus. Das betrifft sowohl die Wasser- als auch die Nährstoffversorgung. Bei derartigen Standorten handelt es sich zudem häufig um Trocken- und Magerrasen, die aus naturschutzfachlicher Sicht für die Umwandlung in KUP nicht in Frage kommen.
- Böden mit geringer Durchwurzelbarkeit (z. B. einige flachgründige Verwitterungsstandorte) sind nicht für die Anlage von KUP geeignet.
- Auf Standorten mit starker Hangneigung können die Bäume zwar wachsen, eine mechanisierte Ernte ist aber kaum möglich.

6.2.4 Fazit

Das Potenzial von Grünlandflächen für eine Anlage von KUP ist derzeit nicht bekannt. Für die Bestimmung dieses Potenzials, das in den Bundesländern sehr unterschiedlich sein wird, bedarf es der Klärung einer Reihe von juristischen, naturschutzfachlichen, naturwissenschaftlichen, ökonomischen und technischen Fragen.

6.3 Streifenanbau in Agroforstsystemen
Manuela Bärwolff

6.3.1 Konzept und Hintergrund

Neben dem flächigen Anbau von Energieholz in Kurzumtriebsplantagen ist auch die streifenförmige Anlage möglich. Zusätzlich zur Produktion holziger Biomasse lassen sich so positive Effekte für angrenzende Ackerflächen und weitere umweltbezogene Leistungen erbringen. Insbesondere Ackerflächen mit Erosionsproblematik können durch streifenförmige KUP entlastet werden (s. Kapitel 2.5). Wie man aus Untersuchungen zu klassischen Windschutzstreifen weiß, wirkt sich der Windschutzeffekt unter anderem auch auf die Bodenfeuchte benachbarter Flächen aus (Abb. 6-12). Besonders auf Böden mit geringer Wasserhaltefähigkeit kann sich dies in höheren Erträgen der Feldfrüchte bemerkbar machen. Zusätzlich bietet die Eingliederung derartiger Strukturen in offene Agrarlandschaften neuen Lebensraum für Tiere und Pflanzen und kann so zum Biotopverbund beitragen.

Je nach Fläche und Zielstellung bieten sich unterschiedliche Konzepte der Anlage streifenförmiger KUP an. Werden mehrere KUP-Streifen in einen Schlag integriert, so spricht man von Agroforstsystemen (Abb. 6-13). Agroforstwirtschaft ist eine Form der Landnutzung in Mischkultursystemen, die Elemente der Landwirtschaft mit denen der Forstwirtschaft kombiniert. Kernidee aller Agroforstsysteme ist der gleichzeitige Anbau von Gehölzen und klassischen landwirtschaftlichen Produkten auf einer Fläche. Die dabei entstehenden synergetischen Effekte sollen eine effektivere

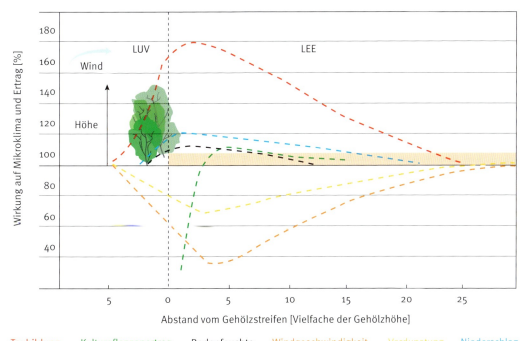

Taubildung   Kulturpflanzenertrag   Bodenfeuchte   Windgeschwindigkeit   Verdunstung   Niederschlag

Abb. 6-12: Effekte von Windschutzstreifen auf das Mikroklima und den Ertrag angrenzender landwirtschaftlicher Kulturen.

Quelle: Schwabe (TLL) nach Buchner (1999)

und nachhaltigere Landnutzung bewirken. Man unterscheidet silvoarable Systeme (Gehölze und Ackerbau) und silvopastorale Systeme (Gehölze und Grünland/Weidenutzung), wobei eine Vielzahl von Kombinationen und Nutzungen bekannt sind.

Agroforstwirtschaft wird weltweit seit Jahrtausenden praktiziert. Besonders groß ist die Vielfalt der Anwendungen in den Tropen. Auch im Süden und Südwesten Europas sind derartige Systeme (z. B. Korkeichen/Schweinezucht/Feldbau) heute noch verbreitet. Von den zahlreichen traditionellen

Formen in Mitteleuropa besteht heute jedoch nur noch der Streuobstanbau in nennenswerten Ausmaßen.

In den letzten Jahren ließ sich ein vermehrtes Interesse an Agroforstsystemen feststellen. Ursächlich hierfür ist das verstärkte Bewusstsein der Notwendigkeit einer nachhaltigen Landbewirtschaftung mit dem Ziel der langfristigen Erhaltung der Produktionsfunktion unserer hochertragreichen Agrarflächen. Der Anbau von Energieholzstreifen auf landwirtschaftlichen Flächen bietet großes Potenzial zur Verknüpfung sowohl ökonomischer als auch ökologischer Aspekte.

Abb. 6-13: Agroforstsystem mit streifenförmigen KUP und konventioneller Ackerfruchtfolge.

Foto: Manuela Bärwolff

Agroforstsysteme mit Energieholzstreifen vereinen verschiedene Funktionen, wie die des Biotopverbundes (Hecken), des Erosionsschutzes (Windschutzstreifen), der Energie- (Kurzumtriebsplantagen) und Nahrungsmittelproduktion (herkömmliche Landwirtschaft). Keine der vier aufgeführten Aufgaben ist dabei – für das jeweils einzelne Ziel – optimal gelöst. Agroforstsysteme stellen einen Kompromiss dar, bei dem die Produktionsfunktion der Fläche sowohl für die Holzproduktionskomponente als auch für die landwirtschaftliche Komponente im Vordergrund steht, aber zudem noch zusätzliche Ziele der Flächennutzung bedient werden. Im besten Fall können positive Ertragseffekte sowohl für die Gehölze als auch für die Ackerfrüchte entstehen. Für Agroforstsysteme mit Wertholz in Europa konnte gezeigt werden, dass die Produktivität landwirtschaftliche Kulturen um 10 bis 60 % gesteigert wird im Vergleich zum konventionellen Anbau in Monokultur (Herzog & Dupraz, 2006).

Da die Breite der Acker- und Gehölzstreifen variabel ist und an die vorhandene landwirtschaftliche Technik angepasst werden kann, sind die Systeme sehr flexibel und gut geeignet für hochtechnisierte Bewirtschaftungspraktiken (Abb. 6-14). In Deutschland nehmen zur Energieholzproduktion dienende Agroforstsysteme bislang nur einen geringen Flächenanteil ein.

6.3.2 Umwelt- und Ertragseffekte

Bisher sind moderne Agroforstsysteme in Deutschland selten zu finden. Um die tatsächlichen Wirkungen auf Umwelt und Erträge zu untersuchen, wurden im Jahr 2007 deutschlandweit vier Praxisflächen angelegt. Auf diesen finden vielfältige Untersuchungen statt mit dem Ziel, belastbarere Aussagen für die Praxis zu erhalten.

Bereits wenige Jahre nach der Einrichtung der Agroforstsysteme zeigten sich erste Umwelteffekte. Die Windgeschwindigkeit auf den Ackerstreifen verringerte sich um bis zu 60 %. Die daraus folgende Verminderung der Verdunstung führte zu höheren Wassergehalten des Oberbodens vor allem in den Hochsommermonaten. Somit stand

Abb. 6-14: Die Anpassung der Ackerstreifenbreiten an die Maschinenarbeitsbreiten ist Voraussetzung für die hochtechnisierte Bewirtschaftung und möglichst geringe Arbeitserledigungskosten. *Foto: Manuela Bärwolff*

den Ackerkulturen mehr wertvolle Feuchtigkeit zur Verfügung. Durch die Bodenruhe und den Verzicht auf Herbizideinsatz innerhalb der KUP-Streifen erhöhte sich die floristische Artenvielfalt. Besonders im Grenzbereich zwischen Gehölzen und Feldstreifen bildeten sich Saumstrukturen mit zahlreichen Pflanzenarten heraus. Dabei war der negative Einfluss durch Samenaustrag in die Feldstreifen gering, die üblichen Pflegeeinsätze reichten hier aus, um eine von den Gehölzstreifen ausgehende Verunkrautung zu verhindern. Auch Entwicklungen hin zu einer erhöhten Tierartenvielfalt konnten nachgewiesen werden (Abb. 6-15). Beispielsweise wurden erste Reviere heckenbewohnender Brutvogelarten wie Dorngrasmücke (*Sylvia communis*) und Bluthänfling (*Carduelis cannabina*) festgestellt (TLL, 2012).

Die Ertragsentwicklungen der Gehölze entsprachen den erwarteten Werten für die jeweiligen Standorte. In der Ertragsentwicklung der Feldstreifen zeigten sich bisher keine eindeutigen Ergebnisse. Seit Etablierung der Agroforstsysteme nahm der Einfluss der KUP-Streifen auf den Ertrag zu. Hier traten jedoch deutliche Unterschiede in Abhängigkeit von Standort und Fruchtart auf. Während die Luzerne auf einem trockenen Extremstandort auf Bergbaufolgeflächen Brandenburgs mit deutlichen Ertragssteigerungen auf die höhere Wasserverfügbarkeit reagierte (Böhm, 2012), zeigte sich auf einem schwereren Standort höherer Bodengüte in Thüringen ein differenzierteres Bild. So wurde bei Winterweizen in der Nähe der Gehölzstreifen kein ertragssteigernder Effekt, sondern vielmehr eine Ertragsdepression beobachtet, die auf die Konkurrenzwirkung der schnellwachsenden Bäume zurückzuführen ist. Eine Ertragssteigerung zeigte sich erst ab einer Entfernung vom Gehölzstreifen von ca. 25 m. Bei anderen Kulturen wie beispielsweise Raps konnte hingegen noch keine gerichtete Einflussnahme auf den Ertrag nachgewiesen werden (TLL, 2012). Es ist zu erwarten, dass sich die Effekte mit zunehmendem Alter des Agroforstsystems verstärken.

Abb. 6-15: Vogelnest im KUP-Streifen eines Agroforstsystems.
Foto: Manuela Bärwolff

6.3.3 Wirtschaftlichkeit

Die Wirtschaftlichkeit von Agroforstsystemen gegenüber vollflächigen Anbausystemen wird durch die Wirtschaftlichkeit der Komponenten, hier Ackerbau und Kurzumtriebsgehölze, sowie durch deren Flächenanteile, die Veränderung der Arbeitserledigungskosten, Konkurrenz- und Synergieeffekte bestimmt. Durch geringere Flächenanteile dieser Komponenten muss mit steigenden Arbeitserledigungskosten gerechnet werden. Diese können durch Anpassung der Ackerstreifenbreiten an die Arbeitsbreiten der Maschinen optimiert, jedoch nicht ganz vermieden werden (Abb. 6-14). Erste Versuchsergebnisse wenige Jahre alter Agroforstsysteme mit Energieholzstreifen lassen noch keine eindeutige Aussage in Bezug auf positive oder negative Ertragsreaktionen zu. Wahrscheinlich ist jedoch eine Erhöhung der Produktivität mit zunehmendem Alter der Systeme. Nach derzeitigem Wissenstand ist von einer leicht reduzierten Bodenrente bei Agroforstsystemen mit Energieholz gegenüber vollflächigen Anbausystemen auszugehen (Schmidt, 2012).

6.3.4 Praktische Empfehlungen

Insbesondere auf trockenen Standorten können durch KUP-Streifen Ertragssteigerungen der Feldkulturen erreicht werden. Hier bietet sich auch die Möglichkeit, den prognostizierten Folgen des Klimawandels (mehr Extremwetterereignisse, heiße und trockene Sommer) entgegen zu wirken. Auf produktiven Standorten können Agroforstsysteme zur langfristigen Ertragsstabilität beitragen, da Bodenverluste durch Wind- und Wassererosion minimiert werden (s. Kapitel 2.5). Aus Umweltsicht stellen Agroforstsysteme mit Energieholz eine deutliche Aufwertung gegenüber großflächigem, reinem Ackerbau dar.

Gegenwärtig besteht noch keine Möglichkeit, die Flächen im Beihilfeantrag für die Betriebsprämie als geschlossenes Agroforstsystem zu kodieren, die einzelnen Kulturen des Agroforstsystems müssen als Teilschläge angegeben werden. Rechtlich gelten für Energieholzstreifen demnach dieselben Bestimmungen wie für flächige Kurzumtriebsplantagen (s. Kapitel 5.2). Auch die Fördermöglichkeiten für KUP-Streifen entsprechen denen flächiger Kurzumtriebsplantagen (s. Kapitel 5.3). Zu beachten ist jedoch insbesondere die Mindestgröße von 0,3 ha einer landwirtschaftlichen Parzelle zur Berechtigung für die Inanspruchnahme der Flächenbeihilfe. Jeder KUP- bzw. Ackerstreifen eines Agroforstsystems muss diese Mindestgröße erreichen.

Der Anteil der KUP-Fläche innerhalb eines Agroforstsystems sollte für optimale Effekte zwischen 8 und 20 % betragen. Die Ackerstreifenbreiten müssen an die Arbeitsbreiten der landwirtschaftlichen Maschinen angepasst werden. Empfehlenswert

sind nach ersten Erkenntnissen Breiten zwischen 48 und 96 m. Für die KUP-Streifen sind Breiten zwischen 10 und 20 m sinnvoll. Die Pflanzabstände innerhalb dieser Streifen sind entsprechend der geplanten Umtriebszeit und Erntetechnik zu wählen. Zu empfehlen ist der Anbau im mittleren bis langen Umtrieb (8 bis 20 Jahre) mit entsprechend geringen Pflanzdichten. Im mittleren Umtrieb (zehn Jahre) eignen sich Pflanzdichten von 3000 bis 6000 Bäume ha^{-1}, im langen Umtrieb (bis zu 20 Jahre) sollten nicht mehr als 1500 Steckhölzer ha^{-1} gesetzt werden. Die Beerntung kann mit motormanuellen Verfahren bzw. Forsttechnik erfolgen. Somit ist der Landwirt nicht auf die Nutzung wenig verfügbarer vollautomatischer Erntesysteme angewiesen und bleibt zudem flexibel hinsichtlich des Erntezeitpunkts. Ein weiterer Vorteil ist die Möglichkeit, das Erntegut als Vollbaum zu trocknen (s. Kapitel 3.5). Im Vergleich zur fremdenergiefreien Trocknung frischer Hackschnitzel entstehen hierbei geringere Masseverluste (Bärwolff & Hering, 2012). Durch die Möglichkeit der Lagerung im Freien ohne zusätzlichen Energieaufwand können auch die Kosten der Trocknung minimiert werden, da keine baulichen Voraussetzungen erfüllt werden müssen. Um die Vorteilswirkungen hinsichtlich Erosions- und Verdunstungsschutz durchgängig zu erhalten, kann eine halbseitige Beerntung bzw. die Beerntung jedes zweiten Streifens angestrebt werden (s. Kapitel 2.5).

Tab. 6-2: Mögliche Vor- und Nachteile des streifenförmigen Anbaus von KUP im Agroforstsystem.

Vorteile	Nachteile und Risiken
• mögliche Ertragssteigerung beider Komponenten • Erhöhung der Struktur- und Artenvielfalt, Biotopverbund • Verringerung der Bodenerosion (Wind und Wasser) • Verringerung der unproduktiven Verdunstung • Verbesserung der Nutzbarkeit von Grenzstandorten • positive Auswirkungen auf das Landschaftsbild • Produktion des zunehmend nachgefragten Energieträgers Holz	• mögliche Ertragsminderung bei der ackerbaulichen Komponente • technologische Behinderung der agrotechnischen Maßnahmen • Erhöhung der Arbeitserledigungskosten • mögliche zusätzliche Quelle für Schädlinge und Unkräuter • langfristige Festlegung von Kapital • geringe Flexibilität bei der Anpassung an den Markt • Pachtlandproblematik

6.4 Kurzumtriebsplantagen auf Rekultivierungsflächen

Lutz Böcker

6.4.1 Einleitung

Zur Etablierung von KUP werden hauptsächlich landwirtschaftliche Nutzflächen gesucht. Aufgrund steigender betriebswirtschaftlicher Ergebnisse mit traditionellen landwirtschaftlichen Kulturen ist es verständlich, dass Landwirte dafür nicht ihre ertragreichsten Böden zur Verfügung stellen möchten. Dennoch hat jeder Landwirtschaftsbetrieb in Deutschland Flächen, deren landwirtschaftliche Nutzung nur mit besonderer Sorgfalt und Erfahrung (z. B. Minutenböden) oder zusätzlichen Aufwendungen zu bewirtschaften sind (Landgraf & Böcker, 2010). Der betriebswirtschaftliche Erfolg steht dabei sehr häufig in Frage und wird in Zeiten zunehmend kurzfristiger agrarpolitischer Veränderungen sowie prognostizierter Klimaveränderungen immer mehr diskutiert. Daneben gibt es natürliche Standorte, die aufgrund ihrer Eigenschaften nur unter erschwerten Bedingungen land- oder forstwirtschaftlich genutzt werden können. Diese sind deutschlandweit zu finden und stehen ebenso wie anthropogen veränderte Flächen im bevorzugten Interesse derer, die KUP zur Erzeugung von Dendromasse anlegen möchten.

6.4.2 Anthropogen veränderte Standorte
6.4.2.1 Bergbaufolgelandschaften

Der Abbau von Braunkohle wird seit Ende des 19. Jahrhunderts vorrangig im Tagebaubetrieb durchgeführt. Durch dieses Abbauverfahren werden große Landflächen in Anspruch genommen. In Deutschland sind bis zum gegenwärtigen Zeitpunkt etwa 172 600 ha Landflächen für den Abbau von Rohbraunkohle devastiert worden. Davon entfallen auf das Lausitzer Revier ca. 85 300 ha, das Mitteldeutsche Revier ca. 48 400 ha, das Rheinische, Hessische, Helmstedter und auf das Bayerische Revier ca. 38 900 ha. Bisher wurden davon insgesamt ca. 70 % rekultiviert. Der Anteil der landwirt-schaftlich wieder nutzbar gemachten Flächen beträgt in der Summe ca. 34 200 ha (DEBRIV, 2011).

Die Rekultivierung stellt sich unter anderem der Aufgabe, Böden wiederherzustellen, welche möglichst rasch die natürlichen Bodenfunktionen, also Lebensraum für Pflanzen und Tiere, Bestandteil der Wasser- und Stoffkreisläufe, Abbau-, Ausgleichs- und Aufbaumedium für stoffliche Einwirkungen, sowie die Nutzungsansprüche der Gesellschaft erfüllen. Die land- und forstwirtschaftliche Nutzungsmöglichkeit ist dabei von besonderer Bedeutung.

Standortbesonderheiten der Bergbaufolgelandschaft, wie klimatische, hydro- und pedologische Verhältnisse, beeinflussen das Pflanzenwachstum wesentlich. Vor allem die ausgeprägte Substratheterogenität, die aufgrund sehr großer Substratvariation auf kleinster Fläche ein vielfältiges Standortmosaik verursacht, prägt das Bild. Weiterhin erschweren instabile Bodengefüge, ein Mangel an organischer Substanz (Dauerhumus), eine geringe bodenbiologische Aktivität und fehlende Stoffkreisläufe die Etablierung von Forstgehölzen (Böcker et al., 1999). Wegen fehlendem Schutz durch Vertikalstrukturen sind die großflächigen Tagebaubereiche durch extreme mikroklimatische Bedingungen wie hohe Verdunstung, starke Sonneneinstrahlung sowie Extremtemperaturen gekennzeichnet.

Kippenspezifische Substrateigenschaften können das Pflanzenwachstum jedoch auch positiv beeinflussen. So bestehen die Standorte aus frisch verkippten jungen Substraten, die im Gegensatz zu eiszeitlich abgelagerten, mehrere tausend Jahre alten Substraten natürlicher Altwaldstandorte hinsichtlich des Nährstoffpotenzials nicht ausgelaugt sind (Böcker et al., 1998). Sie stehen erst am Beginn ihrer Verwitterung und haben damit einen größeren Nährstoffvorrat zur Verfügung als natürliche Altwaldstandorte. Weiterhin können Kippenstandorte gezielt durch Grundmelioration und Düngung für das Pflanzenwachstum vorbereitet werden. In den ersten Kulturjahren kann so eine optimale Nährstoffversorgung der Gehölze garantiert werden

(Heinsdorf, 1999). Beimengungen im Substrat (Ton, Schluff, Kohle) in brockiger Form verbessern zusätzlich dessen Wasser- und Nährstoffspeicherkapazität. Diese Bestandteile, die ausschließlich in der Bergbaufolgelandschaft vorkommen, werten die sorptionsschwachen Kippsande gerade bei extremen klimatischen Bedingungen hinsichtlich des Wasserangebotes erheblich auf.

Anbauversuche mit der Baumart Pappel wurden bereits zu Beginn der 1950er Jahre auf Kippenstandorten der Lausitz vorgenommen. Zielrichtung war die schnelle Bestockung der Flächen und die Produktion von Holz für die Zellstoffproduktion. Aus den 1960er Jahren sind Untersuchungen zum Wuchsverhalten der Pappeln in Abhängigkeit verschiedener Meliorationsverfahren (Domsdorfer-, Böhlener-, Graupaer-Verfahren) bekannt. Aus den Untersuchungsergebnissen dieser Kippenerstaufforstungen mit Pappel als bestandesbildender Baumart und den in der Literatur vorgefundenen Hinweisen hat Lorenz (1967) die noch heute gültigen Empfehlungen für den Pappelanbau auf Kippen des Niederlausitzer Braunkohlenreviers abgeleitet. Danach sind für den Pappelanbau nur solche Kippenstandorte vorzusehen, auf denen die Pappel von vornherein befriedigende Zuwachsleistungen verspricht. Dazu gehören alle Kippenstandorte, die aufgrund ihrer Textur und Struktur über ein hohes Wasserspeicherungsvermögen verfügen, gut durchlüftet sind und einen günstigen Nährstoffgehalt besitzen. Das sind in erster Linie die auch landwirtschaftlich nutzbaren Kippenböden, die mit einem hohen Gehalt an Schluff und Ton ausgestattet sind oder bei einem sandigen Grundmaterial mit reichlichen Beimengungen von Lehm, Ton oder organischen Substanzen versehen sind. Dabei ist es gleichgültig, ob diese Standorte vor der Aufforstung melioriert werden müssen oder nicht. Bei den meliorationsbedürftigen Kippenböden ist eine mindestens 60 cm mächtige Meliorationsschicht zu fordern. Nicht geeignet für den Pappelanbau sind alle grobkörnigen oder kiesigen und nährstoffarmen Kippsubstrate, Ton- und verdichtete Lehmböden sowie alle Kippenstandorte in trockenen Lagen (Kuppen, Rücken, Südhänge). Alle Böden müssen einen guten Reaktionszustand (pH 5,5–7,0) aufweisen, anderenfalls ist eine Kalkung vorzunehmen. Menge und Kalkform (Branntkalk, Kalkmergel, basenreiche Braunkohlenasche) hängen vom jeweiligen Bodensubstrat ab (Katzur & Böcker, 2010).

Mitte der 1990er Jahre entwickelte sich der Gedanke zum Anbau von Pappeln und Robinien auf Kippenstandorten zur energetischen Verwertung. Gegenwärtig sind Pappelplantagen einschließlich Mutterquartiere auf quartären und tertiären Substraten und selbst auf Asche (Kesselhausasche mit ca. 2 m Mächtigkeit) zu finden.

Die Robinie, die die Anbaumöglichkeit auf sorptionsschwächeren Böden erweitern kann, gewinnt seit einigen Jahren auf den Kippenstandorten an Bedeutung und ist in Bezug auf ihre Wuchskraft auf diesen Sonderstandorten denen der Pappel ebenbürtig (Schneider et al., 2004; Landgraf et al., 2007a; Ertle et al., 2008; Bärwolff et al., 2011).

Aussagefähige wachstumskundliche Untersuchungen zum Ertragspotenzial von Pappeln und Robinie im Kurzumtrieb auf Kippenstandorten liegen bisher noch unzureichend vor (Grünewald, 2005; Ertle et al., 2008; Böhm et al., 2009). Sollten solche Standorte künftig für den Anbau schnellwachsender Baumarten unter wirtschaftlichen Gesichtspunkten infrage kommen, sind unbedingt bisher angelegte Ertragsversuche mit verschiedenen Baumarten, Klonen und Bestandsdichten auszuwerten. Bei diesen Versuchen gilt es, alle Standortausprägungen hinsichtlich Bodenart und Nährstoffausstattung sowie Wasserversorgung zu berücksichtigen. Darüber hinaus ist eine Bündelung der vorhandenen Daten und deren gezielte Aufbereitung erforderlich.

6.4.2.2 Erzbergbau

Viele Rohstoffe wurden und werden unter Tage abgebaut. Dazu zählt hauptsächlich der Erzbergbau. Um an den jeweiligen Rohstoff zu gelangen, müssen die den Rohstoff umgebenden Erdmassen und Gesteine – der Bergmann spricht von »taubem

Abb. 6-16: Einjährige Robinien-Kurzumtriebsplantage im Tagebaugebiet Lauchhammer.

Foto: Lutz Böcker

Gestein« – beiseite geschafft werden. Es wird nach oben transportiert und aufgeschüttet oder »auf Halde« gelegt. Diese Halden können durch den Anbau mit schnellwachsenden Baumarten wirtschaftlich genutzt werden.

Beim Anbau schnellwachsender Baumarten auf Haldenkörpern müssen jedoch die unterschiedlichen Abdecksysteme der Halden zwingend beachtet werden. Die Forderung der Langzeitstabilität und -wirksamkeit der Abdeckungen legt den Verzicht auf technogene Abdeckelemente nahe und präferiert den Einsatz von natürlichen bzw. naturnahen Baustoffen. Die Funktionalitätsanforderungen werden ausschließlich über die einbautechnologisch eingestellten Bodenparameter (bodenphysikalische, -hydraulische, -geologische Kennwerte) der wirtschaftlich verfügbaren Erdstoffe für die Einzelschichten der Abdecksysteme abgesichert. Die Rahmenbedingungen der Sanierungsgebiete führten z. B. bei der WISMUT GmbH (ehemaliger Uranerzbergbau in Thüringen und Sachsen) zur generellen Konzeption von vereinfachten Zweischicht-Abdeckungen,

bestehend aus mineralischem Unterboden (mit kombinierter Dämm- und Speicherfunktion) und humosem Oberboden (Funktionen als primäre Bewuchsgrundlage, Erosionsschutzschicht und zusätzliche, hochwirksame Speicherschicht) mit Gesamtmächtigkeiten um einen Meter. Die Regelneigung für die bleibenden Haldenböschungen liegt bei 1:2,5. Lokal anzutreffende, größere Böschungsneigungen bis 1:2,0 erfordern meist zusätzliche ingenieurtechnische Sicherungsmaßnahmen. Für den Aufbau der Zweischicht-Abdeckungen fanden vorrangig gemischtkörnige bis feinkörnige Substrate Anwendung. Für die kombinierte Dämm-/Speicherschicht werden vorzugsweise Rotliegend-Sedimente, untergeordnet auch Hang- und Verwitterungslehme, aus temporären Baumaßnahmen oder Aufschlüssen der Steine- und Erden-Industrie genutzt.

Für die Herstellung des Oberbodens kommen einmal die meist nur in geringen Mengen verfügbaren natürlichen Oberbodenmaterialien (Kultur-/Mutterboden) infrage. Überwiegend werden jedoch auf den mineralischen Unterboden kompostähnliche

Substrate aufgebracht und mit der obersten Lage des Mineralbodens in situ intensiv vermischt (Bodenfräse), so dass hieraus ein sehr erosionsstabiles Oberbodenmaterial entsteht. Für das aufgetragene Rekultivierungsmischsubstrat kann bezüglich der Nährstoffgehalte im Ausgangszustand eingeschätzt werden, dass dieses mit Ausnahme von Stickstoff nährstoffreich ist. Die ermittelte Kationenaustauschkapazität weist auf ein erhöhtes Sorptionsvermögen hin. Die pH-Werte des Bodens sind für das Wachstum von Laubgehölzen optimal. Im Vergleich zu den Aufforstungsmaßnahmen z. B. der 1960er Jahre, bei denen häufig Auftragsschichten von 25–30 cm realisiert wurden, stellten die Zweischicht-Abdeckungen eine deutliche Standortaufwertung dar.

Die sogenannten Aufstandsflächen des ehemaligen Bergbaus wurden auf die Möglichkeit des Anbaus nachwachsender Rohstoffe hin geprüft (Landgraf et al., 2007b). Dabei konnte herausgestellt werden, dass die Flächen der relevanten Nachnutzungskategorien Grünland und Wald für den Anbau schnellwachsender Baumarten (Pappeln, Erlen, Weiden und Robinien) geeignet sind. Sie lassen aufgrund der standörtlichen Verhältnisse für die untersuchten Wuchsbezirke mindestens durchschnittliche Ertragsleistungen erwarten. Die Geländebedingungen in den Sanierungsbetrieben schließen auf dem überwiegenden Teil der sanierten Flächen durchgängige maschinelle Technologien von der Bestandesbegründung bis zur Holzernte aus. Somit kommen diese Standorte vorrangig für den Anbau von schnellwachsenden Baumarten mit geringeren Stückzahlen (max. 5000 Stück ha^{-1}) infrage. Diese können neben einer energetischen Nutzung auch für die Zellstoff- und Papierindustrie genutzt werden. Damit kann sich der Flächennutzer besser an die jeweiligen Marktbedingungen anpassen und das betriebswirtschaftliche Ergebnis der KUP positiv beeinflussen.

6.4.2.3 Müll- und Industriehalden

Müllhalden wurden bis in die 1980er Jahre zur Lagerung von Abfallstoffen angelegt. Dabei unterschied man prinzipiell zwischen Halden mit und ohne Gefahrstoffen. Vor der Trennung des Mülls in verschiedene Kategorien (Glas, Verbundstoffe, Papier usw.) wurden diese Materialien durchmischt in derartigen Müllhalden gelagert. Anschließend wurden diese Halden geschlossen und mit Abdeckschichten versehen. Im Gegensatz zu den Halden des Erzbergbaus wurden die Müllhalden oftmals mit Bauschutt teilweise mehrere Meter dick nach einem vorgegebenen Profil überdeckt. Darauf wurde eine 1,5–2 m mächtige Kultursubstratschicht aufgebracht. Die Substratschicht besteht in den meisten Fällen aus einem Gemisch aus Bodenaushub von Baustellen und diversen Kompostanteilen. In einzelnen Fällen wurde auch Braunkohlenasche als Nährstoffträger eingearbeitet.

Prinzipiell können derartige Haldensysteme mit schnellwachsenden Baumarten bepflanzt und mit hohen landschaftsästhetischen Ansprüchen genutzt werden. Vor der Etablierung einer KUP sollten jedoch die örtlich sehr differenzierten Haldenkörper und deren sehr unterschiedliche Abdecksysteme gemeinsam mit dem Verwalter bzw. Betreiber abgeklärt werden. Erst mit Kenntnis der örtlichen Gegebenheiten und standörtlichen Parameter sollte eine entsprechende Baumartenwahl und Anlagestrategie getroffen werden. Prinzipiell eignen sich auf diesen Standorten Pappeln, Aspen und Robinien. Letztere können durch ihr weitreichendes, flachgründiges Wurzelsystem einen wertvollen Beitrag zur Haldenstabilität leisten (Landgraf & Böcker, 2010).

6.4.3 Fazit

Zusammenfassend lässt sich feststellen, dass mit dem Anbau von schnellwachsenden Baumarten auf Rekultivierungsflächen ein zusätzliches Potenzial zur Dendromasseproduktion unter Berücksichtigung der standörtlichen Besonderheiten wirtschaftlich attraktiv erschlossen werden kann. Ohne für die Nahrungsgüterproduktion notwendige Flächen zu beanspruchen, kann sich für landwirtschaftlich oder forstlich ausgerichtete Unternehmen ein weiteres, interessantes Aufgabengebiet ergeben.

6.5 Anbau von Kurzumtriebsplantagen zur energetischen Nutzung – Alternative für schadstoffbelastete Flächen?

Michael Grunert

Landwirtschaftliche Nutzflächen können durch die natürlichen Bedingungen (z. B. anstehende Gesteine, Vererzungen) oder durch menschliche Einflüsse (z. B. Immissionen aus Industrie, Bergbau, Reststoff- und Abfallablagerungen) verschiedene Stoffe oder Elemente enthalten, durch die bei Aufnahme in die Nahrungsmittelkette Schadwirkungen für den Menschen entstehen können. Derartige Areale können am Ort der Entstehung (z. B. cadmiumhaltige Gesteine) oder im Bereich der Rauchfahnen der Hüttenindustrie zu finden sein, aber auch in den Auen entlang von Fließgewässern, die entsprechend belastete Sedimente mit sich führen und diese bei Hochflutereignissen auf den Auenböden ablagern. Der Umfang der betroffenen landwirtschaftlichen Flächen ist regional sehr unterschiedlich. In Sachsen haben repräsentative Auswertungen ergeben, dass auf etwa 20 % der Grünlandflächen im Hinblick auf Arsen und auf ca. 8 % der Ackerflächen für Blei und Cadmium die Gefahr eines Schadstoffüberganges in Lebensmittel besteht (SMUL, 2007).

Die landwirtschaftliche Nutzung schadstoffbelasteter Böden unterliegt komplexen rechtlichen Regelungen aus unterschiedlichen Rechtsbereichen. Diese dienen dem Schutz der belebten wie unbelebten Umweltkompartimente und letztlich der Gesundheit des Menschen. Im Bodenschutzrecht sind durch die Vorgabe von Vorsorge-, Prüf- und Maßnahmenwerten unterschiedliche Belastungsstufen mit dem entsprechenden Handlungsbedarf verknüpft. Die Vorsorgewerte zielen dabei auf die allgemeine, multifunktionale Nutzung der Böden, die Prüf- und Maßnahmenwerte bezeichnen hingegen nutzungs- und wirkungspfadspezifische Gefahrenschwellen. Auch andere Rechtsbereiche befassen sich mit Schadstoffeinträgen oder -gehalten im Boden, z. B. das Abfall- und Düngerecht oder der Immissionsschutz. Im Hinblick auf den Schadstoff-

übertritt in die Nahrungskette sind im Lebens- und Futtermittelrecht verbindliche Höchstgehalte für das Inverkehrbringen der Ernteprodukte festgelegt.

Werden die vom Gesetzgeber festgelegten Grenzwerte überschritten, so ist die weitere Nutzung zur Erzeugung von Nahrungsmitteln auf diesen Flächen gefährdet. Der Landwirt kann hier u. a. mit der Auswahl geeigneter Kulturarten und Sorten, angepasster Düngung (insbesondere Kalkung) und der Wahl der Verwertungsrichtung (z. B. Futter- statt Brotweizen) reagieren. Doch dem sind Grenzen gesetzt. Gleichzeitig besteht die grundsätzliche Zielstellung, das Landschaftsbild zu erhalten, das heißt, Acker- und Grünlandflächen als solche weiter zu bewirtschaften.

Hier kann der Anbau nachwachsender Rohstoffe wie z. B. schnellwachsender Baumarten im Kurzumtrieb (KUP) eine Alternative bieten. Durch diesen Anbau besteht zudem keine Nahrungsmittelkonkurrenz, wenn diese Flächen für den Nahrungsmittelanbau risikobehaftet sind oder hierfür sogar ausscheiden. Darüber hinaus kann der Anbau zur energetischen oder auch stofflichen Verwertung auf belasteten landwirtschaftlichen Ackerflächen mit folgenden Zielstellungen verbunden sein:

- Erhalt des Landschaftsbildes durch die weitere sinnvolle Nutzung als Acker- oder Grünflächen,
- Erhöhung der Biodiversität durch Anbau von Kulturarten, die das Spektrum traditioneller Feldfrüchte in der Landschaft ergänzen;
- Unterbindung des Schadstoffübergangs in Nahrungsmittel,
- Entzug der belastenden Stoffe mit dem Erntematerial (nur bei geringen Gehalten und über sehr lange Zeiträume),
- Festlegung der Schadstoffe im Boden und Verminderung des Eintrages in das Sickerwasser;
- Schutz vor Erosion durch Wasser und Wind und damit vor Eintrag schadstoffbelasteten Bodens in Oberflächengewässer bzw. vor Kontamination umliegender Flächen durch Ablagerung abgetragenen Bodenmaterials,

- Erschließung neuer Absatzfelder für Landwirtschaftsbetriebe,
- nachhaltige regionale Bereitstellung erneuerbarer Rohstoffe.

Die Nutzung schadstoffbelasteter Flächen mit KUP ist daher mit erheblichen positiven Synergieeffekten verbunden (Abb. 6-17).

Zu beachten ist, dass die wichtigsten in KUP zum Anbau kommenden Baumarten Pappel und insbesondere Weide im Vergleich zu anderen Kulturarten erhöhte Mengen an Schwermetallen insbesondere Cadmium, aber auch Arsen aufnehmen. Dies ist bei der energetischen Verwertung der geernteten Biomasse zu beachten.

Grenzwerte für Schwermetallgehalte von naturbelassenem Holz aus KUP zur energetischen Verwertung bestehen nicht. Beschränkungen können jedoch entstehen durch:
- firmenspezifische Vorgaben von Anlagenbetreibern für Schadstoffgehalte im Inputmaterial,
- gesetzliche Vorgaben für die Emission von Schadstoffen,
- gesetzliche Vorgaben für die Schadstoffgehalte der Aschen zur Festlegung von deren Verwendung bzw. Entsorgung.

Bei der energetischen Verwertung setzen die Bundesimmissionsschutzverordnung und die TA-Luft je nach Anlagengröße Emissionsgrenzwerte, die für Arsen (As), Cadmium (Cd), Blei (Pb) und Nickel (Ni) einzuhalten sind. Darüber hinaus sind die Schadstoffgehalte in den entstehenden Aschen für deren Verwendungsmöglichkeiten von erheblicher Bedeutung. Hier sind u. a. das Boden- und Düngemittelrecht, das Kreislaufwirtschafts- und Abfallgesetz und die Deponieverordnung zu beachten.

In Sachsen liegen mehrjährige Erfahrungen mit dem Anbau von KUP auf schwermetallbelasteten Flächen und der energetischen Verwertung des Aufwuchses vor. In einer schwermetallbelasteten Region besteht seit 2005 eine 2 ha große KUP-Anlage mit fünf Weiden- und drei Pappelsorten. Der nur moderat belastete Standort in Krummenhennersdorf weist in 0–30 cm Bodentiefe Gehalte (Königswasser-Extrakte) von 108 mg kg^{-1} As, 3,1 mg kg^{-1} Cd, 384 mg kg^{-1} Pb auf. Im Folgenden werden die Ergebnisse kurz vorgestellt. Umfassende Darstellungen sind Dietzsch (2011) zu entnehmen.

Diese Ergebnisse belegen, dass die Bestände unter den gegebenen Bedingungen (mittlere Niederschlagssumme 820 mm, Jahresdurchschnittstemperatur 7,2 °C, 320 m Höhe über NN, Ackerzahl 45) sehr gut gewachsen sind (Abb. 6-18 und 6-19). Hier konnten im zweiten Umtrieb außerordentlich hohe Erträge von ca. 17 t$_{atro}$ ha^{-1} a^{-1} erzielt werden.

Tabelle 6-3 zeigt die Schwermetall- und Arsengehalte in Blättern und Holz der KUP in Krummenhennersdorf. Gegenüber Aufwüchsen von unbelasteten Flächen sind teilweise deutlich höhere Gehalte festzustellen.

Die Weidensorten weisen höhere Werte an Cadmium auf als die geprüften Pappelsorten. So betragen die Cadmiumgehalte in Blättern und im

Abb. 6-17: KUP auf einer schwermetallbelasteten Fläche in Krummenhennersdorf/Mittelsachsen.　　　Foto: Michael Grunert

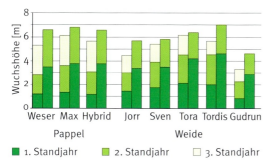

Abb. 6-18: KUP Krummenhennersdorf, Wuchshöhe im ersten und zweiten Umtrieb (Ernten nach drei und nach weiteren zwei Jahren).

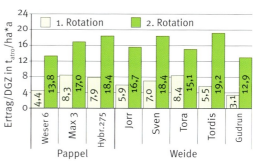

Abb. 6-19: Dendromassezuwachs (t_{atro} ha⁻¹ a⁻¹) der KUP in Krummenhennersdorf (Ernten nach drei und nach weiteren zwei Jahren).

Stammholz der Weide ca. das 2,5 fache der Gehalte in den Pappeln. Ebenso ist der durchschnittliche Bleigehalt in den Blättern der Weiden fast doppelt so hoch wie in den Pappelblättern. Die Untersuchungen bestätigen, dass es sich bei der Weide um eine Pflanze mit verstärkter Akkumulation handelt. Es ist aber einzuschätzen, dass mit den daraus resultierenden Entzügen eine merkliche Verringerung der Schadstoff-Gesamtgehalte im Boden nur über sehr lange Zeiträume möglich ist. Ob eine dauerhafte Verminderung mobiler bzw. pflanzenverfügbarer Schadstoffanteile durch den Anbau und Entzug möglich ist, kann noch nicht

eindeutig beantwortet werden (Pulford & Watson, 2003; Willey, 2007; Wenzel, 2009), auch weil diese Anteile durch verschiedene Extraktionsverfahren international unterschiedlich definiert sind (Hodson et al., 2011).

Für die Einhaltung der gesetzlichen Emissionsgrenzwerte bei der energetischen Verwertung und die Verwendung der Aschen sind die Schwermetallgehalte des Holzes hingegen von erheblicher Bedeutung. Um das Verbrennungsverhalten und den Verbleib der Schwermetalle in der Asche und in gasförmigen Emissionen zu erfassen, wurde das Erntematerial der KUP Krummenhenners-

Tab. 6-3: Mittlere Gehalte an Schwermetallen und Arsen in Blättern und Holz von Pappeln und Weiden sowie Entzüge mit dem Erntegut der KUP Krummenhennersdorf.

Baumart	Schadstoff		
	As	Cd	Pb
Gehalte in den Blättern (09/2006–09/2009) [mg kg⁻¹ TS]			
Pappel	0,45	10,64	3,90
Weide	0,55	27,24	6,58
Gehalte im Stamm (02/2007–02/2010) [mg kg⁻¹ TS]			
Pappel	0,12	3,94	2,11
Weide	0,14	10,11	2,17
unbelastete Fläche[a]	‹0,03	0,64	0,90
Entzüge mit dem Erntegut bei 17 t TM ha⁻¹ a⁻¹ [kg ha⁻¹ a⁻¹]			
Pappel	0,002	0,067	0,036
Weide	0,002	0,172	0,037

[a] nach Röhricht et al., 2002
TS = Trockensubstanz

Quelle: Dietzsch, 2011

dorf in Versuchsanlagen energetisch verwertet. Die verschiedenen Elemente finden sich dabei aufgrund ihres Siede- und Schmelzpunktes in unterschiedlichen Austragspfaden wieder. So wird Cadmium als wesentlich flüchtigeres Element verstärkt über die gasförmige Phase oder Anhaftungen an feinen Staubpartikeln ausgetragen, Chrom und Nickel hingegen vor allem in den Aschen. Die Hackschnitzel der KUP Krummenhennersdorf erwiesen sich bei den Versuchen mit einer 116 kW Rostfeuerung eines Kesselprüfstandes als einsatzfähiger Brennstoff mit den für Holz typisch guten Verbrennungseigenschaften. Es traten keine Verschlackungen auf. Die Kesselasche beider Kurzumtriebshölzer war in die Deponie-

klasse II einzustufen. Für die Kesselaschen und die Reinigungsabfälle müssen hier Lösungen für die Entsorgung oder Verwertung der Stäube gefunden werden (Dietzsch, 2011).

Nach den vorliegenden Erfahrungen ist der Anbau von KUP auf schwermetallbelasteten Flächen möglich, wenn diese die allgemeinen Standortanforderungen für KUP erfüllen (Bodenqualität, Witterung usw.). Die Schwermetallgehalte im Erntegut beeinträchtigen nicht die grundlegenden Verbrennungseigenschaften. Zu beachten sind jedoch unbedingt die gesetzlichen Vorgaben für die Schadstoffgehalte in Emissionen und in den Aschen. Hier sind gegebenenfalls technische Anpassungen z. B. der Einbau geeigneter Filter bzw. die Deponierung der Aschen erforderlich.

Beispiel aus der Praxis

Betätigungsfeld KUP (Hüttmann GmbH)

Als einer der Pioniere der Kurzumtriebswirtschaft in Deutschland befasst sich Joachim Hüttmann von der Hüttmann GmbH seit dem Jahr 2003 mit KUP. Zunächst beschäftigte sich der Lohnunternehmer und Landwirt aus Soltau in Niedersachsen im Holzsektor ausschließlich mit der Produktion und Vermarktung von Waldhackschnitzeln, aber als er 2003 das erste Mal eine Weidenplantage in Schweden sah, eröffnete sich für den Unternehmer ein ganz neues Betätigungsfeld. Unter anderem in Folge sehr niedriger Getreidepreise entschloss sich Hüttmann 2005, zunächst 5 ha KUP aus überwiegend Weiden aber auch Pappeln anzulegen. Diese 5 ha sind inzwischen auf 55 ha gewachsen, wovon jährlich etwa 10 bis 20 ha im 2–5-jährigen Erntezyklus mit einem eigens entwickelten Mähvorsatz beerntet werden. Im Jahr wird eine durchschnittliche Erntemenge von 150–250 Srm ha^{-1} erzielt (9–15 t$_{atro}$ ha^{-1} a^{-1}). Die Hackschnitzel werden

Hackschnitzel-Heizanlage auf dem Betriebsgelände der Hüttmann-Unternehmen. *Foto: David Butler Manning*

überwiegend frisch vermarktet bzw. in einem Container mittels Abwärme von drei benachbarten Biogasanlagen innerhalb von drei Tagen getrocknet und auf dem Betriebsgelände das Jahr über unter einem Dach gelagert.
Etwa 250 Srm werden jährlich im betriebseigenen Holzkessel (110 kW) verwertet, um die sechs Gebäude im Betriebsgelände zu beheizen, der Rest wird regional vermarktet. Die produzierten Hackschnitzel werden darüber hinaus in Kleinmengen für Gärten, Beete, Wege und Plätze verkauft und größere Einheiten getrocknete Ware werden von Wärmekontraktoren oder ähnlich ausgerichteten Großabnehmern abgenommen. In einzelnen Fällen werden auch junge Weiden ungehäckselt zur stofflichen Verwertung z. B. zur Herstellung von Körben verkauft.
Heute ist das Hüttmann Lohnunternehmen nach nur wenigen Jahren im Geschäftsbereich KUP in ganz Norddeutschland als Dienstleister unterwegs. Von der Pflanzgutbereitstellung über die Anlage und Pflege der Kultur bis zur Ernte sowie Flächenrückwandlung und bei Interesse auch die Hackschnitzelvermarktung bietet die Firma aus Soltau ihre Beratung und Dienste an, teils auch mit eigens dafür entwickelter Technik.

Literatur

AK Standortskartierung (Hrsg.) (2003): Forstliche Standortsaufnahme. 5. Auflage, IHW-Verlag, Eching. 352 S.

Albrecht, J.; Böden, E. (1988): Zur Krankheitsanfälligkeit von zugelassenen Pappelklonen der Sektionen Aigeiros und Tacamahaca. Die Holzzucht 42, 25–29.

Al Hussein, I. A. (2009): Faunistische Begleituntersuchungen im Rahmen des Verbundprojektes »Biomasseanbau und -verwertung als Energieträger/Humusstoff von Flächen mit unterschiedlichen Schwermetallbelastungsgrad und Grünlandgebieten« auf der Versuchsfläche Krummenhennersdorf bei Freiberg (Freistaat Sachsen) (unveröffentlicht). 14 S.

Ali, W. (2009): Modelling of biomass production potential of poplar in short rotation plantations on agricultural land of Saxony, Germany. Dissertation, Fachrichtung Forstwissenschaften, TU Dresden, 130 S.

Anonym (2010): Energieholzplantagen auf Dauergrünlandflächen möglich. Presseerklärung des Ministeriums für Landwirtschaft, Umwelt und Verbraucherschutz Mecklenburg-Vorpommern.

Anonym (2011): Bäume · Holz · Energie in Feld und Wald. Preisliste 2011/2012. http://www.forstbaumschule-pp.de/fileadmin/files/preisliste/PP-Preisliste-2011-web.pdf (Abrufdatum: 10. Januar 2012).

Anonym (2012a): Pappelregister der Bundesrepublik Deutschland. Bundesanstalt für Landwirtschaft und Ernährung, www.ble.de.

Anonym (2012b): Preisangabe für Pflanzgut und Dienstleistungen, E-Mail am 5. März 2012.

Assmann, E.; Franz, F. (1963): Vorläufige Fichtenertragstafel für Bayern. Selbstverlag des Instituts für Ertragskunde der Forstlichen Forschungsanstalt München, 104 S.

Bärwolff, M.; Vetter, A.; Böhm, C.; Hoffmann, J.; Schmidt, C. (2011): Projekt AgroForstEnergie – Was bringen Streifen-KUP? Energie Pflanzen, 2, 10–12.

Bärwolff, M.; Hering, T. (2012): Fremdenergiefreie Trocknungsvarianten für Holz aus Kurzumtriebsplantagen Trocknungsversuch mit 4 Varianten im Rahmen des Projektes AgroForstEnergie. Tagungsbeitrag zur 17. Internationalen Fachtagung »Energetische Nutzung nachwachsender Rohstoffe«, 15–16. September 2011, Freiberg. http://www.tll.de/ainfo/pdf/holz0212.pdf (Abrufdatum: 2. August 2012).

Bass, S. (2003): Certification in the forest political landscape. In: Meidinger, E.; Elliot, C.; Oesten, G. (Hrsg.): Social and political dimensions of forest certification. Kessel, Remagen-Oberwinter, 27–50.

Becker, R. (2009): Zusammenstellung von Angeboten zur Rückwandlung von Kurzumtriebsplantagen, E-Mail am 1. April 2009.

Bemmann, A. (2006): Methoden zur Abrechnung von Holz für die energetische Nutzung. Beitrag zur 12. Internationalen Fachtagung »Energetische Nutzung nachwachsender Rohstoffe« am 7. und 8. September 2006 in Freiberg.

Bemmann, A.; Große, W. (2011): Effiziente Landnutzung – ein Beitrag zur Zukunftssicherung. Vision der Professur für Forst- und Holzwirtschaft Osteuropas. In: Bonn, S.; Erler, J.; Herzog, S. (Hrsg.): Tharandt 2011 – 200 Jahre Ideen für die Zukunft. Forstwissenschaftliche Beiträge Tharandt/Contributions to Forest Sciences. Beiheft 12, 16–37.

Bemmann, A.; Knust, C. (2010): AgroWood – Kurzumtriebsplantagen in Deutschland und europäische Perspektiven. Weißensee Verlag, Berlin. 340 S.

Bemmann, A.; Nahm, M.; Brodbeck, F.; Sauter, O.H. (2010): Holz aus Kurzumtriebsplantagen: Hemmnisse und Chancen. Forstarchiv 81 (6), 246–254.

Berendes, K. (2011): § 38 WHG. In: Berendes, K.; Frenz, W.; Müggenborg, H.-J. (Hrsg.): Wasserhaushaltsgesetz, Kommentar. Erich Schmidt Verlag, Berlin.

Biertümpel, A.; Graf, T.; Vetter, A. (2012): Ölfrüchte und Nachwachsende Rohstoffe. Feldversuchsbericht 2010 und 2011. TLL (Thüringer Landesanstalt für Landwirtschaft), Jena. 52 S.

Billen, N. (1996): Standortabhängigkeit der Bodenveränderungen durch Brachlegung (Flächenstilllegung von Äckern in Südwestdeutschland). Hohenheimer Bodenkundliche Hefte 37, Stuttgart, 255 S.

Billen, N; Arman, B.; Häring, G. (2005): Der heimliche Verlust an Bodenfruchtbarkeit durch Wassererosion. Arbeitshilfen für die Umweltgerechte Landbewirtschaftung. Bodenbewirtschaftung Nr. 1. Landesanstalt für Pflanzenbau Forchheim, Baden-Württemberg, 32 S.

Böcker, L.; Stähr, F.; Katzur, J. (1998): Waldwachstum auf Kippenstandorten des Lausitzer Braunkohlenreviers. AFZ – Der Wald, 13, 691–694.

Böcker, L.; Katzur, J.; Stähr, F. (1999): Bodenkennwerte und Waldwachstum der Kippen-Erstaufforstungen. AFZ – Der Wald, 25, 1336–1338.

Boelcke, B. (2006): Schnellwachsende Baumarten auf landwirtschaftlichen Flächen. Leitfaden zur Erzeugung von Energieholz. Ministerium für Ernährung, Landwirtschaft, Forsten und Fischerei Mecklenburg-Vorpommern, 40 S.

Böhm, C.; Quinkenstein, A.; Freese, D.; Hüttl, R.F. (2009): Wachstumsverlauf von vierjährigen Robinien. AFZ – Der Wald, 64, 532–533.

Böhm, C. (2012): Verbundvorhaben: Ökonomische und ökologische Bewertung von Agroforstsystemen in der landwirtschaftlichen Praxis (AgroForstEnergie); Teilvorhaben 2: Rekultivierungsfläche in Brandenburg;

Abschlussbericht. http://www.nachwachsenderohstoffe.
de/projekte-foerderung/projekte / (Abrufdatum: 2. August 2012), Förderkennzeichen: 22009707.

Böhnert, W.; Henze, A.; Junker, U. (2009): Pflanzensoziologische Kartierung einer 2 ha großen Versuchsfläche mit schnellwachsenden Baumarten in Krummenhennersdorf – Wiederholungskartierung 2009. Endbericht an das Sächsische Landesamt für Umwelt, Landwirtschaft und Geologie. 24 S.

Brockmann, J.; Sann, D. (2008): § 2 SächsWaldG. In: Brockmann, J.; Sann, D.: Waldgesetz für den Freistaat Sachsen. Deutscher Gemeindeverlag, Stuttgart.

Brunner, J.; Landgraf, D. (2011): Wildverbiss auf Kurzumtriebsplantagen. AFZ – Der Wald, 10, 16–17.

Buchner, W. (1999): Hecken in der Agrarlandschaft – Beitrag zur nachhaltigen Landbewirtschaftung?! Zeitschrift für Kulturtechnik und Landentwicklung 40, 104–107.

Bundesanstalt für Landwirtschaft und Ernährung (BLE) (2010): Leitfaden Nachhaltige Biomasseherstellung, Bonn, 84 S.

Bundes-Bodenschutz- und Altlastenverordnung (BBodSchG), http://www.gesetze-im-internet.de/bundesrecht/bbodschv/gesamt.pdf (Abrufdatum: 2. August 2012).

Bundesministerium für Ernährung, Landwirtschaft und Verbraucherschutz (BMELV) (2010): Förderung landwirtschaftlicher Unternehmen – 2011. Agrarinvestitionsförderungen durch EU, Bund, Länder und die Landwirtschaftliche Rentenbank, 2010, 32 S.

Bundesministerium für Ernährung, Landwirtschaft und Verbraucherschutz (BMELV) (2011a): Rahmenplan der Gemeinschaftsaufgabe »Verbesserung der Agrarstruktur und des Küstenschutzes« für den Zeitraum 2011–2014 und Sonderrahmenplan der Gemeinschaftsaufgabe »Verbesserung der Agrarstruktur und des Küstenschutzes«: Maßnahmen des Küstenschutzes in Folge des Klimawandels (2009–2025), Stand Juni 2011, 125 S.

Bundesministerium für Ernährung, Landwirtschaft und Verbraucherschutz (BMELV) (2011b): Nationaler Strategieplan der Bundesrepublik Deutschland für die Entwicklung ländlicher Räume 2007–2013, Stand 4. Oktober 2011, 75 S.

Bundesministerium für Ernährung, Landwirtschaft und Verbraucherschutz (BMELV) (2011c): Nationale Rahmenregelung der Bundesrepublik Deutschland für die Entwicklung ländlicher Räume, Stand 28. November 2011, 240 S.

Bundesministerium für Umwelt, Naturschutz und Reaktorsicherheit (BMU) (2011): Erneuerbare Energien 2010 – Daten des Bundesministeriums für Umwelt, Naturschutz und Reaktorsicherheit zur Entwicklung der erneuerbaren Energien in Deutschland im Jahr 2010 auf der Grundlage der Angaben der Arbeitsgruppe Erneuerbare Energien-Statistik (AGEE-Stat). Vorläufige Angaben, Stand 14. März 2011. Berlin, 25 S.

Bundesministerium für Umwelt, Naturschutz und Reaktorsicherheit (BMU); Bundesministerium für Ernährung, Landwirtschaft und Verbraucherschutz (BMELV) (2010): Nationaler Biomasseaktionsplan für Deutschland. Beitrag der Biomasse für eine nachhaltige Energieversorgung. Berlin. 30 S.

Bundesministerium für Wirtschaft und Technologie (BMWi) & Bundesministerium für Umwelt, Naturschutz und Reaktorsicherheit (BMU) (2010): Energiekonzept für eine umweltschonende, zuverlässige und bezahlbare Energieversorgung. Berlin, 36 S.

Burschel, P.; Huss, J. (2007): Grundriß des Waldbaus. 2., neubearbeitete Auflage. Parey Buchverlag, Berlin. 487 S.

Busch, G.; Lamersdorf, N. (Hrsg.) (2010): Kurzumtriebsplantagen. Handlungsempfehlungen zur naturverträglichen Produktion von Energieholz in der Landwirtschaft. Ergebnisse aus dem Projekt NOVALIS. Deutsche Bundesstiftung Umwelt (DBU), Osnabrück, 76 S.

C.A.R.M.E.N. e.V. (Centrales Agrar-Rohstoff-Marketing- und Entwicklungs-Netzwerk e.V.) (2012): Preisindex für KUP-Hackschnitzel. http://www.carmen-ev.de/dt/energie/hackschnitzel/kup_preis_index.html (Abrufdatum: 9. Juli 2012).

Christian, D. P. (1997): Wintertime use of hybrid poplar plantations by deer and medium-sized mammals in the midwestern U.S. Biomass & Bioenergy, 12 (1), 35–40.

Cramer, H. H. (1954): Untersuchungen über den großen Pappelbock Saperda carcharias L. Zeitschrift für Angewandte Entomologie, 35 (4), 425–458.

Cramer, J. (2007): Testing framework for sustainable biomass. Final report from the project group »Sustainable production of biomass«. Creative Energy, Energy Transition. Den Haag. S. 60

Czychowski, M.; Reinhardt, M. (2010): § 38 WHG. In: Czychowski, M.; Reinhardt, M.: Wasserhaushaltsgesetz, Kommentar. 10. Auflage. Verlag C. H. Beck, München.

Degner, J. (2010a): Betriebswirtschaftliche Richtwerte für die Produktion von Winterweizen. TLL (Thüringer Landesanstalt für Landwirtschaft), Jena.

Degner, J. (2010b): Betriebswirtschaftliche Richtwerte für die Produktion von Wintergerste. TLL (Thüringer Landesanstalt für Landwirtschaft), Jena.

Degner, J. (2011): Richtwerte für Leistungen und Kosten der Winterrapsproduktion in drei Ertragsstufen. TLL (Thüringer Landesanstalt für Landwirtschaft), Jena.

Denner, M.; Tröger, M.; Tenholtern. R. (2012): Naturschutzfachliche Kriterien und Empfehlungen für die Standortwahl und Bewirtschaftung von KUP. Vortrag auf der Meilensteintagung des Projekts Löbestein am 9. Februar 2012 in Dresden. http://www.loebestein.de/documente/konferenzbeitraege/KUP%20Denner.pdf (Abrufdatum: 27. Juni 2012).

Deutsche Braunkohlen-Industrie-Verein (DEBRIV) (2011): Braunkohle in Deutschland 2011 – Profil eines Industriezweiges. Bundesverband Braunkohle Köln. 88 S.

Deutscher Naturschutzring (DNR) (2012): Kommission plant EU-Nachhaltigkeitskriterien für Biomasse, 28. Februar 2012. Online verfügbar unter http://www.eu-koordination.de/umweltnews/news/klima-energie/1345-kommission-plant-eu-nachhaltigkeitskriterien-fuer-biomasse (zuletzt abgerufen: 30. April 2012).

Diaz-Chavez, R. A. (2011): Assessing biofuels: Aiming for sustainable development or complying with the market? Energy Policy, 39 (10), 5763–5769.

Dietzsch, A. (2011): Nutzung kontaminierter Böden. Abschlussbericht des Projektes »Anbau von Energiepflanzen für die nachhaltige, ressourcenschonende und klimaverträgliche Rohstoffabsicherung zur Erzeugung von Strom / Wärme und synthetischen Biokraftstoffen der zweiten Generation«, Schriftenreihe des LfULG, Heft 19/2011. 77 S.

Eckhard, F. (2010): Gegenüberstellung der Bereitstellungskosten für die Hackschnitzel aus den Ernten der KUP Krummenhennersdorf mit den zu erzielenden Erlösen. In: Dietzsch, A. (Hrsg.): Nutzung kontaminierte Böden. LfULG (Sächsisches Landesamt für Umwelt, Landwirtschaft und Geologie), Dresden, Schriftenreihe, Heft 19/2011, 53–55.

Eckhard, F. (2011): Pappelanbau im Kurzumtrieb; Leistungen, Kosten, Ergebnis vor und nach Zahlungsanspruch sowie vor und nach Verzinsung im Verlauf der gesamten Nutzungsdauer. In: Röhricht, C.; Grunert, M.; Ruscher, K. (Hrsg.): Kurzumtriebsplantage Köllitsch. LfULG (Sächsisches Landesamt für Umwelt, Landwirtschaft und Geologie), Dresden, Schriftenreihe, Heft 33/2011, 49–56.

Elghali, L.; Clift, R.; Sinclair, P.; Panoutsou, C.; Bauen, A. (2007): Developing a sustainability framework for the assessment of bioenergy systems. Energy Policy, 35 (12), 6075–6083.

Engelbrechten, von H.-G. (2011): Einbindung von Kurzumtriebsplantagen (KUP) in das Gesamtkonzept landwirtschaftlicher Betriebe. Vortrag im Rahmen der Energiemesse enertec am 26. Januar 2011 in Leipzig. http://www.bioenergie-portal.info/fileadmin/bioenergie-beratung/sachsen/dateien/Vortraege/enertec2011/Vortrag_Engelbrechten_KUP_2011_01_26.pdf (Abrufdatum: 10. Januar 2012).

Ellenberg, H.; Weber, H. E.; Düll, R.; Wirth, V.; Werner, W. (2001): Zeigerwerte von Pflanzen in Mitteleuropa. 3. Auflage, Scripta Geobotanica 18. 262 S.

Ertle, C.; Böcker, L.; Landgraf, D. (2008): Wuchspotenzial von Stockausschlägen der Robinie. AFZ – Der Wald, 18, 994–995.

European Parliament (EP) (2009): Directive 2009/28/EC of the European Parliament and of the council of 23 April 2009 on the Promotion of the use of energy from renewable sources and amending and subsequently repealing Directives 2001/77/EC and 2003/30/EC, Directive 2009/28/EC. Fundstelle: L 140/16. Official Journal of the EU.

Fehrenbach, H.; Köppen, S.; Rettenmaiern, N.; Seizinger, E. (2011): Kriterien zur nachhaltigen Beschaffung holzartiger Biomasse für die Strom- und Wärmegewinnung im Land Berlin. ifeu-Institut für Energie- und Umweltforschung Heidelberg GmbH. Heidelberg. S. 82

Feger, K.H.; Petzold, R.; Schmidt, P.A.; Glaser, T.; Schroiff, A.; Döring, N.; Feldwisch, N.; Friedrich, C.; Peters, W.; Schmelter, H. (2010): Standortpotenziale, Standards und Gebietskulissen für eine natur- und bodenschutzgerechte Nutzung von Biomasse zur Energiegewinnung in Sachsen unter besonderer Berücksichtigung von Kurzumtriebsplantagen und ähnlichen Dauerkulturen. http://www.landwirtschaft.sachsen.de/landwirtschaft/download/Verbundvorhaben-TP-Natur-_und_Bodenschutz-Abschlussbericht-01.09.11.pdf (Abrufdatum: 2. August 2012), 160 S.

Feldwisch, N. (2011): Umweltgerechter Anbau von Energiepflanzen. Abschlussbericht des Verbundvorhabens »Rahmenbedingungen und Strategien für einen an Umweltaspekten ausgerichteten Anbau der für Sachsen relevanten Energiepflanzen«, Schriftenreihe des LfULG, 43, 72 S.

Fischer-Hüftle, P. (2011): § 5 BNatSchG. In: Schumacher, J.; Fischer-Hüftle, P. (Hrsg.): Bundesnaturschutzgesetz, Kommentar. 2. Auflage. Kohlhammer Verlag, Stuttgart.

Fritsche, U. R.; Henneberg, K. J.; Hermann, A.; Hünecke, K.; Herrera, R.; Fehrenbach, H.; Fehrenbach, H.; Roth, E.; Hennecke, A.; Giegrich, J. (2010): Entwicklung von Strategien und Nachhaltigkeitsstandards zur Zertifizierung von Biomasse für den internationalen Handel. Zusammenfassender Endbericht. Umweltbundesamt, Dessau-Roßlau, Texte 48.

Fritz, D. (2012): KUP Zertifizierung bei PEFC – Status Quo. Dresden, Stuttgart, 27.02.2012, Persönliche Mitteilung an Neubert, F. P.

Fröhlich, K.-D. (2010): § 38 WHG. In: Wellmann, S.; Queitsch, P.; Fröhlich, K.-D. (Hrsg.): Wasserhaushaltsgesetz, Kommentar. Kommunal- und Schul-Verlag, Wiesbaden.

FSC Deutschland (2012): Deutscher FSC-Standard. Deutsche übersetzte Fassung Version 2.3. vom 1. Juli 2012. Hg. v. FSC Arbeitsgruppe Deutschland e.V. Freiburg, 51 S.

Gerold, D.; Winkler, T. (2010): Vermarktung. In: Skodawessely, C.; Pretzsch, J.; Bemmann, A. (Hrsg.): Beratungshandbuch zu Kurzumtriebsplantagen – Entscheidungsgrundlagen zur Etablierung von Kurzumtriebsplantagen in Deutschland. Eigenverlag TU Dresden.

Georgi, R.; Helbig, C.; Schubert, M. (2012): Der Rote Pappelblattkäfer in Kurzumtriebsplantagen . AFZ – Der Wald, 12, 11–13.

Gesetz zur Förderung der Kreislaufwirtschaft und Sicherung der umweltverträglichen Bewirtschaftung von Abfällen (KrWG), http://www.gesetze-im-internet.de/bundesrecht/krwg/gesamt.pdf (Abrufdatum: 2. August 2012).

Gillespie, A. R.; Pope, P. E. (1994): Intensive culture of European black alder in central Indiana, USA: Biomass yield and potential return to farmers. Biomass & Bioenergy, 6/6, 419–430.

Glaser, T.; Schmidt, P. A. (2010a): Auswirkungen von Kurzumtriebsplantagen auf die Phytodiversität. In: Bemmann, A.; Knust, C. (Hrsg.): AGROWOOD – Kurzumtriebsplantagen in Deutschland und europäischer Perspektive. Weißensee-Verlag, Berlin, 153–161

Glaser, T.; Schmidt, P. (2010b): Naturschutzrechtliche und -fachliche Eignung. In: Skodawessely, C.; Pretzsch, J.; Bemmann, A. (Hrsg.): Beratungshandbuch zu Kurzumtriebsplantagen, Entscheidungsgrundlagen zur Etablierung von Kurzumtriebsplantagen in Deutschland, Dresden, S. 3-17-3–24.

Global Bioenergy Partnership (GBEP) (2011): The Global Bioenergy Partnership sustainability indicators for bioenergy. First edition. Global Bioenergy Partnership, Rom. S. 202

Granhall, U.; Verwijst, T. (1994): Grey alder (Alnus incana) a N2-fixing tree suitable for energy forestry. In: Hall, D. O.; Grassi, G.; Scheer, H. (Hrsg.): Proceedings of the Seventh E.C. Conference. Ponte Press, Bochum, Germany. 409–413.

Grünewald, H. (2005): Anbau schnellwachsender Gehölze für die energetische Verwertung in einem Alley-Cropping-Sustem auf Kippsubstraten. Cottbuser Schriften zu Bodenschutz und Rekultivierung, Band 28. 124 S.

Gurgel, A.; Boelcke, B.; Stölken, B. (2007): CO₂-Bindung landwirtschaftlicher Kulturen in Mecklenburg-Vorpommern. Stellungnahme für das Landwirtschafts- und Umweltministerium, Gülzow, unveröffentlicht.

Hacker, J. (Hrsg.) (2012): Bioenergy – Chances and Limits. Deutsche Akademie der Naturforscher Leopoldina – Nationale Akademie der Wissenschaften, Halle Saale, 118 S.

Handler, F.; Blumauer, E. (2010): Hackgutlogistik bei der Ernte von Kurzumtriebsflächen mit einem Feldhäcksler. In: Nelles, M. (Hrsg.), 4. Rostocker Bioenergieforum. Zukunftstechnologien für Bioenergie, Putbus, 91–101.

Hartmann, K.-U. (2010): Entwicklung eines Ertragsschätzers für Kurzumtriebsbestände aus Pappel. Dissertation, Fachrichtung Forstwissenschaften, TU Dresden, 150 S.

Henneke, H.-G. (1986): Landwirtschaft und Naturschutz: normative Regelungen eines ambivalenten Verhältnisses im Verfassungs-, Naturschutz-, Flurbereinigungs-, Raumordnungs-, und Bauplanungsrecht unter besonderer Berücksichtigung der Landwirtschaftsklauseln im Naturschutzrecht. Dissertation, Univ. Kiel, V. Decker, Heidelberg, 605 S.

Heinsdorf, D. (1999): Düngung von Forstkulturen auf Lausitzer Kippen. Laubag Eigenverlag. 54 S.

Herzog, F.; Dupraz, C. (2006): Integrierte ökologische und ökonomische Bewertung von Agroforstsystemen in Europa. http://www.agroforst.de/doku/HERZOG%20Dresden%202006.pdf (Abrufdatum: 2. August 2012).

Heugel, M. (2011). § 44 BNatSchG. In: Lütkes, S.; Ewer, W. (Hrsg.): Bundesnaturschutzgesetz, Kommentar. Verlag C. H. Beck, München.

Hodson, M. E.; Vijver, M. G.; Peijnenburg, J. G. M. (2011): Bioavailability in soils. In: Swartjes, F. A. (Hrsg.): Dealing with contaminated sites – From theory towards practical application. Springer Verlag, Dordrecht, 721–746.

Hofmann, M. (2004): Ergebnisse und Erfahrungen mit schnellwachsenden Baumarten. In: Institut für Agrartechnik Bornim e.V. (Hrsg.): Energieholzproduktion in der Landwirtschaft. Potenzial, Anbau, Technologie, Ökologie und Ökonomie (Bornimer Agrartechnische Berichte, 35), 33–40.

Hofmann, M. (2005): Pappeln als nachwachsender Rohstoff auf Ackerstandorten – Kulturverfahren, Ökologie und Wachstum unter dem Aspekt der Sortenwahl. Schriftenreihe des Forschungsinstitutes für schnellwachsende Baumarten, Hann. Münden, Band 8, 143 S.

Hofmann, M. (2010): Energieholzproduktion in der Landwirtschaft. FNR (Fachagentur Nachwachsende Rohstoffe e.V.), Gülzow. http://www.fnr-server.de/ftp/pdf/literatur/pdf_292-brosch_energieholzproduktion_2010_v04.pdf (Abrufdatum: 10. Januar 2012).

Hüttmann, J. (2009): Schnellwuchsplantagen in der Landwirtschaft. Vortrag im Rahmen der Veranstaltung »Schnellwachsende Baumarten« am 18. Februar 2009 in Bernburg. http://www.sachsen-anhalt.de/fileadmin/Elementbibliothek/Bibliothek_Politik_und_Verwaltung/Bibliothek_LLFG/dokumente/KoNaRo/veranstaltungsbeitraege/KoNaRo_18_02_09/Vortrag_180209_KUP_Landw.pdf (Abrufdatum: 10. Januar 2012).

Hytönen, J.; Saarsalmi, A. (2009): Long-term biomass production and nutrient uptake of birch, alder and willow plantations on cut-away peatland. Biomass & Bioenergy, 33, 1197–1211.

Indufor (2007): Conformity assessment of the Italian poplar standard with the selected PEFC requirements. Final report, PEFC Council, PEFC Italy, Helsinki, 18 S.

Jennemann, L.; Peters, W.; Rosenthal, S.; Schöne, F. (Hrsg.) (2012): Naturschutzfachliche Anforderungen für Kurzumtriebsplantagen. Praktische Umsetzung von Maßnahmen bei der Neuanlage und Bewirtschaftung von Energieholzflächen (Voruntersuchung). Herausgegeben von NABU-Bundesverband und Bosch & Partner GmbH, Berlin, 36 S.

Jug, A.; Hofmann-Schielle, C.; Makeschin, F.; Rehfuss, K. E. (1999): Short-rotation plantations of balsam poplars, aspen and willow on former arable land in the Federal Republic of Germany. II, Nutritional status and bioelement export by harvested shoot axes. Forest Ecology & Management, 121, 67–83.

Katzur, J.; Böcker, L. (2010): Chronik der Rekultivierungsforschung und Landschaftsgestaltung im Lausitzer Braunkohlenrevier bis 1990. Weißensee Verlag, Berlin. 688 S.

Kuratorium Bayerischer Maschinen- und Betriebshilfsringe e. V. (KBM) (2012): http://www.kbm-info.de (Abrufdatum: 28. Juni 2012).

Krohn, S. (2012): § 5 BNatSchG. In: Schlacke, S. (Hrsg.): Gemeinschaftskommentar zum Bundesnaturschutzgesetz. Carl Heymanns Verlag, Köln.

Landgraf, D.; Böcker, L.; Marski, R. (2007a): Anwendungspotenziale für »Nachwachsende Rohstoffe« auf den sanierten Flächen der Wismut GmbH. In: Paul, M. (Hrsg.) Stilllegung und Revitalisierung von Bergbaustandorten zur nachhaltigen Regionalentwicklung. 245–252.

Landgraf, D.; Ertle, C.; Böcker, L. (2007b): Stockausschlagspotenzial von Aspe und Robinie. AFZ – Der Wald, 2, 80–83.

Landgraf, D.; Böcker, L. (2010): Kurzumtriebsplantagen auf Sonderstandorten. In: Bemmann, A.; Knust, C. (Hrsg.): AGROWOOD – Kurzumtriebsplantagen in Deutschland und europäische Perspektiven. Weißensee Verlag, Berlin, 54–64.

Landgraf, D. (2011): Kosten für Flächenvorbereitung, Zaunbau und Pflege, persönliches Gespräch am 30. November 2011.

Landgraf, D.; Brunner, J.; Helbig, C. (2011): The impact of wild animals on SRC in Germany – a widely underestimated factor. Benwood-Proceedings: Short rotation forestry and agroforestry: an exchange of experience between CDM countries and Europe, 133–140.

Landgraf, D.; Helbig, C. (2010): Pappelblattrost in Kurzumtriebsplantagen. AFZ – DerWald, 8, 46–47.

Landgraf, D.; Helbig, C. (2011): Keulhornblattwespen an Pappeln in Kurzumtriebsplantagen. AFZ – DerWald, 10, 14–15.

Lange, K.; Heineking, J. (2011): Prüfung von Bodenherbiziden in neu angelegten Kurzumtriebsplantagen (KUP) von Pappeln Populus sp. aus Steckholz nach dem Pflanzen. Versuchsbericht der Landwirtschaftskammer Schleswig-Holstein, Abteilung Pflanzenbau, Pflanzenschutz, Umwelt – Gartenbauzentrum.

Lewandowski, I.; FAAIJ, A. (2006): Steps towards the development of a certification system for sustainable bio-energy trade. Biomass & Bioenergy, 30 (2), 83–104.

Liebhard, P. (2010): Energieholz im Kurzumtrieb. Leopold Stocker Verlag, Graz. 2. Auflage, 123 S.

Lorenz, W.-D. (1967): Zum Pappelanbau auf Kippen und Halden des Braunkohlenbergbaus in der Niederlausitz. Veröff. aus dem Institut für Landschaftspflege, Humboldt-Univ. z. Berlin. 44–85.

Louis, H. (2010): Das neue Bundesnaturschutzgesetz, Natur und Recht 32 (2), 77–89.

Lütkes, S. (2011): § 14 BNatSchG. In: Lütkes, S.; Ewer, W. (Hrsg.): Bundesnaturschutzgesetz, Kommentar. Verlag C. H. Beck, München.

Magar, S. B.; Pelkonen, P.; Tahvanainen, L.; Toivonen, R.; Toppinen, A. (2011): Growing trade of bioenergy in the EU: Public acceptability, policy harmonization, European standards and certification needs. Proceedings of a workshop of IEA Task 31 on »Sustainable forestry systems for bioenergy: Integration, innovation and information«. Biomass & Bioenergy, 35 (8), 3318–3327.

Mantau, U. (2012): Holzrohstoffbilanz Deutschland, Entwicklungen und Szenarien des Holzaufkommens und der Holzverwendung 1987 bis 2015. Hamburg, 65 S.

Mantau, U.; Saal, U. (2011): Holzverknappung in der EU fordert Branche heraus. Holz-Zentralblatt, 137/13, 327–328.

Marx, M. (2011): Der rechtliche Rahmen. Energie Pflanzen 15(5), 28–30.

Michel, H. (2012): Gespräch mit Hartmut Michel über die Zukunftschancen von Biosprit. FAZ vom 7. Juli 2012, Nr. 156, B 6.

Möckel, S. (2011): Agrar- und umweltrechtliche Anforderungen an Kurzumtriebsplantagen. Neue Zeitschrift für Verwaltungsrecht 30 (11), 663–666.

Möckel, S. (2012): Landwirtschaft und naturschutzrechtliche Eingriffsgenehmigung. Natur und Recht 34 (4), 225–232.

Müller, S. (2009): Preisangabe für Pflanzgut und Dienstleistungen, E-Mail am 20. März 2009.

Murach, D. (2008): Forschungsprojekt Bioderm. Versuchs- und Demonstrationsflächen zum Anbau schnellwachsender Baumarten im Kurzumtrieb. Poster. 3. Fachtagung »Anbau und Nutzung von Bäumen auf landwirtschaftlichen Flächen«, 28.–29. April 2008 in Cottbus.

Nack, R. (2011): Brennholz vom Acker, Deutsche Saatveredlung AG, Lippstadt, www.wald-zentrum.de, Innovation 1.

Nitsch, H.; Osterburg, B.; Buttlar, C. von; Buttlar, H.-B. von (2008): Aspekte des Gewässerschutzes und der Gewässernutzung beim Anbau von Energiepflanzen – Ergebnisse eines Forschungsvorhabens im Auftrag des Umweltbundesamtes. Arbeitsberichte aus der vTI-Agrarökonomie 3/2008, 120 S.

Nitsch, J.; Pregger, T.; Scholz, Y.; Naegler, T.; Sterner, M.; Gerhardt, N.; von Oehsen, A.; Pape, C.; Saint-Drenan, Y.-M.; Wenzel, B. (2010): Langfristszenarien und Strategien für den Ausbau der erneuerbaren Energien in Deutschland bei Berücksichtigung der Entwicklung in Europa und global: Leitstudie 2010. Bundesministeriums für Umwelt, Naturschutz und Reaktorsicherheit (BMU), Berlin, 201 S.

Osterburg, B.; Nieberg, H.; Rüter, S.; Isermeyer, F.; Haenel, H.-D.; Hahne, J.; Krentler, J.-G.; Paulsen, H. M.; Schuchardt, F.; Schweinle, J.; Weiland, P. (2009): Erfassung, Bewertung und Minderung von Treibhausgasemissionen des deutschen Agrar- und Ernährungssektors. Studie im Auftrag des Bundesministeriums für Ernährung, Landwirtschaft und Verbraucherschutz. Arbeitsberichte aus der vTI-Agrarökonomie, 131 S.

Pallast, G.; Breuer, T.; Holm-Müller. K. (2006): Schnellwachsende Baumarten – Chance für zusätzliches Einkommen im ländlichen Raum? Berichte über Landwirtschaft 84/1, 144–159.

Perny, B.; Steyrer, G. (2009): Massenvermehrung der Blattwespe Nematus pavidus in einer Waldviertler Weiden-Kurzumtriebsfläche. Forstschutz Aktuell, 47, 22–25.

Petzold, R.; Feger, K.-H.; Schwärzel, K. (2009): Wasserhaushalt von Kurzumtriebsplantagen. In: Reeg, T.; Bemmann, A.; Konold, W.; Murach, D.; Spiecker, H. (Hrsg.): Anbau und Nutzung von Bäumen auf landwirtschaftlichen Flächen. Wiley-VCH, Weinheim, 181–192.

Petzold, R.; Feger, K.-H.; Röhle, H. (2010): Standörtliche Voraussetzungen für Kurzumtriebsplantagen. In: Bemmann, A.; Knust, C. (Hrsg.): AgroWood – Kurzumtriebsplantagen in Deutschland und europäische Perspektiven. Weißensee-Verlag, Berlin, 44–53.

Petzold, R; Wahren, A.; Feger K.H. (2010): Steuerungsoptionen des Wasser- und Stoffhaushalts auf Landschaftsebene durch den Anbau von Kurzumtriebsplantagen – ein Forschungsansatz. Marktredwitzer Bodenschutztage. Tagungsband 6 »Bodenschutz in Europa – Ziele und Umsetzung«, 91–96.

Platen, M. (2012): Brennstoff von Plantagen. Bauernzeitung, 11. Woche 2012, 37–38.

Pulford, I. D.; Watson, C. (2003): Phytoremediation of heavy metal contaminated land by trees – a review. Environment International, 29, 529–540.

Rametsteiner, E.; Simula, M. (2003): Forest certification – an instrument to promote sustainable forest management? Maintaining forest biodiversity. Journal of Environmental Management, 67 (1), 87–98.

Rédei, K. (2011): Black locust (Robinia pseudoacacia) silviculture in Hungary. Seminarvortrag am 3. Februar 2011 an der TU Dresden, Institut für Waldwachstum und Forstliche Informatik.

Rehbinder, E. (2011): Biodiversitäts- und Klimaschutz in der Landwirtschaft: Reichen die gesetzlichen Rahmenbedingungen? Natur und Recht 33 (4), 241–250.

Richert, E.; Achtziger, R.; Seidler, C.; Mertha, M.; Matschullat, J.; Rüter, S.; Wilhelm, E.-G.; Schmidt, P.A.; Zocher, J.; Roch T. (2007): Wasser + Landschaft. Arbeitsgrundlage zur Optimierung einer nachhaltigen Landnutzung aus Sicht des Hochwasserschutzes und des Landschaftsschutzes. Hrsg.: Deutsche Bundesstiftung Umwelt. 16 S.

Röhle, H.; Hartmann, K.-U.; Steinke, C.; Wolf, H. (2005): Wuchsleistung von Pappel und Weide im Kurzumtrieb. AFZ – Der Wald, 60, 745–747.

Röhle, H.; Hartmann, K.-U.; Gerold, D.; Steinke, C.; Schröder, J. (2006): Überlegungen zur Aufstellung von Biomassefunktionen für Kurzumtriebsbestände. Allgemeine Forst- und Jagdzeitung, 177, 178–187.

Röhle, H.; Hartmann, K.-U.; Steinke, C.; Murach, D. (2009): Leistungsvermögen und Leistungserfassung von Kurzumtriebsbeständen. In: Reeg, T.; Bemmann, A.; Konold, W.; Murach, D.; Spiecker, H. (Hrsg.): Anbau und Nutzung von Bäumen auf landwirtschaftlichen Flächen, Wiley-VCH Verlag, Weinheim, 41–55.

Röhle, H.; Ali, W.; Hartmann, K.-U.; Steinke, C. (2010): Wachstum und Biomasseproduktion schnellwachsender Baumarten im Kurzumtrieb. In: Bemmann, A.; Knust, C. (Hrsg.): AgroWood – Kurzumtriebsplantagen in Deutschland und europäische Perspektiven. Weißensee Verlag, Berlin, 103–116.

Röhle, H.; Horn, H. (2012): Hinweise zur Entwicklung der Biomasseerträge (Ertragsfaktoren) von Pappelplantagen im dreijährigen Umtrieb, E-Mail am 17. Februar 2012.

Röhricht, C.; Groß-Ophoff, A.; Kiesewalter, S. (2002): Acker- und pflanzenbauliche Untersuchungen zum Anbau ein- und mehrjähriger Energiepflanzen im Freistaat Sachsen. Schriftenreihe der Sächsischen Landesanstalt für Landwirtschaft, Heft 4, Dresden. 96 S.

Röhricht, C.; Grunert, M.; Ruscher, K. (2011): Feldstreifenanbau schnellwachsender Baumarten. Abschlussbericht des Projektes »Demonstrationsanbau von schnellwachsenden Baumarten auf großen Ackerschlägen als Feldstreifen unter Praxisbedingungen des mitteldeutschen Trockengebietes im mitteldeutschen Trockengebiet«, Schriftenreihe des LfULG, 29, 52 S.

Sächsisches Staatsministerium für Umwelt und Landwirtschaft (SMUL) (2007): Umweltbericht 2007. Sächsisches Staatsministerium für Umwelt und Landwirtschaft (Hrsg.), Dresden, 124 S.

Sächsisches Staatsministerium für Umwelt und Landwirtschaft (SMUL) (2012): Antragstellung 2012. Hinweise zum Antragsverfahren, Direktzahlungen und Agrarförderung. Dresden, 99 S.

Scarlat, N.; Dallemand, J.-F. (2011): Recent developments of biofuels/bioenergy sustainability certification: A global overview. Energy Policy, 39 (3), 1630–1646.

Schachler, G. (2009): Preisangabe für Pflanzgut und Dienstleistungen, E-Mail am 30. März 2009.

Schildbach, M.; Landgraf, D.; Böcker, L. (2008): Steckhölzer zur Begründung von Kurzumtriebsplantagen. AFZ – Der Wald, 18, 992–993.

Schildbach, M.; Grünewald, H.; Wolf, H.; Schneider, B. (2009a): Begründung von Kurzumtriebsplantagen: Baumartenwahl und Anlageverfahren. In: Reeg, T.; Bemmann, A.; Konold, W.; Murach, D.; Spiecker, H. (Hrsg.): Anbau und Nutzung von Bäumen auf landwirtschaftlichen Flächen. Wiley-VCH, Weinheim, 57–72.

Schildbach, M.; Wolf, H.; Böhnisch, B. (2009b): 10 Jahre Pappelanbau zur Papierherstellung – eine Bilanz. AFZ – Der Wald, 64, 526–528.

Schildbach, M.; Hofmann, M.; Wolf, H. (2010): Anlage von Kurzumtriebsplantagen. In: Bemmann, A.; Knust, C. (Hrsg.): AgroWood – Kurzumtriebsplantagen in

Deutschland und europäische Perspektiven. Weißensee Verlag, Berlin, 65–73.

Schmidt, C. (2012): Verbundvorhaben: Ökonomische und ökologische Bewertung von Agroforstsystemen in der landwirtschaftlichen Praxis (AgroForstEnergie); Teilvorhaben 4: Ökonomische Bewertung von Agroforstsystemen in der landwirtschaftlichen Praxis; Abschlussbericht. http://www.nachwachsenderohstoffe.de/projekte-foerderung/projekte/(Abrufdatum: 2. August 2012), Förderkennzeichen: 22009907

Schmidt, J.; von Werner, M.; Michael, A.; Schmidt, W. (1996): EROSION 2D/3D – Ein Computermodell zur Simulation der Bodenerosion durch Wasser. Sächsische Landesanstalt für Landwirtschaft, Dresden-Pillnitz und Sächsisches Landesamt für Umwelt und Geologie, Freiberg/Sachsen.

Schmidt, P. A.; Winter, S.; Wilhelm, E.-G.; Nych, F. (2012): AGROFORNET Arbeitspaket 1.3: »Naturschutzfachliche Bewertungen und Empfehlungen«. Zwischenbericht 2011 an das BMBF (unveröffentlicht). 7 S.

Schneider, B. U.; Grünewald, H.; Hüttl, R.F. (2004): Produktion von Holz auf Neulandstandorten. Bornimer Agrartechnische Berichte, Heft 35, 41–52.

Scholz, V.; Hellebrand, H. J.; Höhn, A. (2004): Energetische und ökologische Aspekte der Feldholzproduktion. Bornimer Agrartechnische Berichte, 35, 15–32.

Schua, K.; Feger, K.H. (2011): Standortsbewertung, Bodenfunktionen und Wasserhaushalt. In: Bemmann, A.; Böhnisch, B. (Hrsg.) Machbarkeitsstudie »GREENERGY – Anbau schnellwachsender Baumarten auf Grünlandstandorten zur Erhöhung des Rohstoffpotenzials für die energetische Holzverwendung«. BMELV/ FNR, 97–118.

Schulte, M.; Michalk, K. (2011): Juristische Analyse. In: Bemmann, A.; Böhnisch, B. (Hrsg.) Machbarkeitsstudie »GREENERGY – Anbau schnellwachsender Baumarten auf Grünlandstandorten zur Erhöhung des Rohstoffpotenzials für die energetische Holzverwendung«. BMELV/ FNR, 21–33.

Schulte, M.; Michalk, K.; Glaser, T.; Knust, C.; Lohner, P.; Bemmann, A. (2010): Rechtliche Rahmenbedingungen für Kurzumtriebsplantagen. In: Bemmann, A.; Knust, C. (Hrsg.): AGROWOOD – Kurzumtriebsplantagen in Deutschland und europäische Perspektiven, Weißensee Verlag, Berlin, 15–29.

Schwab, G. (2009): Biber in Bayern: Biologie und Management. Bayerisches Landesamt für Umwelt, Augsburg, 52 S.

Skodawessely, C.; Pretzsch, J.; Bemmann, A. (2010): Beratungshandbuch zu Kurzumtriebsplantagen. Entscheidungsgrundlagen zur Etablierung von Kurzumtriebsplantagen in Deutschland. Technische Universität Dresden.

Solbrig, O. T. (1994): Biodiversität: wissenschaftliche Fragen und Vorschläge für die internationale Forschung. Deutsches Nationalkomitee für das UNESCO-Programm »Der Mensch und die Biosphäre« (MAB; Hrsg.), 88 S.

Statistisches Landesamt MV (2012): http://www.statistik-mv.de/cms2/STAM_prod/ STAM/de/la/Veroeffentlichungen/index.jsp?para=e-BiboInterTh05&linkid=060101&head=0601 (Abrufdatum: 21. Mai 2012).

Steinke, C. (2009): Biomasseerträge von Pappelplantagen im Landkreis Mittelsachsen, E-Mail am 6. Mai 2009.

Strauch, M. (2009): Preisangabe für Pflanzgut und Dienstleistungen, E-Mail am 30. März 2009.

Strebel, O.; Böttcher, J.; Eberle, R.; Aladag, R. (1988): Quantitative und qualitative Veränderungen im A-Horizont von Sandböden nach Umwandlung von Dauergrünland in Ackerland. Zeitschrift für Pflanzenernährung und Bodenkunde, 151, 341–348.

Telenius, B.F. (1999): Stand growth of deciduous pioneer tree species on fertile agricultural land in southern Sweden. Biomass & Bioenergy, 16, 13–23.

Thrän, D.; Edel, M.; Pfeifer, J.; Ponitka, J.; Rode, M.; Knispel, S. (2009): Identifizierung strategischer Hemmnisse und Entwicklung von Lösungsansätzen zur Reduzierung der Nutzungskonkurrenzen beim weiteren Ausbau der energetischen Biomassenutzung, DBFZ Report Nr. 4. Leipzig, 205 S.

Thrän, D.; Fritsche, U. R.; Henning, C.; Rensberg, N.; Krautz, A. (2012): IEA Bioenergy Task 40: Country Report Germany 2011. Final draft version. DBFZ, Leipzig und Öko-Institut, Darmstadt.

Thüringer Landesanstalt für Landwirtschaft (TLL) (2012): Verbundvorhaben: Ökonomische und ökologische Bewertung von Agroforstsystemen in der landwirtschaftlichen Praxis (AgroForstEnergie); Teilvorhaben 1: Standort Thüringen, Gesamtkoordination. Abschlussbericht. http://www.nachwachsenderohstoffe.de/projekte-foerderung/projekte/ (Abrufdatum: 2. August 2012), Förderkennzeichen: 22004907.

Tubby, I. (2005): Tree death in poplar plantations, summer 2005. Technical and practice notes. Forestry Commission, Edinburgh, 4 S.

Uri, V.; Lõhmus, K.; Kiviste, A.; Aosaar, J. (2009): The dynamics of biomass production in relation to foliar and root traits in a grey alder (Alnus incana (L.) Moench) plantation on abandoned agricultural land. Forestry, 82/1, 62–74.

Van Dam, J.; Junginger, M. (2011): Striving to further harmonization of sustainability criteria for bioenergy in Europe: Recommendations from a stakeholder questionnaire. Special section: Renewable energy policy and development. Energy Policy, 39 (7), 4051–4066.

Van Dam, J.; Junginger, M.; Faaij, A. P. C. (2010): From the global efforts on certification of bioenergy towards an integrated approach based on sustainable land use planning. Renewable and Sustainable Energy Reviews, 14 (9), 2445–2472.

Van Dam, J.; Ugarte, S.; Van Iersel, S. (2012): Selecting a biomass certification system – a benchmark on level of assurance, costs and benefits. NL Agency Ministry of Economic Affairs, Agriculture and Innovation, 105 S.

Verordnung über das Inverkehrbringen von Düngemitteln. Bodenhilfsstoffen, Kultursubstraten und Pflanzenhilfsmitteln (DüMV), http://www.gesetze-im-internet.de/bundesrecht/d_mv_2008/gesamt.pdf (Abrufdatum: 2. August 2012).

Vogt, A. (2009): Preisangabe für Pflanzgut und Dienstleistungen, E-Mail am 5. Mai 2009.

Wagner, K. (2010): Wirtschaftlichkeit von Energieholzanbau im Vergleich zu herkömmlichen Fruchtfolgen. Vortrag im Rahmen der Veranstaltung »Praxistag Kurzumtriebsplantagen« am 23. Februar 2011 in Börsborn. http://www.bioenergie-portal.info/fileadmin/bioenergie-beratung/rheinland-pfalz-saarland/dateien/Wagner_KUP-B%C3%B6rsborn-23.02.2011.pdf (Abrufdatum: 10. Januar 2012).

Wagner, P.; Schweinle, J.; Setzer, F.; Kröber, M.; Dawid, M. (2012): DLG-Standard zur Kalkulation einer Kurzumtriebsplantage. DLG-Merkblatt 372. Frankfurt am Main, 26 S.

Wahren, A.; Schwärzel, K.; Feger, K. H. (2012): Potentials and limitations of natural flood retention by forested land in headwater catchments: evidence from experimental and model studies. Journal of Flood Risk Management (im Druck).

Wahren, A.; Schwärzel, K.; Feger, K. H.; Münch, A. (2009): Land-use effects on flood generation – considering soil hydraulic measurements in modeling. Advances in Geosciences 21, 99–107.

Walotek, P.; Murach, D. (2006): Methoden bei der ertragskundlichen und pflanzenökologischen Auswertung von Feldgehölzen. 1. Fachtagung: Anbau und Nutzung von Bäumen auf landwirtschaftlichen Flächen, Tagungsbericht, 65–74.

Weih, M. (2004): Intensive short rotation forestry in boreal climates: present and future perspectives. Canadian Journal of Forest Research, 34, 1369–1378.

Wendisch, J. (2010): Eröffnungsrede 3. Symposium »Waldstrategie 2020« am 12. April 2010. http://www.nachwachsenderohstoffe.de/waldstrategie/(Abrufdatum: 22. Juni 2012)

Wenk, G.; Römisch, K.; Gerold, D. (1985): DDR-Fichtenertragstafel 1984. Agrarwissenschaftliche Gesellschaft der DDR, 64 S.

Wenzel, W. (2009): Rhizosphere processes and management in plant-assisted bioremediation (phytoremediation) of soils. Plant Soil, 321, 385–408.

Werner, B. (2000): Die Landwirtschaftsklauseln im Naturschutzrecht – Entstehungsbedingungen, Kritik und Fortentwicklung. Dissertation, Univ. Tübingen, Medien-Verlag Köhler, Tübingen, 315 S.

Willey, N. (2007): Phytoremediation – methods and reviews. Methods in Biotechnology, 23, Humana Press Inc., 478 S.

Wilson, E. O. (1992): Ende der Biologischen Vielfalt?: Der Verlust an Arten, Genen und Lebensräumen und die Chancen für eine Umkehr. Spektrum Akademischer Verlag Heidelberg, Berlin New York. 557 S.

Wolf, H.; Schildbach, M.; Hartmann, K.-U. (2010): Plantagenbaumarten und deren Züchtung. In: Bemmann, A.; Knust, C. (Hrsg.): AgroWood – Kurzumtriebsplantagen in Deutschland und europäische Perspektiven. Weißensee Verlag, Berlin, 30–43.

Zahner, V.; Schmidbauer, M.; Schwab, G. (2009): Der Biber: Die Rückkehr der Burgherren. 2. Auflage, Amberg: Buch- und Kunstverlag, Oberpfalz, 136 S.

Zeckel, C. (2007): Betrachtung des Ertragspotenzials von Stockausschlägen der Robinie (Robinia pseudoacacia L.) von Waldstandorten geogenen und anthropogenen Ausgangssubstrates in der Niederlausitz. Diplomarbeit, Forschungsinstitut für Bergbaufolgelandschaften e.V. Finsterwalde.

Zöphel, B. (2010): Floristisch-vegetationskundliche Bewertung von Untersuchungsflächen im Rahmen des Projektes »Demonstrationsanbau von schnellwachsenden Baumarten auf großen Ackerschlägen als Feldstreifen«. Bericht im Auftrag des Sächsischen Landesamtes für Umwelt, Landwirtschaft und Geologie (unveröffentlicht). 55 S.

Autorenverzeichnis

Manuela Bärwolff, Thüringer Landesanstalt für Landwirtschaft, Referat 430 Nachwachsende Rohstoffe

Prof. Dr. Drs. h.c. Albrecht Bemmann, Technische Universität Dresden, Professur für Forst- und Holzwirtschaft Osteuropas

Dr. Lutz Böcker, Erzeugergemeinschaft (EZG) Biomasse Schraden e. V.

Dr. Joachim Brummack, Technische Universität Dresden, Lehrstuhl für Thermische Verfahrenstechnik und Umwelttechnik

Dr. David Butler Manning, Technische Universität Dresden, Professur für Forst- und Holzwirtschaft Osteuropas

Prof. Dr. Karl-Heinz Feger, Technische Universität Dresden, Professur für Standortslehre und Pflanzenernährung

Richard Georgi, Technische Universität Dresden, Professur für Forstschutz

Dr. Denie Gerold, Ostdeutsche Gesellschaft für Forstplanung mbH

Prof. Dr. Werner Große, Technische Universität Dresden, Professur für Forst- und Holzwirtschaft Osteuropas

Dr. Michael Grunert, Sächsisches Landesamt für Umwelt, Landwirtschaft und Geologie, Referat 71 Pflanzenbau

Dr. Andreas Gurgel, Landesforschungsanstalt für Landwirtschaft und Fischerei Mecklenburg-Vorpommern, Sachgebiet Nachwachsende Rohstoffe

Dr. Jürgen Heinrich, Martin-Luther-Universität Halle-Wittenberg, Professur für Landwirtschaftliche Betriebslehre

Christiane Helbig, Technische Universität Dresden, Professur für Forstschutz

Hendrik Horn, Technische Universität Dresden, Professur für Waldwachstum und Holzmesskunde

Christine Knust, Technische Universität Dresden, Professur für Standortslehre und Pflanzenernährung

Mathias Kröber, Martin-Luther-Universität Halle-Wittenberg, Professur für Landwirtschaftliche Betriebslehre

Wolfram Kudlich, Wald21 GmbH

Dr. Dirk Landgraf, P&P Dienstleistungs GmbH & Co. KG

Martina Marx, Sächsisches Staatsministerium für Umwelt und Landwirtschaft, Referat 33 Pflanzliche Erzeugnisse, landwirtschaftlicher Ressourcenschutz

Kathleen Michalk, Technische Universität Dresden, Institut für Technik- und Umweltrecht

Prof. Dr. Michael Müller, Technische Universität Dresden, Professur für Forstschutz

Florian P. Neubert, Technische Universität Dresden, Professur für Tropische Forstwirtschaft

Thomas Peschel, Technische Universität Dresden, Professur für Agrarsystemtechnik

Prof. Dr. Jürgen Pretzsch, Technische Universität Dresden, Professur für Tropische Forstwirtschaft

Prof. Dr. Heinz Röhle, Technische Universität Dresden, Professur für Waldwachstum und Holzmesskunde

Marco Schneider, Ostdeutsche Gesellschaft für Forstplanung mbH

Dr. Karoline Schua, Technische Universität Dresden, Professur für Standortslehre und Pflanzenernährung

Prof. Dr. Martin Schulte, Technische Universität Dresden, Institut für Technik- und Umweltrecht

Dr. Jörg Schweinle, Johann Heinrich von Thünen-Institut, Institut für Ökonomie der Forst- und Holzwirtschaft

Lukas Sieberth, Technische Universität Dresden, Fachrichtung Forstwissenschaften

Katja Skibbe, Technische Universität Dresden, Professur für Waldwachstum und Holzmesskunde

Hans-Moritz von Harling, Viessmann Werke GmbH & Co KG

Prof. Dr. Peter Wagner, Martin-Luther-Universität Halle-Wittenberg, Professur für Landwirtschaftliche Betriebslehre

Dr. Eckehard-Gunter Wilhelm, Technische Universität Dresden, Professur für Landeskultur und Naturschutz

Dr. Heino Wolf, Staatsbetrieb Sachsenforst, Kompetenzzentrum Wald und Forstwirtschaft, Referat 42 Forstgenetik/Forstpflanzenzüchtung

Sachwortregister

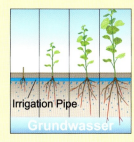

Heizen mit Holz ist zukunftssicher, effizient und umweltschonend. Warum sollte das bei der Technik anders sein.

Viessmann ist auf die Zukunft perfekt eingestellt: unsere Holzheizsysteme sind eine natürliche, CO_2-neutrale Alternative mit hoher Energieeffizienz und Versorgungssicherheit. Gemeinsam mit unseren Spezialisten Köb und Mawera sind wir der Ansprechpartner für effiziente Holzheizsysteme und Holzfeuerungsanlagen in jedem Leistungsbereich – vom Pelletkessel für die Wärmeversorgung von Einfamilienhäusern bis hin zum komplexen Anlagenbau für die Wärme- und Stromerzeugung aus Biomasse. Stellen Sie sich auf die Zukunft ein und informieren Sie sich jetzt unter www.viessmann.de

Individuelle Lösungen mit effizienten Systemen für alle Energieträger und Anwendungsbereiche.

Effizienz Plus

Vitoligno 100-S
Scheitholz-Vergaserkessel
Nenn-Wärmeleistung: 20 kW

Pyromat ECO
Scheitholzkessel
Nenn-Wärmeleistung: 35 bis 170 kW

Pyrovent
Einblasfeuerung
Nenn-Wärmeleistung: 850 bis 13 000 kW

Viessmann Deutschland · 35107 Allendorf (Eder)

         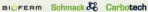

Energie im Kreislauf der Natur

- • Umweltneutrale Energiesysteme
- • Holzhackmaschinen für Hand- und Kranbeschickung
- • Automatische Biomassefeuerungsanlagen 15 - 990 kW

Die Firma HEIZOMAT aus dem bayerischen Gunzenhausen in Mittelfranken ist einer der größten Hersteller von automatisch beschickten Biomasse - Feuerungsanlagen, sowie hand- und kranbeschickten Holzhackmaschinen in Europa.

In mehr als 30 Jahren konnten über 30.000 Hackschnitzel- und Biomasse-Feuerungsanlagen weltweit eingebaut werden. Das Leistungsspektrum reicht von 15 bis 990 kW Heizleistung. HEIZOMAT beheizt moderne Ein- und Mehrfamilienhäuser, mittelständische Betriebe, öffentliche Einrichtungen, Hotels, Gärtnereien, Dorf- Gemeinschaften und viele mehr. Alle HEIZOMAT-Feuerungsanlagen reinigen sich selbsttätig, so dass ein kontinuierlicher Anlagenbetrieb bei ständig hohem Wirkungsgrad erreicht wird.

Die Holzhackmaschinen HEIZOHACK für händische Beschickung verarbeiten, je nach Typ, Holzstämme bis zu einem Durchmesser von 400 mm, die kranbeschickten Maschinen bis zu 800 mm. HEIZOMAT - Hackmaschinen sind durch die integrierte Schwungmasse, bis zu 1 to Gewicht, sehr leichtzügig und schonend zu den Antriebsmaschinen.

Als weitere erfolgreiche Produkte von HEIZOMAT werden Holzgreifer für Ast- und Stammholz zur Holzernte, Bunkerbefüllschnecken, Ketten-Elevatoren oder Hackschnitzel-Senkrechtförderer zur Befüllung von Hackschnitzelbunker angeboten.

Alle HEIZOMAT Maschinen und Geräte sind auf sparsamen Umgang mit Energie getrimmt. Der Vertrieb der HEIZOMAT - Produkte erfolgt in Süddeutschland vom Werk und wird unterstützt über ein langjährig bestehendes Vertriebsnetz in Deutschland, Europa und Übersee.

30 Jahre
Heizomat
Qualität aus Bayern

Gerätebau - Energiesysteme GmbH
Maicha 21
D-91710 Gunzenhausen
Tel.: +49 (0) 9836 9797 - 0
Fax.: +49 (0) 9836 9797 - 97
info@heizomat.de
www.heizomat.de